通俗的文字和形象的图表让经济学变得有趣

一看就懂的
经济常识全图解

| 斯凯恩◎编著 |

弗里德曼、萨缪尔森、熊彼特、厉以宁、茅于轼、
吴敬琏、张五常、林毅夫、哈耶克、蒙代尔等经济学
大师为你讲述经济学常识，让你快速掌握社会运行的
经济学原理。

立信会计 出版社
LIXIN ACCOUNTING PUBLISHING HOUSE

图书在版编目（CIP）数据

　　一看就懂的经济常识全图解 / 斯凯恩编著. —上海：
立信会计出版社，2014.6
　　（去梯言）
　　ISBN 978-7-5429-4230-2

　　Ⅰ.①一… Ⅱ.①斯… Ⅲ.①经济学–通俗读物
Ⅳ.①F0-49
　　中国版本图书馆CIP数据核字（2014）第076485号

策划编辑　蔡伟莉
责任编辑　蔡伟莉
封面设计　久品轩

一看就懂的经济常识全图解

出版发行	立信会计出版社		
地　　址	上海市中山西路2230号	邮政编码	200235
电　　话	(021) 64411389	传　　真	(021) 64411325
网　　址	www.lixinaph.com	电子邮箱	lxaph@sh163.net
网上书店	www.shlx.net	电　　话	(021) 64411071
经　　销	各地新华书店		

印　　刷	北京柯蓝博泰印务有限公司		
开　　本	720毫米×1000毫米	1/16	
印　　张	21	插　页	1
字　　数	275千字		
版　　次	2014年6月第1版		
印　　次	2018年1月第6次		
书　　号	ISBN 978-7-5429-4230-2/F		
定　　价	36.00元		

导　读

学习经济学指导生活

一、学习经济学的好处

1.经济学是"经济实惠之学"

人人都能从微观经济学中淘到自己需要的宝贝。比如，房价这么贵，是租房子还是买房子好呢；为什么猪肉又贵了，鸡蛋又涨价了；爱情该如何选择……经济学其实存在于每个人的日常行为中，每个人在生活中都在有意无意地运用经济学原理进行选择和取舍，试图以最小的成本获得最大的收益。

2.经济学是"成功幸福之学"

使人生幸福，正是经济学的宗旨所在。英国著名的戏剧家、1925年诺贝尔文学奖获得者萧伯纳曾经说过："经济学是一门使人生幸福的艺术。"经济学的研究对象是人，那么研究人类的幸福也应该是经济学的必由之路和归宿点。从经济学如何教人致富，如何合理利用人类稀缺的资源等问题来看，它的确如此。

3.经济学是"理性智慧之学"

斯蒂格利茨在其所著的《经济学》一书中，曾提出这样一个观点：像经济学家那样思考。言外之意，经济学家在思考问题、分析问题和解决问题方面，有着独到的见解和智慧。学了经济学，我们就会少一些盲目，多一些智慧和理性。

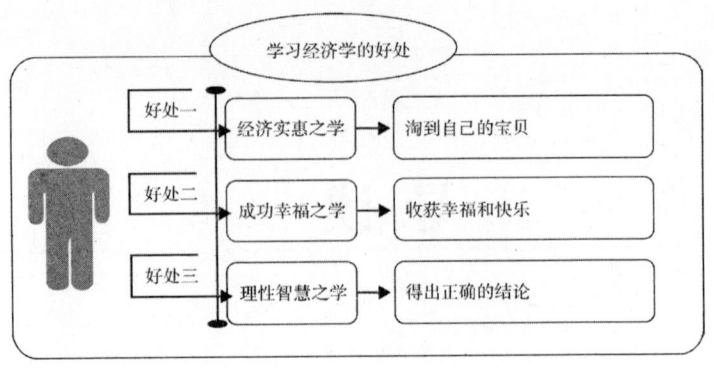

二、经济学的指导作用

学习微观经济学的好处就是，能够用经济学的理论去为我们的消费、经济实践和理解生活提供指导和帮助。具体来说，有以下一些作用：

（1）学习微观经济学，有助于我们在购买消费品时，能够用最低的价格买到更超值的商品。我们可以根据经济的基本走向和商品销售的淡旺季来决定何时买、何处买更优惠。

（2）学习微观经济学，有助于我们用微观经济学来指导自己的经济实践，精明地参与经济生活。是升学还是就业，多少收入用于支出，多少用于储蓄，作为一个公司老板你要决定对你的产品收取多高的费用，从而在通往财富和智慧的道路上作出利于自己的选择判断。

（3）学习微观经济学，有助于我们了解生活的世界，并对一些经济问题产生兴趣。可以启发自己对一些社会现象和热门话题进行分析和判断，例如对高房价的思索、对公务员热的分析……

诺贝尔经济学奖获得者、美国著名经济学家约翰·梅纳德·凯恩斯认为，经济学"不是一种教条，只是一种方法、一种心灵的器官、一种思维的技巧，帮助拥有它的人得出正确结论"。

一个优秀的教练员未必比运动员实战水平更高，但他能够教给运动员理论、经验和方法，使运动员的技能水平发挥得更高。一个优秀的经济学家未必是一个理财能手、成功的企业家或政府官员，但他能给一个理财能手、成功的企业家或政府官员非常重要的指导。

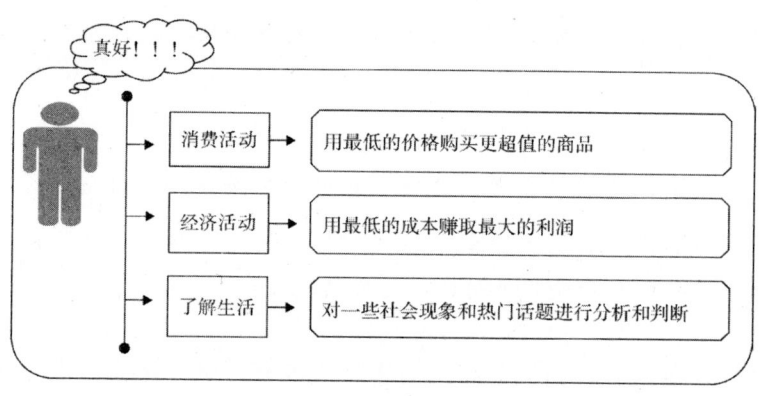

做一个理性的经济人

一、理性思考

为什么要学经济学？其实在学习一些经济学理论的背后，我们更要学会像经济学家一样思考，这才是学习经济学的主要目的，而经济学家的思考方式主要表现为经济人的理性。

在经济学中，理性就是指个人的主观意愿能够最大限度地为自己谋取福利，也就是说，理性人应该懂得如何为自己谋福利，做一个精于算计的人。理性人精于算计的基本含义：其一是成本小于收益；其二是帕累托改进，也就是在不使得一方利益变坏的情况下，使得另一方的利益有所增加；其三是像经济人一样地思考，使自己获取最大的利益。

一般来说，人们往往在做事前考虑清楚事情的结果，然后才去做。但面对同样一件事情，不同的人为了获取自身最大的收益，会采取不同的方式，我们来看看经济学家是如何理性思考的。

有一次，一个经济学家、一个医生和一个牧师约好某天去打高尔夫球。这天，玩兴正浓时，他们发现有一个人老是在球场上漫无目的地乱跑，这严重影响了他们的兴致，于是他们找球场交涉。球场的管理人员向他们解释："球场为了向全社会的残疾人献爱心，星期一下午是向盲人免费开放。

今天是星期一，那个到处乱跑的人是一个盲人。如果他的行为影响了你们，我向你们道歉。"三人听后，有三种不同的反应。牧师听后大为感动，遂决定抽出一定时间，免费为盲人祈祷，祈求上苍保佑，为盲人带来福音。医生听后，马上决定，向球场学习，并准备在他的诊所里，留出一定的时间免费为盲人提供医疗服务。经济学家却不以为然地说："我有些不明白，你们球场为什么不把向盲人开放的时间从白天改到晚上？"

从理性视角来看，白天与晚上对于盲人没有区别，把对盲人开放的时间从白天改到晚上，一点都不损害盲人的利益。如果盲人在白天和正常的游客一起共享高尔夫球场，盲人的利益虽然能得到保证，但是正常游客的利益就会受到损害。这就是说，盲人的利益是建立在牺牲一般游客利益的基础上，如果这样，球场资源的配置是缺乏效率的。经济学家从资源配置的效率角度看问题、看世界，不能不说他是最理性的人！

实际上，在经济活动中，人人都是理性经济人。比如说，买一件商品时，我们都希望买到"物美价廉"的商品，绝不会希望买"物次价高"的商品，因为在经济活动中每个人都会保持自利性和理性。从经济学的角度来说，理性是永恒的价值导向。

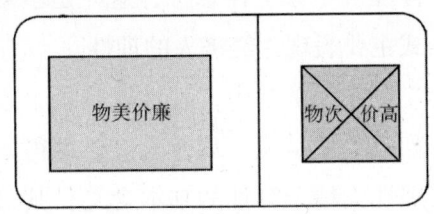

二、成本与收益

铸造1美分硬币需要黄铜、青铜和锌，甚至不锈钢等原料，从1982年起，开始采用以锌为主的原料。1美分硬币的正面是林肯总统的头像，背面是林肯纪念堂。

早年，1美分在美国可以买到1磅面包，但随着长年的通货膨胀，1美分变得越来越不值钱了。美国财政部下属的造币局宣布，由于金属价格猛涨，生产1美分硬币的成本已高达1.2美分，超过了1美分本身的价值。因此，有舆论呼吁，除非商品经济学有某种改变，否则应当让1美分硬币退出市场。

其实，"废除1美分硬币"运动早在1989年就出现了，该运动发起人高尔说，如今再花1.2美分去制造1美分硬币，显然是荒谬之举。2002年，盖洛普公司的调查也发现，58%的美国民众因为1美分面值太低，收到1美分硬币后从来不使用，而是存放在储钱罐或抽屉里，还有2%的人干脆扔掉。结果，在街道、汽车、沙发、海滩，甚至垃圾堆里，都很容易发现1美分硬币。

1美分硬币的铸造成本高达1.2美分，对于美国造币局来说无疑是成本太高而收益过小。就美国造币局而言，并不总是以成本和效益作为考量标准。但是作为市场中的经济人，不能不考虑到成本效益问题。

成本是商品经济的价值范畴，是商品价值的组成部分。人们要进行生产经营活动或达到一定的目的，就必须耗费一定的资源（人力、物力和财力），其所耗费资源的货币表现及其对象称之为成本。成本是为达到一定目的而付出或应付出资源的价值牺牲，它可用货币单位加以计量。在经济学中，几乎任何成本都是可以用金钱来衡量的。

我们必须首先学会计算成本。比如说，你打算开一家服装店，在计算成本时，你可能会考虑到店面的房租、进货的费用、借款的利息、付给雇员的工资、水电费、税金等。在扣除这些费用之后，你认为自己还会赚到钱。这样的计算是不完全的，你漏掉了自己的工资，你垫付的资金的利息，还有开服装店的机会成本等。只有把这些成本都考虑在内，才能决定开服装店是否值得。

我们都是理性的经济人，在做任何事情的时候，都要看付出多少成本和获得多少收益。而要获得收益，就必须进行成本与收益的分析，如果成本大于收益，一般都不必考虑去做。

三、经济学的基本思维

道光皇帝非常俭朴，一次他的裤子破了一块，他让内务府打上补丁接着穿。后来裤子补好了，道光皇帝便问花了多少钱，回答说：1 000两白银。道光皇帝很吃惊，问为什么这么贵，内务府官员回答：湖绉制的布料不太好找，并且很难找到花头刚好能合在一起的，所以这么贵。道光皇帝听了也无可奈何。

其实，这可以从两个方面来理解：一是经济层面的问题：补一条裤子要花1 000两银子，还不如花几十两银子买条新的；二是意识形态领域的问题：皇帝穿补过的裤子，这种节俭的精神是多少钱也买不来的。经济学家的思考方式主要是从成本与收益的角度去思考问题，而不是从意识形态方面去思考问题，做什么事情都要区分为"划算"与"不划算"，这就是理性！

愚公移山的寓言故事为大家所熟悉，愚公移山的精神更是为毛主席所称道，但是，从经济学的角度来说，愚公移山绝对不是精明的经济学选择。从经济学的成本与收益角度来说，挖山的成本过高，需要子子孙孙无数代的付出，收益仅仅是方便了愚公后代的出行。与搬家相比，挖山显然是成本高、收益低。当然，作为一种精神，愚公移山代表着执著与坚持，受到人们的尊重，这和经济学不能混为一谈。

经济学中，作出任何选择都应该遵从经济人的理性。经济学家讲实际，我们做任何一件事情，不是为了表现什么精神，而是要获得某种利益，这种利益可以是个人的、群体的，也可以是整个社会的。要获得利益就必须进行成本与收益计算。愚公移山只是为了出行方便，但为了出行方便而世世代代去挖太行和王屋这两座大山，究竟值不值呢？挖山是有成本的，且不说挖山所需要的镐、筐等需要花多少钱购买，仅就愚公一家人不从事任何有酬劳动，放弃的收入该有多少啊！如果天帝并没有将山移走，那愚公的后代可能直到现在还在挖山！这就是愚公移山的预期成本。从成本与收益的角度来说，很明显是不理性的，但是作为市场中的经济人，我们不能不理性地考虑成本与收益问题。

人类进行理性分析不仅源于无意识，更是在达到自身利益最大化的过程中，每时每处都会考虑到成本与收益问题。任何一个人在进行经济活动时，都要考虑具体经济行为在经济价值上的得失，以便对投入与产出的关系有一个尽可能的科学的估计。

具体来说，人们做任何事情都进行理性分析的主要原因在于，他们追求的效用是行为者自己的效用，不是他人的效用；由于行为者具有自利的动机，总是试图在经济活动中以最少的投入获得最大的收益；总是蕴含着一种量入为出的计算理性，计算理性是达到经济性的必要手段。

其实，我们每个人都具备经济人理性的一面，无论是经济学博士还是没有入学的孩童。我们不妨来看一个生活中的例子。

一位博士讲了这样一件事：小学读书时，家里很穷，两元钱的学费都很难付得起。有一次母亲为奖励他考试得了第一名，给了他5毛零花钱，他非常高兴，但很快有些犯愁：这5毛钱该如何花呢？应该买练习本吗？能买一个，因为他的练习本已快用完了。但学校边上卖的3毛钱一个的烧饼对他的诱惑力也不小。有一次，同桌小伙伴让他咬了一小口，那味道之好以至于他当时想哪天有钱时一定吃个够。但显然，他无法同时实现两个愿望，两者只能择其一。在反复权衡了两天后，他最后的选择是：花两毛钱买了一张白纸，裁订成一个小练习本；剩下的3毛钱则买了一个烧饼。

可以说，这"5毛钱"花得很值。其实，这位博士小时候面对的"5毛钱如何花"也是一种经济人的理性思考。当然，他最后的选择是：投入了5毛钱的成本，得到的收益是：既满足了学习的需要，又满足了解馋的需要。

经济人的理性思维，就是每个人都知道自己的利益所在，都会用最好的办法去实现自己的利益。现实生活中，人们虽然都在有意无意地理性看问题，作出的最终决策却有悖于经济学中的理性。几年前的央视《春晚》小品《装修》中：巩汉林怕装修工人偷工减料，宁愿花几十块钱打的去买一根1毛钱的钉子。其实，在现实生活中，真正作出类似选择的人并不在少数，付出成本太大而收益较小的非理性人比比皆是，这不能不引起我们的反思了。

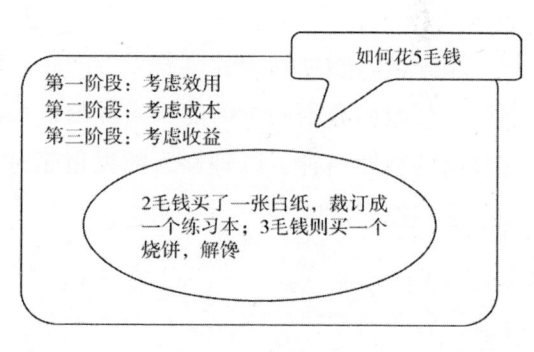

第一阶段：考虑效用
第二阶段：考虑成本
第三阶段：考虑收益

如何花5毛钱

2毛钱买了一张白纸，裁订成一个练习本；3毛钱则买一个烧饼，解馋

四、经济学的有限理性

为什么理性人的思考却得到非理性的结果，其实，这里的理性是有限理性。因为人不是全知全能的上帝，人的行为受到各种因素的制约，如占有信息的多少、理智和聪明的程度以及外部条件的复杂多变使人难以驾驭等，人

的理性行为往往并非完全理性。

西方有一个为了一碗红豆汤而放弃继承权的故事。红豆汤代表眼前的小利益，而继承权才是长远的大利益。作为理性人，任何人都会选择继承权而不是红豆汤，因为继承权的重要性和价值远远高于红豆汤。但是，当红豆汤摆在人们面前的时候，人们往往被红豆汤的美味所吸引，此时对于自己而言的大利益继承权早已经被抛至九霄云外了。

换一个角度说，也并不能认为选择红豆汤就不符合理性经济人理论，其实这就是人的有限理性。但是从长远看，这样的理性选择无疑是不理性的。在我们所遇到的选择中，我们既要看到短期利益，更要看到长远利益，必须经过理性思考，作出自己的选择。

经济学家从经济人的理性角度来看待问题，不能不说其具有一定的合理性。当然在现实生活中，人不可能处处都以经济学理性的视角观察世界。毕竟，世界上还有除了经济之外的一些东西，比如亲情、友情、同情心，如果一味把这种理性观运用到一切生活准则中，生活也将会索然无味。

但不可否认的是，以经济学理性的视角看待问题，是经济学的基本思维方式。经济人的理性思维，就是每个人都会用最好的办法去实现自己的利益。

用经济人的理性去分析和思考问题，能避免生活中许多无意义的冲动和疯狂，让我们有限的生命能够发挥出最大的能量。在社会生活中，必须培养起自己的理性精神，以理性人的视角面对生活，这样会使我们的生活变得更加丰富多彩。

目　录

第1章 树立经济学的思维方式

——微观与宏观经济学

起源发展：微观经济学的追踪

一、微观经济学的起源

经济学无疑是当今的显学，甚至有"经济学帝国主义"的说法，意思是经济学研究涉足的范围超过了经济问题本身，而侵占了其他学科的领地。在大学里，经济类专业是最热门的，非高分者不能进。如果大学期间没有机会读经济学，研究生阶段再也不能错过，于是跨专业考经济学研究生成为大学的一道风景。打开电视，翻开报纸，满眼尽是财经新闻、股票行情；经济学家们经常被邀为政府的座上宾，为国家经济发展出谋划策，指点江山。那么，经济学到底是什么呢？

"经济学"一词最早出现在公元前469—399年间的古希腊，希腊文为"oikonomia"，是"家计管理"的意思，后用英文翻译为"economics"，我国学者严复曾把它译为"生计学"，翻译成汉语"经济学"的第一人是日本学者神田孝平。

亚当·斯密的《国富论》是公认的第一本真正意义上的经济学著作。而亚当·斯密本人也被认为开创了近代政治经济学，被誉为"经济学之父"。

亚当·斯密在经济学上的主要贡献是：把政治经济学发展成了一个完整的体系；提出了分工促进经济增长的原理；批判了重农主义和重商主义，重农主义认为农业是唯一创造财富的产业，重商主义则认为商业流通是财富的唯一源泉，亚当·斯密在理论上批判了它们的偏见，认为只要是包含人类劳动的产品都具有价值；提出了政府的职能，即建立国防、建立严正的司法机构、建立并维持必要的公共工程，这被后人称为小政府的标准；提出了赋税的四项原则，即公平、确定、便利、节省，直到今天这仍然是指导各国税收的基本原则。

亚当·斯密的最大贡献是他提出了"看不见的手"的学说。他认为，人类社会存在着一种和谐的自然秩序。亚当·斯密的哲学思想和经济学思想，影响了后来的李嘉图、马尔萨斯和凯恩斯等人。

自亚当·斯密之后，经济学正式成为一门独立的科学，历久不衰，甚至被称为所有社会科学的"皇后"。

微观经济学的历史渊源可追溯到亚当·斯密的《国富论》、阿尔弗雷德·马歇尔的《经济学原理》。其中《国富论》正式奠定了经济学作为一门学科的独立地位。

20世纪30年代以后，英国的罗宾逊和美国的张伯伦在马歇尔的均衡价格理论的基础上，提出了厂商均衡理论，标志着微观经济学体系的最终确立。

二、微观经济学的内涵

微观经济学又称个体经济学，小经济学，是宏观经济学的对称。经济学原本没有微观和宏观之分，凯恩斯主义的宏观经济学盛行之后，这种着重研究个体经济行为的传统理论，就被称为微观经济学。

微观经济学是以企业、家庭和单个市场作为研究对象，研究供求行为与价格之间的关系等经济行为。它研究的对象是个别经济单位（居民户、厂商）的经济行为，解决的问题是资源配置，中心理论是价格理论，研究方法是个量分析，研究经济变量的单项数值如何决定。

宏观经济学是研究一个国家整体经济的运行及政府运用经济政策来影响整体经济等宏观经济问题的学科。它研究的对象是整个经济，解决的问题是资源利用，中心理论是国民收入决定理论，研究方法是总量分析。

微观经济学与宏观经济学的关系：两者互相补充，资源充分利用和资源合理配置是经济学的两个方面。微观经济学是宏观经济学的基础，假如宏观经济学研究森林的特征，微观经济学则是考察构成森林的树木。微观经济学与宏观经济学只是研究对象有所分工，两者的立场、观点和方法并无根本分歧。

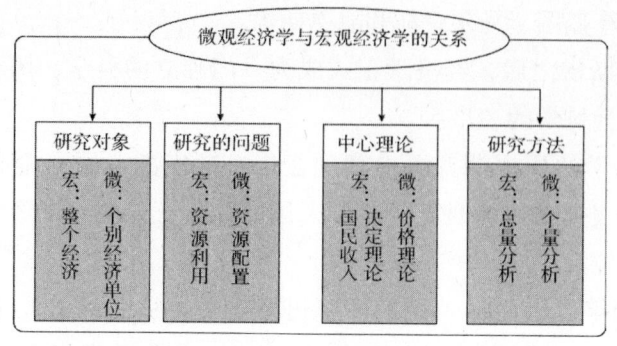

三、经济学研究的基本问题

简单来说，经济学是一门研究人类行为及如何将有限或者稀缺资源进行合理配置的社会科学。这个解释可能让部分人觉得抽象，难以理解。事实上，经济学并不复杂。斯蒂格利茨认为只要通过一辆汽车，就可以把经济学的所有内容解释清楚。他在其名著《经济学》中有一段精彩的表述：

对于一个十来岁的年轻人来说，汽车象征着地位、行动自由和对新奇事物的探索，对于一个机修工，汽车就像病人等待他治疗，对于因为堵车被困在路上的上班一族，汽车就像囚禁犯人的监狱，对于一个装配线上的工人，汽车可能只不过是被组合起来的一堆零件和一份工作，对于一个银行抢劫犯或者赛车手，汽车就是一匹现代化的机械马。在这些不同人的生活中——他们的例子不胜枚举——汽车这个金属、橡胶和塑料的组合物起着重要的作用。当然，这种作用的性质可以有天壤之别：从修车弄得浑身油垢的极端现实，到月夜开敞篷车行驶于高速公路的浪漫经历。对于一名经济学家来说，一辆汽车就可以用来解释经济学的几乎全部内容。

通过这段经典的表述我们可以看出，经济学研究的问题和我们紧密相关，而且一点也不难懂。它涉及我们生活中的消费、工作、生产、分工、体验等诸多方面。经济学家把经济学研究的问题归结为四个基本问题。

1.生产什么，产量有多大

在这个问题中，生产什么，产量有多大是由供求关系（看不见的手）决定的，取决于厂商和消费者之间的相互作用。当然政府（看得见的手）也起一定的作用。

每一天，我们身边都有层出不穷的新产品，以及各式各样的服务等，同时，每天也有产品退出市场，而且它们的供应量和价格也在不断地变化。

2.产品是怎样产生的

这个问题涉及生产方式、科学技术、企业管理等方面的内容。在大多数经济体系中，产品的生产方式由厂商来决定，同样也有政府的参与，比如一些管理条文、经营许可证的颁发等。

3.产品为谁生产

产品生产出来，就面临了分配问题——为谁生产。在市场经济下，收入较高的人可以购买较多的产品和服务。而我们所接受的教育、拥有的储蓄、所持的观念、政府的税收和再分配计划等又决定了我们的消费水平。

4.谁做出经济决策，依照什么程序做出决策

在计划经济体制中，政府负责经济活动的一切决策。这个问题和上述三个问题都是由政府来给出答案。与计划经济相对应，另外一个是市场经济，生产什么，如何生产，由谁来消费主要依赖生产者和消费者的自由交换，通过市场调节来实现。现在，大多数国家的经济都是计划经济和市场经济两种体制兼有的混合经济。政府决策和私人决策混合在一起。

微观经济学基础：假设和主体

一、微观经济学的两个基本假设

微观经济学理论是以两个基本假设为前提的。

1.合乎理性的人

"经济人"都是以利己为动机，力图以最小的经济代价去追逐和获得自身的最大的经济利益。

朋友跑到经济学家那儿，神神秘秘地说："我有一个消息要告诉你……"

"等一等，"经济学家打断了他的话，"你要告诉我的消息，确定是真的吗？"

"不知道，我是从街上听来的。"朋友老实回答。

经济学家接着说："你要告诉我的消息就算不是真实的，也应该是善意的吧。"

朋友犹豫了一下才说："不，刚好相反……"

经济学家又问："那么我再问一句，这个让你如此激动的消息很重要吗？"

"并不怎么重要。"朋友不好意思地回答。

经济学家说："既然你要告诉我的事，既不真实，也非善意，更不重要，那么就请你不要说了吧！因为这样的事情，只会浪费我们的精力。"

有一句歌词唱道"你可以说我冷漠，或是怪我刻薄……"，这或许是经济学家最贴切的写照。在经济学家的眼里，千差万别的活生生的人都是理性经济人——不懈地追求自身最大限度满足的理性的人。在经济学家的世界里，一切事情都遵循着"理性开道，利己先行"的经济学真理。

2.充分完全的信息

市场上的"经济人"都对有关的经济情况具有充分完全的信息。比如，对于消费者来说，充分完全的信息是指消费者了解欲购商品的价格、性能、使用后自己的满足程度，等等。

每到夏天，我们都喜欢买的一种水果就是西瓜了。我们总是去一个瓜摊，左挑右选地选一个。为了避免自己所挑瓜的质量不好，通常情况下摊主也会在称完西瓜的重量后，在瓜上切一个三角形的小口给我们看，但是一般只有在回家完全切开以后，才能清楚知道瓜皮里的果肉质量如何。有时候打开以后，西瓜是坏的，由于已经在买卖的现场进行过质量的确认，所以也不好再回去调换，只好自认倒霉。

然而有一次，小王遇到过一个与众不同的摊主，开始他并没有特意地去那个瓜摊买瓜，但是，这个瓜主总是主动地去帮小王挑一些好的瓜，并且他总是会对顾客说："如果回去切开后不沙不甜，尽管拿回来换。"小王还真换过几次，摊主也总能认账，这样整整一个夏天，小王总是去他那儿买西瓜，小王吃到了好的西瓜，而摊主也并没有吃亏，摊主拥有了包括小王在内的一群忠实的顾客，他的生意也日渐红火。

人们常说"吃亏上当就一回"。这并不是说，这次买了坏西瓜，下次就一定能够买到好西瓜，而是人们总会记得，他们是从哪里、从谁那里买的伪劣产品，下次不会再到那里去买了。然而对于西瓜这种信息不对称的商品来说，顾客很难辨别其的真假伪劣。卖西瓜的摊主一般都有丰富的选瓜经验，而一般消费者则是挑瓜的门外汉。这就存在着严重的信息不对称的情况。因此，人们对于这类商品可以通过对人（或企业）的品质来辨别商品的品质，来弥补商品本身带来的信息的不对称。曾经利用信息不对称来欺骗顾客的，那么他所卖的商品的可信度就很低。而一直童叟无欺的人，顾客就相信从他那里买到的商品是货真价实的。

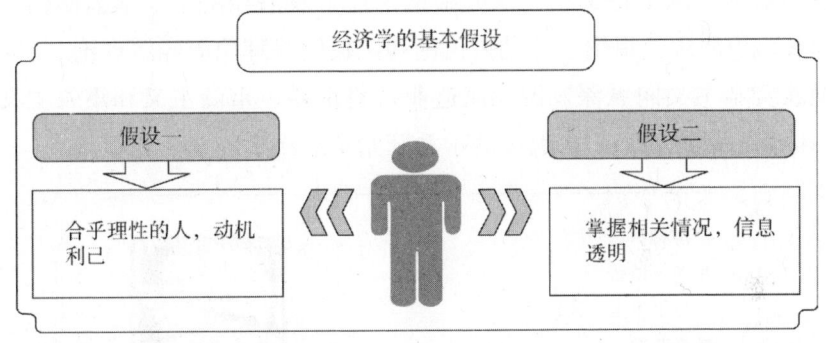

二、微观经济学的分析主体

微观经济学是研究社会中单个经济单位的经济行为，以及相应的经济变量的单项数值如何决定的经济学说，亦称市场经济学或价格理论。微观经济学的中心理论是价格理论。

微观经济学分析个体经济单位的经济行为，在此基础上，研究现代西方经济社会的市场机制运行及其在经济资源配置中的作用，并提出微观经济政策以纠正市场失灵。

微观经济学关心社会中的个人和各组织之间的交换过程，它研究的基本问题是资源配置的决定，其基本理论就是通过供求来决定相对价格的理论。所以微观经济学的主要范围包括消费者选择，厂商进行的供给和收入分配。

微观经济学主要理论有：均衡价格理论、消费者行为理论、生产者行为理论（包括生产理论、成本理论和市场均衡理论）、分配理论、一般均衡理论与福利经济学、市场失灵与微观经济政策。

创新与发展：不断开拓创新的微观经济学

一、早期萌芽阶段（1662—1837）

早期萌芽阶段主要是经济学思想的起源。其标志人物分别是，魁奈、斯密和李嘉图。法国重农学派代表人物魁奈在1758年的《经济表》中，第一次分析了社会总资本再生产和流通过程，概括了重农主义的经济理论和政策。亚当·斯密的《国富论》第一次完整地论述了政治经济学。李嘉图的《政治经济学及赋税原理》提出了劳动价值论和比较优势理论等经济理论。

随着资本主义向纵深发展，制造业日趋重要，重商主义和重农主义变得陈旧，他们的后继者——古典经济学派开始了经济学的又一轮革新。

基本材料

亚当·斯密

1723年出生于苏格兰

教育背景

先后就读于格拉斯哥大学、牛津大学

个人经历

格拉斯哥大学教授、校长

学术研究

主要领域：政治哲学、伦理学、经济学

著名思想：古典经济学、现代自由市场、劳动分工

主要代表作：《道德情操论》《国富论》

二、产生阶段（1838—1947）

这一时期，在自然科学迅猛发展的影响下，西方经济学开始向微观和宏观两端发展。特别是以边际分析的价值论、市场（价格）论和分配论作为核心的微观经济理论，已经在这一时期奠定了基础，在系统化方面比宏观经济

理论远远走前了一步。边际分析阶段形成和发展的理论主要有：企业理论、消费者理论、一般均衡、均衡的稳定性、资源的最优配置和一般交易理论。

19世纪70年代，被称为"边际三杰"的英国杰文斯、法国瓦尔拉斯、奥地利门格尔几乎同时提出边际效用价值论。

19世纪末20世纪初，剑桥学派的代表人物马歇尔综合了"边际三杰"的成果，提出了系统的微观经济理论，广泛流行于西方。运用数学方法，从供求角度分析市场价格，以解决资源配置、资源报酬等问题，主张市场自发调节。

马歇尔对微观经济学进行过多次补充。19世纪末20世纪初垄断的形成，使原来的以完全竞争市场类型为条件的微观理论受到挑战，于是在1933年，英国的罗宾逊、美国的张伯伦提出了不完全竞争和垄断竞争理论。20世纪30年代以后希克斯、瓦尔拉斯、帕累托等提出一般均衡理论、序数效用论、福利经济学等理论。这之后关于市场失灵与微观政策调节的研究可以说是对微观经济学的总结。博弈论以及与企业产权分析相联系的制度经济学是微观经济研究的最新发展。

边际分析阶段，取得的成就可概括为三个方面：形成和发展了一套完整的微观经济活动者行为理论；提出了一般经济均衡问题，建立了一般经济均衡的理论框架；创立了当今的消费者理论、生产者理论、垄断竞争理论及一般经济均衡理论的数学基础。

基本材料

阿尔弗雷德·马歇尔

1842年出生于英国伦敦

教育背景

剑桥大学学习数学、哲学和政治经济学

个人经历

剑桥大学、牛津大学任教

学术研究

主要领域：经济学

著名思想：均衡价格论

主要代表作：《经济学原理》《公民权与社会阶级》

三、形成和发展阶段（1948—1960）

第二次世界大战以后，国际社会面临着大战带来的经济萧条与危机，出现了许多为当时的经济理论所不能解释的现象，以往的边际分析法已不能适应新问题的需要，迫使经济学家不得不去开创新的经济分析法。这个时期内，高级微观经济学的研究内容集中在一般经济均衡研究上，连冯·诺依曼这样的大数学家也投身进来为它砌上一块基石，研究成果表现为以下两个方面。

1.一般经济均衡的严格理论体系

沃尔德首次严格分析了一般经济均衡问题，而突破性的进展则是由阿罗和德布罗于1954年重建了瓦尔拉一般经济均衡理论。沃尔德、阿罗和德布罗建立了一般经济均衡的严格理论体系。

2.投入产出分析

投入产出分析在1948—1960年间得到了重大发展。多尔夫曼、萨缪尔森和索洛把线性规划、线性一般经济均衡理论和线性经济增长理论发展到了顶峰。与此同时，对策论研究也在前进。卢斯和雷法在纳什对于 n 人对策均衡的研究基础上发展了动态对策论。

基本材料

保罗·萨缪尔森

1915年生于美国印第安纳州

教育背景

先后就读于芝加哥大学、哈佛大学

个人经历

麻省理工学院任教、放射实验室任职、福莱切法律与外交学校任教、

古根汉姆研究员等

学术研究

主要领域：经济学

著名思想：斯托尔珀-萨缪尔森定理，要素价格均等化定理

主要代表作：《经济分析基础》《经济学》《线性规划与经济分析》

四、最新发展阶段（1961年至今）

公理化经济学的出现，使得经济学家与数学家之间的对话变得更加频繁。经济学开始影响数学，其典型的例子就是角谷定理、集值映射的积分理

论、近似不动点计算的算法以及方程组的近似解的算法。数学思想开始全面向经济学渗透，经济学也在不断地为自己铸造新的"武器"，各种经济分析方法汇集，出现了经济学发展史上的大会合时期。20世纪60年代以来，微观经济学的研究课题主要有：不确定性和信息、总需求函数、社会选择理论、不完全竞争理论、博弈论等。

1.不确定性和信息

戴蒙德和拉德纳提出用"主观概率"刻画事先无法充分估计概率的不确定性。主观概率使人们对经济学中的不确定性加深了认识，它与具体的人所掌握的信息多少及对事件的认识有关，各人有各人的判断，有人信息灵通，对事件发生的概率估计较准，有人信息闭塞，对事件发生的概率估计较差。

主观概率加深了人们对证券市场、保险市场、市场信息及搜集行为的认识，尤其是在经济系统中考虑了信息结构。

2.总需求函数

索恩塞也对此做了研究，指出总需求函数并不受个人需求函数那样的条件限制。此后在1974年，曼特尔与德布罗又作了进一步研究，提出了市场需求理论。

像消费者需求理论那样，市场需求理论研究市场需求函数所共有的性质。另外，市场需求是可观察的。观察市场需求如何受效用假设的制约，也是市场需求理论中的重要问题。

3.社会选择理论

社会选择问题是指如何通过个人选择来确定社会选择，或者说，如何通过个人的意愿来决定社会的意愿。阿罗在1951年对此问题进行了深刻研究，证明了社会选择的不可能性定理。

自阿罗以后，出现了许多这方面的新成果，集中研究怎样给出社会选择原则，在什么条件下社会选择是可能的、又在什么条件下社会选择是不可能的。至今，社会选择问题仍是社会公众所关注的。

4.不完全竞争

竞争分为垄断竞争、寡头垄断和完全垄断三种。完全竞争与完全垄断是两种极端情形，实际中极为少见，仅仅是理论上的抽象，就如同"真空"一样。

同消费者日常生活关系最密切的是垄断竞争，微观经济学对此给予了充分的重视。

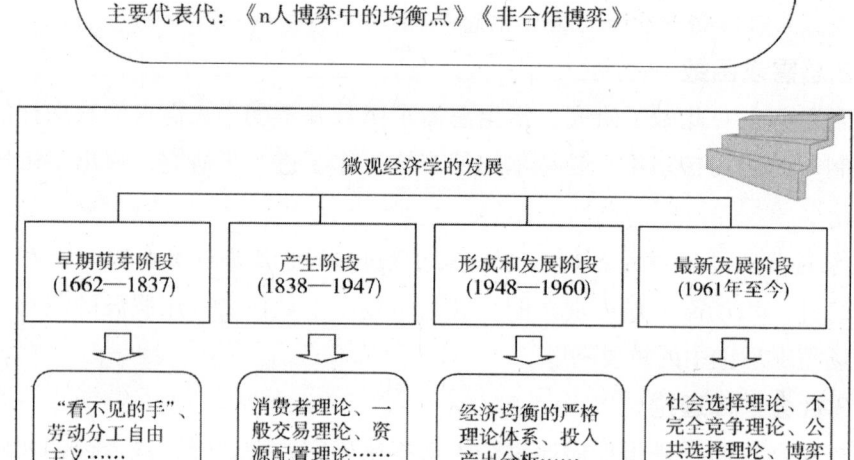

5.博弈论

1944年，冯·诺依曼和摩根斯坦共著的划时代巨著《博弈论与经济行为》将两人博弈推广到 n 人博弈结构，并将博弈论系统地应用于经济领域，从而奠定了这一学科的基础和理论体系。

约翰·福布斯·纳什先后发表了《n 人博弈中的均衡点》和《非合作博弈》。在上述论文中，纳什介绍了合作博弈与非合作博弈的区别。他对非合作博弈的最重要贡献是阐明了包含任意人数局中人和任意偏好的一种通用解概念，也就是不限于两人的零和博弈。

宏观经济学：研究经济大趋势的学问

一、宏观经济学的产生

最早把经济学分为微观与宏观两部分的是凯恩斯。他把关于资源配置的理论称为微观经济学，而把产出与就业决定的资源利用理论称为宏观经济学。现代宏观经济学在凯恩斯的《就业、利息和货币通论》出版后迅速发展起来。美国凯恩斯主义经济学家萨缪尔森继承了这种提法，在1948年出版的《经济学》一书中把经济学分为微观与宏观两部分。自此以后，这种分法被经济学家普遍接受，一直延续到现在。

二、宏观经济学的地位

宏观经济通常是指一国的国民经济。宏观经济学是以一国经济总过程的活动为研究对象，主要考察就业总水平、国民总收入等经济总量，因此，宏观经济学也被称作就业理论或收入理论。

宏观经济学和微观经济学并不能完全分开，"宏观"就是在"微观"的基本思维基础上发展的。但"宏观"又区别于"微观"。"微观"研究的是某个组织、部门或个人在经济社会中怎样作出决策，以及这些决策会对经济社会有什么影响。而"宏观"则是研究整个经济社会如何运作，并找出办法，让经济社会运行得更加稳定、发展得更快。

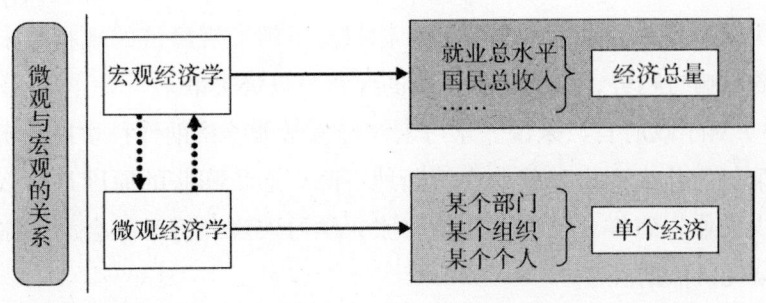

三、宏观经济学是一门什么样的学问

（1）宏观经济学是研究总需求和总供给的学问，它研究经济总量的决定及其变动。它是用总量分析研究一个国家的资源充分利用的问题。

（2）宏观经济学是从整体上考察一国经济总体运行及其规律的一门学科，最终是为了实现充分就业、物价稳定、经济持续增长、国际收支平衡这四大目标。

（3）宏观经济学是从战略上考察一国的经济运行态势和经济安全，最终是为了实现经济的平稳增长，避免大起大落，避免经济过热或者过冷，实现经济的良性运行和社会的协调发展。

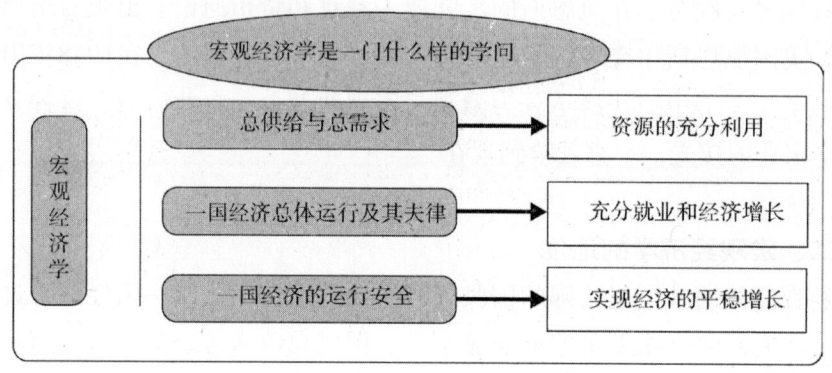

四、学习宏观经济学的作用

（1）对于普通民众来说，学习宏观经济学可以帮助我们作出正确的决策和选择。作为一个普通人，你必然会关心能否找到一份理想的工作，收入有多少，物价变动对自己的财产和收入有什么影响。

（2）对于企业家和投资者来说，学习宏观经济学可以帮助我们作出正确的经营决策。作为企业家和投资者，你只有了解宏观经济的现状与未来，了解政策的影响与趋势，才能作出正确的经营与投资决策。

（3）对于政府官员来说，学习宏观经济学能够帮助你科学地制定政策和执行政策。为什么产出和就业会不断地下降，通货膨胀的原因是什么，怎样才能减少失业，怎样才能控制通货膨胀，学习宏观经济学，会为你制定社会经济政策提供依据。

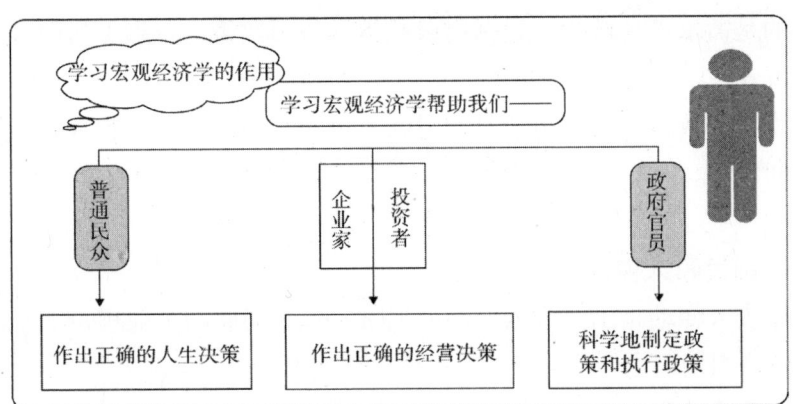

我们不可能都成为专家，但了解一点宏观经济学还是十分必要的。

宏观经济学的核心：国民收入决定理论

整个宏观经济学主要包括四大方面：国民收入核算理论、国民收入决定理论、宏观经济政策理论和国民收入变动理论，其中最重要、最核心的就是国民收入决定理论或就业理论。

一、国民收入核算

国民收入的核心就是GDP，即国内生产总值，国民收入核算理论就是紧紧围绕着GDP来分析的。国民收入核算主要包括GDP的核算方法（即支出法和收入法）、国民收入的恒等式（即储蓄-投资）、名义GDP和实际GDP这四个方面。

二、国民收入决定

国民收入决定理论是整个宏观经济学的核心，它主要包括简单国民收入决定理论、产品市场和货币市场的一般均衡以及总需求-总供给模型。这三个方面是层层递进，逐步深入的。

三、宏观经济政策

宏观经济政策分析包括需求管理政策、供给管理政策、国际经济政策。

最主要的是需求管理政策，包括财政政策和货币政策。重点分析财政政策和货币政策效果以及两个政策的配合使用。

宏观经济政策实践，主要是用财政政策和货币政策以及收入政策实现宏观调控的目标。

四、国民收入变动

国民收入变动是国民收入变动的因素，包括通胀与失业理论、经济增长理论和经济周期理论。

通胀与失业是宏观经济中经常出现的现象。在通胀方面，主要有三种情况：需求拉动通货膨胀、成本推动通货膨胀、结构型通货膨胀。根据奥肯定律，只有保持高速的经济增长，才能有效解决失业问题。关于失业与通货膨胀的关系，可以用菲利普斯曲线说明。经济增长理论中最著名的是新古典增长模型。而经济周期主要包括繁荣、危机、萧条、复苏四个阶段。

我们会经常遇见这样一些问题：诸如中国的总产出水平和就业量是由什么决定的；决定中国经济增长的因素有哪些；是什么引起世界经济的波动，是什么导致了失业，全球为什么会产生通货膨胀；全球经济体系对一国国民经济的运行有何影响；进出口贸易增长和下滑的问题；国际收入差额等问题；中国制定什么样的宏观经济政策才能改善经济运行状况等。对上述问题的探讨和分析构成了宏观经济学的主要内容。

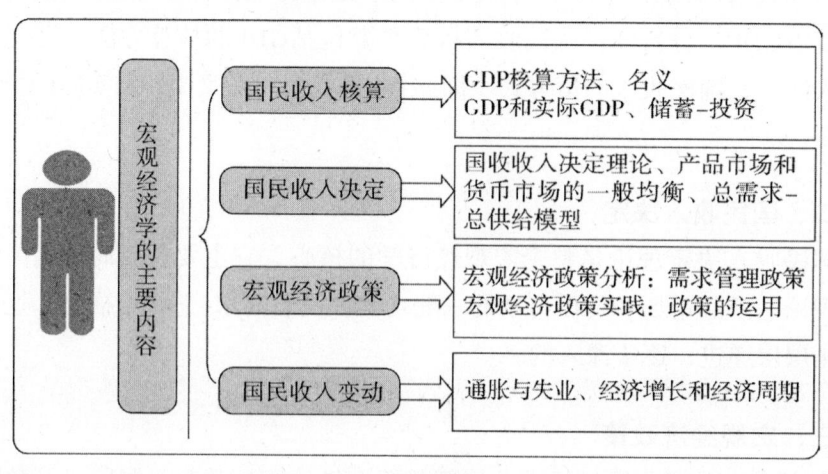

宏观经济学关键词：总需求、就业、货币

需求、就业、货币，这几个关键词是宏观经济学的基本囊括，如物价水平实际包含了消费者价格指数、生产者价格指数和国内生产总值价格指数。了解这几个关键词有助于我们从整体上更好地把握宏观经济学。

一、总供给和总需求

1.总供给

总供给与总需求是宏观经济学中的一对基本概念。总供给是经济社会的总产量（或总产出），它描述了经济社会的基本资源用于生产时可能有的产量。一般而言，总供给主要是由生产性投入（最重要的是劳动与资本）的数量和这些投入组合的效率（即社会的技术）所决定的。

总供给函数是指总供给（或总产出）和价格水平之间的关系。表示均衡国民收入与一般价格水平呈正方向变动关系的曲线就是总供给曲线。在短期内，总供给曲线最初都会随着价格总水平提高而平缓上升，当价格总水平上升到一定程度之后，总供给曲线在潜在产出水平附近接近于一条垂直的直线。

2.总需求

总需求是经济社会对产品和劳务的需求总量。总需求由消费需求、投资需求、政府需求和国外需求构成，其中国外需求由国际经济环境决定，而政府需求主要是一个政策变量，因此消费需求和投资需求是决定总需求量的基本因素。

总需求函数是产品市场和货币市场同时达到均衡时的一般价格水平与国民收入之间的依存关系。表示均衡国民收入与一般价格水平呈反方向变动关系的曲线就是总需求曲线。

二、就业与失业

劳动力是就业者与失业者的总和。就业人数是指能全日工作的成年人的数量。不过各个国家对成年人的规定不尽一致，如美国规定年龄16岁以上的人为成年人。失业人数是指没有工作但却在积极寻找工作的成年人的数量。

为什么经济不能为全部劳动力提供足够的工作机会，是宏观经济学的一个重要研究课题。即使在经济繁荣时期，也会存在失业现象。因此，如何提供更多的就业机会，降低失业率，是每一个国家的政府在制定宏观经济政策时都必须考虑的重要问题。

三、价格水平

价格水平是指一国经济中各种商品价格的平均数，它通常用具有重要影响的某些大类商品价格的指数来衡量。用来衡量价格水平的价格指数通常有：消费者价格指数、生产者价格指数和国内生产总值价格指数。

宏观经济政策的制定者并不关心价格水平本身，他们关心的是价格水平的变动。因为影响人们生活水平的不是价格水平，而是在价格水平变动时发生的经济调整。也就是说，对人们产生影响的是价格水平变动的过程，即通货膨胀和通货紧缩的过程。

四、乘数效应

乘数效应是宏观经济学的一个概念，也是一种宏观经济控制手段，是指支出的变化导致经济总需求与其不成比例的变化。当政府投资或公共支出扩大、税收减少时，对国民收入有加倍扩大的作用，从而产生宏观经济的扩张效应；当政府投资或公共支出削减、税收增加时，对国民收入有加倍收缩的作用，从而产生宏观经济的紧缩效应。

在凯恩斯之前，就有人提出过乘数原理的思想和概念。但是凯恩斯进一步完善了这个理论。所以乘数效应也叫凯恩斯乘数。凯恩斯的乘数理论帮助西方国家从大萧条中走出来起到了重大的作用。

宏观经济学的理论基石：凯恩斯主义

一、萨伊定律

萨伊是18世纪末19世纪初的法国经济学家。萨伊定律产生于19世纪初法国拿破仑战争时期。当时物价急剧上升，货币贬值，公众不愿意保留货币，一有钱就赶快购买商品。

萨伊定律的内容是供给创造需求。一种产品的生产给其他产品开辟了销路，供给会创造自己的需求，不论产量如何增加，产品都不会过剩，至多只是暂时的积压，市场上商品的总供给和总需求一定是相等的，不会存在生产过剩性经济危机。这就是著名的萨伊定律。

萨伊不否认个别商品可能出现供不应求或生产过剩。但供不应求将导致商品价格上升，生产过剩就导致商品价格下跌，而商品价格的变化又会影响到供给和需求，从而在新的价格水平上达到均衡。

二、凯恩斯革命

18世纪初，一个名叫孟迪维尔的英国医生写了一首题为《蜜蜂的寓言》的讽喻诗。这首诗叙述了一个蜂群的兴衰史。最初，蜜蜂们追求奢侈的生活，大肆挥霍浪费，整个蜂群兴旺发达。后来它们改变了原有的习惯，崇尚节俭，结果蜂群凋敝，终于被敌手打败而逃散。

这首诗所宣扬的"浪费有功"在当时受到指责。英国中塞克斯郡大陪审团委员们就曾宣判它为"有碍公众视听的败类作品"。但在200多年之后，这部当时声名狼藉的作品却启发凯恩斯发动了一场经济学上的"凯恩斯革命"，建立了现代宏观经济学和总需求决定理论。

20世纪20年代英国经济停滞和30年代全世界普遍的生产过剩与严重失业打破了萨伊定律的神话。凯恩斯展开了对萨伊定律的批判，建立了以总需求分析为中心的宏观经济学。经济学的中心第一次由资源配置转向资源利用，由个体转向整体。这是经济学理论的一次革命。

从20世纪四五十年代以来，凯恩斯的理论得到后人的进一步拓展，随之不断完善和系统化，从而构成了凯恩斯宏观经济学的完整体系。这些拓展主要体现在希克斯和汉森同时创建的"IS-LM模型"、莫迪利安尼提出的"生命周期假说"、弗里德曼提出的"永久收入说"、托宾对投资理论的发展、索罗等人对经济增长理论的发展，以及克莱因等人对宏观经济计量模型的发展。

三、凯恩斯主义

凯恩斯主义经济学或凯恩斯主义是在凯恩斯的著作《就业、利息和货币通论》的思想基础上提取出的经济理论。

凯恩斯认为，在短期中决定经济状况的是总需求而不是总供给，对商品总需求的减少是经济衰退的主要原因。总需求决定了短期内国民收入的水平。总需求增加，国民收入增加；总需求减少，国民收入减少。

引起20世纪30年代大危机的正是总需求不足，或者用凯恩斯的话来说是有效需求不足。通货膨胀、失业、经济周期都是由总需求的变动所引起的。当总需求不足时就出现失业与衰退。当总需求过大时就出现通货膨胀与扩张。

当总需求不足时，凯恩斯主张国家采用扩张性财政政策（增加政府各种支出和减税）与货币政策（增加货币供给量降低利率）来刺激总需求。当总需求过大时，凯恩斯主张采用紧缩性财政政策（减少政府各种支出和增税）与货币政策（减少货币供给量提高利率）来抑制总需求。这样就可以实现既无通货膨胀又无失业的经济稳定。

凯恩斯重视消费的增加。1933年当英国经济处于萧条时，凯恩斯曾在英国BBC电台号召家庭主妇多购物，称她们此举是在"拯救英国"。他甚至还开玩笑地建议，如果实在没有支出的方法，可以把钱埋入废弃的矿井中，然后让人去挖出来。已故的北京大学经济系教授陈岱孙曾说过，凯恩斯只是用幽默的方式鼓励人们多消费，并非真的让你这样做。但增加需求支出以刺激经济则是凯恩斯本人和凯恩斯主义者的一贯思想。

凯恩斯主义肯定了政府干预在稳定经济中的重要作用。"战后"各国政府在对经济的宏观调控中尽管犯过一些错误，但总体上还是起到了稳定经济的作用。"战后"经济周期性波动程度比"战前"小，而且没有出现20世纪30年代那样的大萧条就充分证明了这一点。

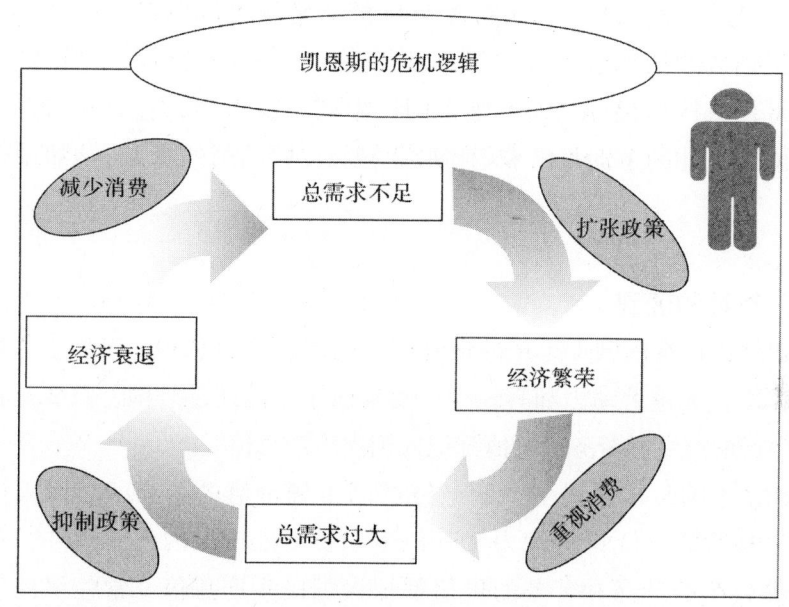

衡量一国的经济发展指标：GDP和GNP

在经济学中，常用GDP（国内生产总值）和GNP（国民生产总值）共同来衡量该国或地区的经济发展综合水平，这也是目前各个国家和地区常采用的衡量手段。但GDP和GNP有着不同的内涵。

一、含义区别

GDP是反映一个国家（或地区）全部生产活动最终成果的重要指标，是一个国家（或地区）领土范围内，包括本国居民、外国居民在内的常住单位在报告期内所产和提供最终使用的产品和服务的价值。

GNP是指一个国家（或地区）的国民在1年中生产的最终产品（包括劳务）的市场价值的总和。

　　一个国家常住机构单位从事生产活动所创造的增加值（国内生产总值）在初次分配过程中主要分配给这个国家的常住机构单位，但也有一部分以劳动者报酬和财产收入等形式分配给该国的非常住机构单位。同时，国外生产单位所创造的增加值也有一部分以劳动者报酬和财产收入等形式分配给该国的常住机构单位。从而产生了国民生产总值概念，它等于国内生产总值加上来自国外的劳动报酬和财产收入减去支付给国外的劳动者报酬和财产收入。

二、统计的区别

　　GDP是指在本国领土生产的最终产品的市场价值总和，以领土为统计标准。换言之，无论劳动力和其他生产要素属于本国还是外国，只要是在本国领土上生产的产品和劳务的价值都记入国内生产总值。

　　GNP是本国常住居民生产的最终产品市场价值的总和，它以人口为统计标准。换言之，无论劳动力和其他生产要素处于国内还是国外，只要是本国国民生产的产品和劳务的价值都记入国民生产总值。常住居民包括居住在本国领土的本国公民、暂住外国的本国公民和常年居住在本国的外国公民。

　　举个例子来说，中国境内的可口可乐工厂的收入，并不包括在我们的GNP之中，而是属于美国的；而青岛海尔在国外开厂的收入则可以算在我们的GNP中。与GNP不同的是，GDP只计算在中国境内产生的产值，它包括中国境内可口可乐工厂的收入，但不包括青岛海尔在国外开厂的收入。

　　因此，国民生产总值和国内生产总值的关系是：

　　国民生产总值 = 国内生产总值 + 暂住国外的本国公民的资本和劳务创造的价值 − 暂住本国的外国公民的资本和劳务创造的价值

　　我们把暂住国外的本国公民的资本和劳务创造的价值减去暂住本国的外国公民的资本和劳务创造的价值的差额称为国外净要素收入，于是有：

　　国民生产总值 = 国内生产总值 + 国外净要素收入

　　当国外净要素收入为正值时，国民生产总值就大于国内生产总值；反之，当国外净要素收入为负值时，国民生产总值就小于国内生产总值。

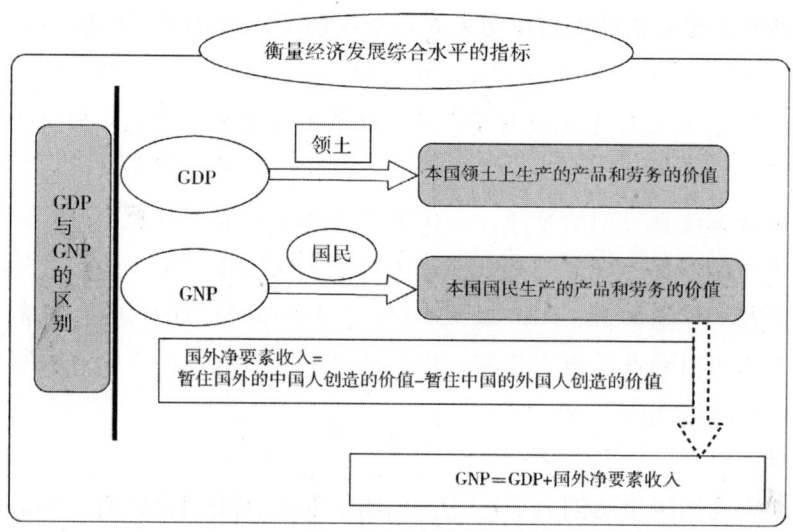

GDP失灵：无效的GDP与消失的GDP

GDP并不是一个完美的指标，还有无效的GDP和消失的GDP，我们计算国内生产总值还应建立有效GDP和累计GDP的概念。

一、无效的GDP

有这么一则令人捧腹的经典故事：

有两个非常聪明的青年经济学家，他们经常为一些高深的经济学理论争辩不休。

一天，两人饭后去散步，为了某个数学模型的证明又争了起来，正在难分高下的时候，突然发现前面的草地上有一堆狗屎。甲就对乙说，如果你能把它吃下去，我愿意出5 000万元。5 000万元的诱惑可真不小，吃还是不吃呢？乙掏出纸笔，进行了精确的数学计算，很快得出了经济学上的最优解：吃！于是甲损失了5 000万元，当然，乙的这顿加餐吃得也并不轻松。

两个人继续散步，突然又发现一堆狗屎，这时候乙开始剧烈地反胃，而甲也有点心疼刚才花掉的5 000万元了。于是乙说，你把它吃下去，我也给你5 000万元。于是，不同的计算方法，相同的计算结果：吃！甲心满意足地收回了5 000万元，而乙似乎也找到了一点心理平衡。可突然，天才们同时号啕大哭：闹了半天我们什么也没有得到，却白白地吃了两堆狗屎！他们怎么也想不通，只好去请教他们的导师，一位著名的经济学泰斗。听了两位高徒的故事，没想到泰斗也号啕大哭起来。好不容易等情绪稳定了一点，只见泰斗颤巍巍地举起一根手指头，无比激动地说："1个亿啊！1个亿啊！我亲爱的同学，我代表祖国和人民感谢你们，你们仅仅吃了两堆狗屎，就为国家的GDP贡献了1个亿的产值！"

两个人吃狗屎虽然创造了1个亿的GDP，但国民财富并没有增加，这就是无效的GDP。

二、消失的GDP

某地遭受百年未遇的特大洪水，大量房屋被冲毁，大片庄稼被淹没，老百姓痛心疾首。次年，他们又大举债务搞灾后重建，建筑运输等行业一片繁荣，这一年的GDP是往年的1.2倍，但老百姓反倒感觉自己的生活质量比原来差了一大截。原因很简单，洪水把多年来的劳动成果毁于一旦，而劳动成果就是往年GDP的累积，这些GDP因为洪水瞬间消失。

三、有效积累GDP

如果一边是GDP的增加，一边是GDP的消失；或者是GDP在不断地增加，但增加的却是一些无效的GDP，那么再高的GDP发展速度也并不能证明社会的财富在增加、经济在发展。只有积累下来并为人们所需要的有效GDP才是人类真正的财富。

所以我们对GDP的认识有待提高和完善。如果启用了GDP有效累积这个概念，我们对一地的经济发展状况以及财富拥有程度就能够作出更加准确的判断，一地GDP的总有效累积数值越大，表明这个地方越富有；当年的GDP有效累积越多，说明当年此地的经济发展速度越快。

名义GNP和实际GNP：钱不一定值钱

一、名义GNP和实际GNP

不同时期的国民生产总值的差异既可能是由于商品和劳务的实物数量的区别引起，也可能是由于价格水平的变化导致。

为了能够对不同时期的国民生产总值进行有效的比较，我们选择某一年的价格水平作为标准，各年的国民生产总值都按照这一价格水平来计算。这个特定的年份就是所谓的基年，这一年的价格水平就是所谓的不变价格。

用不变价格计算的国民生产总值叫做实际国民生产总值，用当年价格计算的国民生产总值叫做名义国民生产总值。

需要指出的是，在实际国民生产总值的核算中，各个国家一般每过几年就会重新确定一个基年。如图所示，当我们把2000年作为基年时，该年的名义国民生产总值和实际国民生产总值就会相等。假定价格水平一直处于上升过程，那么，在2000年以前，名义国民生产总值就会小于实际国民生产总值；在2000年以后，名义国民生产总值就会大于实际国民生产总值。

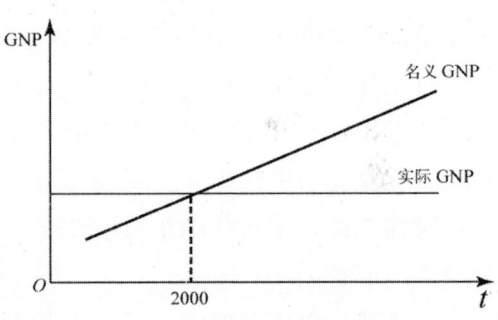

二、名义GNP和实际GNP反映了什么

某一年的实际国民生产总值和名义国民生产总值之间的差别反映的是这一年的价格水平与基年的价格水平的差异程度。因此，可以根据某一年的名义国民生产总值和实际国民生产总值来计算价格指数，即国民生产总值隐含折算数。

国民生产总值隐含折算数＝名义国民生产总值/实际国民生产总值×100%

即

$$GNP隐含折算数=\frac{名义GNP}{实际GNP}\times100\%$$

国民生产总值隐含折算数可以用来反映通货膨胀的程度。用国民生产总值隐含折算数计算通货膨胀率的方法是：

$$N年的通货膨胀率=\frac{N年的GNP隐含折算数-（N-1）年的GNP隐含折算数}{（N-1）年的GNP隐含折算数}\times100\%$$

从上面可以看出，名义GNP和实际GNP可以计算出某一年的通货膨胀率。

GDP和社会福利：GDP增加，福利不一定提高

一、GDP仅仅是一个数字指标

在现代社会中，每个人和企业都要根据社会整体经济状况作出自己的决策，政府要根据宏观经济状况作出自己的决策。这就需要一个具体的指标来反映整体经济运行状况。而且，这种指标必须具体、准确，让人一看就懂。于是经济学家建立了国民收入核算体系，创造了GDP这个指标。

自从20世纪30年代美国经济学家库兹理茨建立国民收入核算体系以来，GDP这个指标一直在使用和改进中。应该说，GDP是能基本反映一国整体经济运行状况与历史趋势。到现在为止，还没有一个人能提出广为公众接受的另一种指标体系来替代GDP，也没有一个国家不使用GDP这个指标，或者打算放弃GDP统计的计划。

无论从历史还是现实来看，或者从世界各国来看，GDP增长与人民福利的增长基本都是同方向变动。

二、GDP并不是衡量福利的完美指标

GDP表示一个国家的经济总量，这代表一国的经济实力和财富，是人民福利增加的基础。没有GDP的增长，绝不可能有福利增加。追求GDP是各国政府的共同目标，这是没有错的，但GDP并不是衡量一国经济和人民福利的完美指标。

1.GDP的统计并不是准确的，有重复或遗漏

由于GDP是计算物品与劳务的市场价值，不进入市场交易的物品与劳务

就无法计算进去。法制越不完善，市场化程度越低，GDP计算中遗漏的就越多。据经济学家估计，就全世界而言，这一部分占GDP的2%~7%左右。

2.GDP没有反映出为增加GDP而付出的环境代价

例如，在GDP增长的同时环境恶化了，自然生态破坏严重，资源枯竭。这种代价无法计算入GDP中，但对人民福利有负面影响。基于这个原因，经济学家区分了反映生产水平的GDP和反映人民福利的净经济福利指数。

3.GDP是一个总量指数，没有反映出人均收入状况

在经济发展的某一阶段，随着GDP增长会出现收入分配差距扩大的现象。这时，GDP增加反而会引起人民福利的下降。GDP也罢，人均GDP也好，都无法反映收入分配状况，从而出现"富裕中的贫困"这种不正常现象。

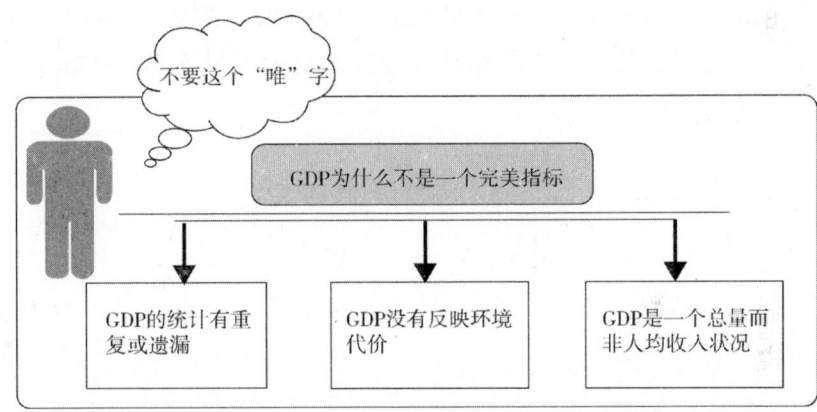

由于这些原因，我们不能把GDP作为衡量一国经济状况的唯一标准。在衡量经济与福利状况时还要考虑物价指数、失业率、贸易总量、人均收入、环境污染指数、基金系数等指标。同时，由于各国市场化程度不同，汇率不同，也很难仅仅用GDP来比较各国的经济与福利水平。

三、要纠正唯GDP论

我国GDP的增长率相当高，但由于底子薄、人口多，GDP总量和人均GDP都还不高。保持较高的GDP增长率，仍然是重要的。

GDP不是万能的，但没有GDP却是万万不能的。近些年来，一些地方政府片面追求GDP增长，而不考虑环境的代价。我们要纠正的是唯GDP论。这就是说，我们在追求GDP的同时，要注意保护环境、节约资源，并逐步缩小收入分化差距，提高社会保障水平。

许多经济学家认识到GDP这个指标所存在的各种问题，也在全力地完善国民收入核算体系和GDP指标。半个世纪前，美国经济学家萨缪尔森就提出了净经济福利这个指标，但至今仍没有一套可以操作的计算方法，未被各国和联合国统计当局采用。至于绿色GDP与净经济福利指标也没有根本差别。在没有更好的、可替代GDP的指标出现之前，我们还不得不用GDP，无论你爱GDP也好，恨GDP也罢，使用GDP都是一种无可奈何的选择。

基于以上原因，在把GDP指标作为衡量经济增长的全面尺度时，必须予以正确理解、看待和使用。特别是对于各级政府来说，不能把GDP增长速度作为衡量经济运行好坏的唯一标准，而应坚持速度与结构、质量、数量相统一，发展与资源环境协调，把质量放在提高效益和可持续发展基础上，不要片面追求经济的高速度。

第2章 经济学的新方法
——博弈论

博弈论简介：带你走进博弈论

一、博弈论

1928年，冯·诺依曼证明了博弈论的基本原理，从而宣告了博弈论的正式诞生。按照2005年因对博弈论的贡献而获得诺贝尔经济学奖的罗伯特·奥曼教授的说法，博弈论就是研究互动决策的理论。所谓互动决策，即各行动方的决策是相互影响的，每个人在决策的时候必须将他人的决策纳入自己的决策考虑之中，当然也需要把别人对于自己的考虑纳入考虑之中，在如此迭代考虑情形进行决策，选择最有利于自己的战略决策。

通俗地说，博弈论就是一些个人、团队或其他组织，面对一定的环境条件，在一定的规则约束下，依靠所掌握的信息，同时或先后，一次或多次，对各自允许选择的行为或策略进行选择并加以实施，并从中取得各自相应结果或收益的过程。

二、博弈的要素

1.决策人

在博弈中率先作出决策的一方，这一方往往依据自身的感受、经验和表面状态优先采取一种有方向性的行动。

2.对抗者

在博弈两人对局中行动滞后的那个人与决策人要作出基本反面的决定，并且他的动作是滞后的、默认的、被动的，但最终占优。他的策略可能依赖于决策人劣势的策略选择，占去空间特性，因此对抗是唯一占优的方式，实为领导人的阶段性终结行为。

3.生物亲序

所有生物在恶劣、未知的环境中都有寻找规律和有序的本能。在博弈中指参与者在从混乱的环境中等待、寻找有序的亲近行为。

4.局中人

在一场竞赛或博弈中，每一个有决策权的参与者都是一个局中人。只有两个局中人的博弈现象称为"两人博弈"，而多于两个局中人的博弈称为"多人博弈"。

5.策略

一局博弈中，每个局中人都可以选择实际可行的完整的行动方案，即方案不是某阶段的行动方案，而是指导整个行动的一个方案，一个局中人的一个可行的自始至终全局筹划的行动方案，称为这个局中人的一个策略。如果在一个博弈中局中人有有限个策略，则称为"有限博弈"；反之，称为"无限博弈"。

6.得失

一局博弈结局时的结果称为得失。每个局中人在一局博弈结束时的得失，不仅与该局中人自身所选择的策略有关，而且与全局中人所取定的一组策略有关。所以，一局博弈结束时每个局中人的"得失"是全体局中人所取定的一组策略的函数，通常称为支付函数。

7.次序

各博弈方的决策有先后之分，且一个博弈方要作不止一次的决策选择，这样就出现了次序问题；其他要素相同次序不同，博弈就不同。

8.均衡

所谓纳什均衡，它是一种稳定的博弈结果。

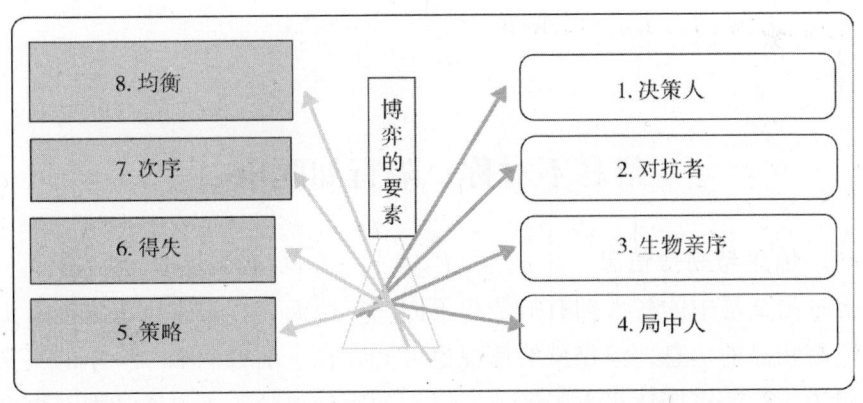

三、博弈的类型

1.合作博弈与非合作博弈

合作博弈和非合作博弈的区别在于相互发生作用的当事人之间有没有一

个具有约束力的协议，如果有，就是合作博弈；如果没有，就是非合作博弈。

2.完全信息与不完全信息博弈

参与者对所有参与者的策略空间及策略组合下的支付函数有充分了解称为完全信息；反之，则称为不完全信息。

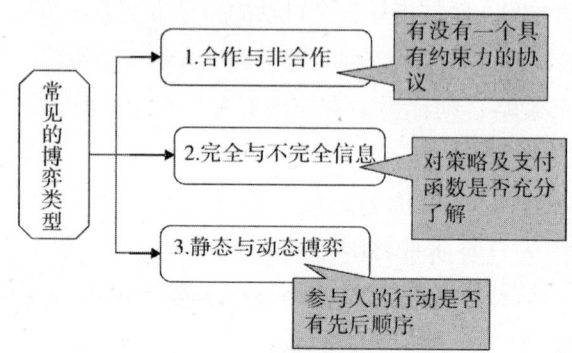

3.静态博弈与动态博弈

静态博弈是指在博弈中，参与人同时选择或虽非同时选择但后行动者并不知道先行动者采取了什么具体行动；动态博弈是指在博弈中，参与人的行动有先后顺序，且后行动者能够观察到先行动者所选择的行动。通俗地理解："囚徒困境"就是同时决策的，属于静态博弈；而棋牌类游戏等决策或行动有先后次序的，属于动态博弈。

信息不对称：隔行如隔山

一、信息与完全信息

信息指交易中的各人拥有的资料不同。一般而言，卖家比买家拥有更多关于交易物品的信息，但相反的情况也可能存在。前者例如二手车的买卖，卖主对该卖出的车辆比买方了解；后者例如医疗保险，买方通常拥有更多的信息。

完全信息是指信息对于双方来说是完全公开的，双方所作的决策是同时或者不同时的，但在对方做决策前不为对方所知的。完全信息博弈是不完全信息博弈的对称博弈类型。如果一个博弈的所有参与者都知道每个参与者的类型特征、对策和收益函数，则为完全信息博弈。

信息不完全不仅是指那种绝对意义上的不完全，即由于认识能力的限制，人们不可能知道在任何时候、任何地方发生任何情况，而且是指相对意义上的不完全，即市场经济本身不能够生产出足够的信息并有效地配置它们。

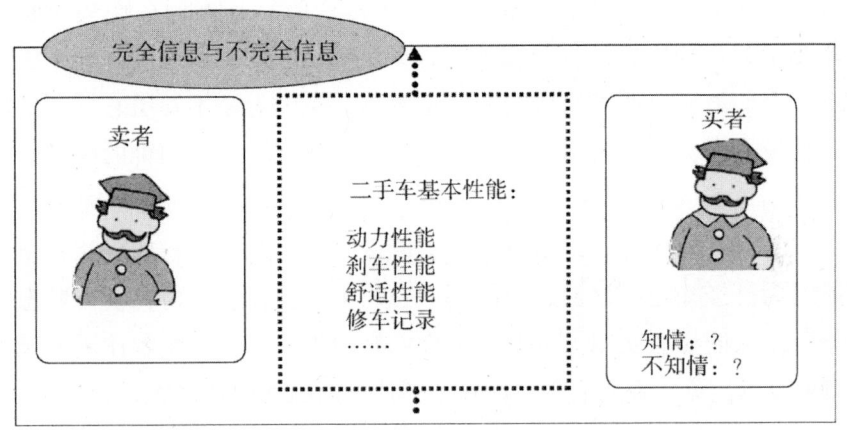

二、信息经济学

信息经济学逐渐成为新的市场经济理论的主流，研究信息经济学的学者因而获得了1996年和2001年的诺贝尔经济学奖。1996年，詹姆士·莫里斯和威廉姆·维克瑞，2001年，乔治·阿克尔洛夫、迈克尔·斯宾塞和约瑟夫·斯蒂格利茨，他们都因为对信息经济学的研究而获得诺贝尔经济学奖。

人们打破了自由市场在完全信息情况下的假设，才终于发现信息不对称的严重性。信息经济学的价值不在于揭示了信息不对称，而在于说明了信息和资本、土地一样，是一种需要进行经济核算的生产要素。

俗话说，隔行如隔山。这座山其实就是信息不对称，而要获得这些信息是要付出成本（代价）的。消费者往往没有对商品的生产信息等投入成本，这必然与生产者之间产生信息投入成本差异，生产者利用信息投入差异获取利润正是为了补偿先前付出的信息成本。其实质仍然是资本的获利性在另一种层面上的体现，只不过我们剥离了资本，换了一种观察的角度而已。

占有信息的人在交易中获得优势，交易关系因为信息不对称变成了委托—代理关系，交易中具有信息优势的一方为代理人，不具有信息优势的一方是委托人，交易双方实际上是在进行无休止的信息博弈。

信息经济学认为，信息不对称造成了市场交易双方的利益失衡，影响社会的公平、公正的原则以及市场配置资源的效率，并且提出了种种解决的办法。

作为一种有价值的资源，信息不同于普通商品。人们在购买普通商品时，先要了解它的价值，看看值不值得买。但是，购买信息商品却无法做到这一点。人们之所以愿意出钱购买信息商品，是因为还不知道它，一旦知道了它，就没有人会愿意再为此进行支付。这就出现了一个困难的问题：卖者让不让买者在购买之前就充分地了解所出售的信息商品的价值呢？如果不让，则买者就可能因为不知道究竟值不值得而不去购买它；如果让，则买者又可能因为已经知道了该信息商品也不去购买它。在这种情况下，要想做成"生意"，只能靠买卖双方的并不十分可靠的相互信赖：卖者让买者充分了解信息商品的用处，而买者则答应在了解信息商品的用处之后即购买它。

三、不完全信息动态博弈

贵州原本没有毛驴，因此一头毛驴刚到贵州的时候，老虎见它是个庞然大物，不知道有多大的本领，感到很神奇。老虎就躲在树林里偷偷地瞧毛驴。

过了一阵子，老虎走出树林，逐渐接近毛驴。毛驴突然大叫一声，老虎吓了一跳，急忙逃走。过了几天，老虎又来观望，发现毛驴并没有什么特别的本领，对毛驴的叫声也习以为常了，但老虎仍然不敢下手。

再后来，老虎跟毛驴挨得更近，往毛驴身上又挤又碰的，故意冒犯它。毛驴在忍无可忍的情况下，用蹄子去踢老虎。到这时，老虎对毛驴已经有了完全的了解，毫不费力地扑上去把它吃掉了。

在故事中，老虎通过观察毛驴的行为逐渐修正对它的看法，直到看清它的真面目，再把它吃掉，老虎的每一步行动都是在给定它的信息下最优的选择。事实上，毛驴的行为也是很理性的，它知道自己技能有限，所以不到万不得已的时候是不用那仅有的一技的，否则它早就被老虎吃掉了。实际上，这个故事是一个典型的不完全信息动态博弈的均衡。

智猪博弈：做大猪还是做小猪

一、智猪博弈模型

假设猪圈里有一头大猪、一头小猪，它们在同一个石槽里进食。猪圈的一头有猪食槽，另一头安装着控制猪食供应的踏板，踩一下踏板会有10个单位的猪食进槽，但是谁踩踏板就会首先付出两个单位的成本，若大猪先到槽边，大小猪吃到食物的收益比是9∶1；同时到槽边，收益比是7∶3；小猪先到槽边，大小猪收益比是6∶4。那么，在两头猪都有智慧的前提下，最终结果是小猪选择等待。

实际上小猪选择等待，让大猪去踩踏板的原因很简单：在大猪选择行动的前提下，小猪也行动的话，小猪可得到1个单位的纯收益（吃到3个单位食品的同时也耗费两个单位的成本）。而小猪等待的话，则可以获得4个单位的纯收益，等待优于行动。在大猪选择等待的前提下，小猪如果行动的话，小猪的收入将不抵成本，纯收益为-1个单位。如果小猪也选择等待的话，那么小猪的收益为零，成本也为零（如表2-1所示），总之，等待还是要优于行动。

表2-1 智猪博弈

大猪 \ 小猪	踩踏板	等待
踩踏板	7/1	4/4
等待	9/-1	0/0

在智猪博弈模型中，受罪的都是大猪，小猪等着就行。智猪博弈模型可以解释为谁占有更多资源，谁就必须承担更多的义务。

智猪博弈存在的基础，就是双方都无法摆脱共存局面，而且必有一方要付出代价换取双方的利益。一旦有一方的力量足够打破这种平衡，共存的局面便不复存在，期望将重新被设定，智猪博弈的局面也随之被瓦解。

对小猪而言，不管大猪踩不踩踏板，自己不去踩踏板总是最好的选择。而大猪呢？它知道小猪是不会去踩踏板的，与其两者一起饿肚子，自己去踩踏板总还能获得食物。于是，主动去踩踏板成了大猪的唯一选择。这就出现了，同样聪明的两头猪，却有不一样的付出：小猪舒舒服服地等在投食处，而大猪不得不来回奔波于踏板和食物之间。

二、大猪小猪轮流做

赤壁之战是我国历史上的著名战役，实际上，赤壁之战中的孙权一方扮演的就是智猪博弈中"大猪"的角色，刘备一方则是拣了个大便宜的"小猪"。赤壁正面作战的是孙权，出大力的也是孙权，但最大的胜利果实——荆州却被刘备占据。多出力并没有多得，少出力并没有少得，这就是孙刘在赤壁之战中的博弈结果。但孙权必须要做这只"大猪"，不然东吴必定被曹操所吞并。

智猪博弈告诉我们，多劳却并不一定多得。这是因为"小猪"笃定一件事：大家是一个团队，就是有责罚，也是落在团队身上，所以总会有"大猪"悲壮地跳出来完成任务。在现实生活中，很多人都只想付出最小的代价，得到最大的回报，争着做那只坐享其成的小猪。其实每一个人在工作中所扮演的角色，不是"大猪"，就是"小猪"。既然有一些人会成为不劳而获的"小猪"，那么必定有另一些人去充当费力不讨好的"大猪"。

小李在一家合资企业上班，但所在的部门却只有三个人。这三个人正好分为三个等级：部门经理、经理助理和普通员工。小李正好是那个经理助理，处于中间级别。由于在这个部门中，小李表现得最积极，慢慢地，其他部门的同事也认识到：办事就找小李。有时候，公司老板也直接给小李派任务。小李桌上的文件越堆越高，一上班，他就忙得连轴转，像个不断打转的陀螺。部门经理和员工小张则每天无所事事，乐得逍遥自在。

到了年底，由于部门成绩出色，公司特别奖励了4万元，经理独得2万元，小李和小张各分得1万元。小李想到自己辛苦了一整年，到头来却和小张拿得一样多，心里觉得很憋气。

但是，小李心里明白：如果自己不拼命干活，那他连这1万元都得不到，因为指望经理和小张是得不到奖金的。思前想后，小李还得继续当那头辛勤的"大猪"。

"大猪"拼命干活，"小猪"跟着拿奖金，这样的事情在很多公司都存在。"大猪"明知道"小猪"过的是不劳而获的生活，也知道"小猪"是不会去主动完成任务的，为了不至于最后落得大家都没"食物"吃，"大猪"总是会跳出来去踩那个踏板。

不过，在工作中，说到底还得凭真本事、靠实力。"小猪"们不劳而获的日子虽然安逸，却并不稳定。他们总得依靠"大猪"吃饭，心里总是没底的：万一哪天，"大猪"一气之下，跳槽走人，自己可就得饿肚子了。而且如果工作的性质发生改变，比如不再是团队合作性质的工作，而变为侧重独立工作的任务，那"小猪"们可就不能再心安理得地坐等"食物"掉下来了。

"大猪"们付出了很多，虽然得到了回报，却和付出不相当。而"小猪"们可以在短期内坐享其成，却不是长久之计。其实在生活当中，我们每一个人都会面临自己不得不吃亏的现实，但往往只有自己吃点明亏，才会得到更多。

事实上，最智慧的表现应该是：既要有做"大猪"的实力，也要有做"小猪"的策略，两个角色交替，才会获得更多的幸福。

枪手博弈：先发优势与后发制人

一、枪手博弈模型

彼此痛恨对方的甲、乙、丙三个枪手准备决斗。甲枪法最好，十发八中；乙枪法次之，十发六中；丙枪法最差，十发四中。我们来推断一下：如果三人同时开枪，并且每人只发一枪；第一轮枪战后，谁活下来的机会大一些？

一般人认为甲的枪法好，活下来的可能性大一些。但合乎推理的结论是，枪法最糟糕的丙活下来的概率最大。我们来分析一下各个枪手的策略。枪手甲一定要对枪手乙先开枪。因为乙对甲的威胁要比丙对甲的威胁更大，甲应该首先干掉乙，这是甲的最佳策略。同样的道理，枪手乙的最佳策略是第一枪瞄准甲。乙一旦将甲干掉，乙和丙进行对决，乙胜算的概率自然大很多。枪手丙的最佳策略也是先对甲开枪。乙的枪法毕竟比甲差一些，丙先把甲干掉再与乙进行对决，丙的存活概率还是要高一些的。

通过概率分析，发现枪法最差的丙存活的概率最大，枪法好于丙的甲和乙的存活概率远低于丙的存活概率。

由此可以看出，在多人博弈中常常由于复杂关系的存在，而导致出人意料的结局。一位参与者最后能否胜出，不仅仅取决于自己的实力，更取决于实力对比关系以及各方的策略。

二、坐山观虎斗

在曹操击败袁绍后，袁绍的两个儿子袁尚、袁熙投奔乌桓。为清除后患，曹操进击乌桓。袁氏兄弟又去投奔辽东太守公孙康。曹营诸将都建议曹操进军，一鼓作气平复辽东，捉拿二袁。曹操没有听从将领们的意见，只在易县按兵不动。过了数日，公孙康派人送来袁尚、袁熙的头颅，众人都感到惊奇。曹操将郭嘉的遗书出示给大家，他劝曹操不要急于进兵辽东，因为公孙康一直怕袁氏将其吞并，现在二袁去投奔他，必引起他的怀疑，如果我们去征讨，他们就会联合起来对付我们，一时难以取胜。如果我们按兵不动，他们之间必然会互相攻杀。结果正如郭嘉所料，大家深为叹服。

郭嘉的策略就是"坐山观虎斗"，最终获得了自己所希望的结果。如果面对不止一个敌人的时候，切不可操之过急，免得反而促成他们联手对付你，这时最正确的方法是静止不动，等待适当时机再出击。这与枪手博弈有异曲同工之妙。

我们在西方政治竞选活动中也会看到有关枪手博弈的影子。只要存在数目庞大的竞争对手，实力顶尖者往往会被实力稍差的竞选者反复攻击而弄得狼狈不堪，甚至败下阵来。等到其他人彼此争斗并且退出竞选的时候再登场亮相，形势反而更加有利。

因此，幸存机会不仅取决于你自己的本事，还要看你威胁到的人。一个没有威胁到任何人的参与者，可能由于较强的对手相互残杀而幸存下来。就像上文中所讲的甲枪手虽然是最厉害的枪手，但他的幸存概率却最低。而枪法最差的枪手，如果采用最佳策略，反而能使自己得到更高的幸存概率。

有时候，生活中的枪手博弈其实更是一种置身事外的艺术。《清稗类钞》中记载了这样的故事：

清朝末年，湖广总督张之洞与湖北巡抚谭继洵不和，两人在黄鹤楼上吃宴席时借着酒劲又争辩起来。谭继洵说长江江面宽五里三分，张之洞却说是七里三分，督抚两人相持不下，在场众僚莫衷一是。江夏知县陈树屏被迫发言："江面上涨，为七里三分；江面水落，为五里三分。两位大人所言极是。"张谭两人抚掌大笑，僵局就此化解。

而在激烈的市场竞争中，枪手博弈的运用更是无处不在。

博弈的精髓在于参与者的策略相互影响、相互依存。对于我们而言，无论对方采取何种策略，均应采取自己的最优策略！

斗鸡博弈：前进还是撤退

一、斗鸡博弈模型

清康熙时，文华殿大学士兼礼部尚书张英在京为官。在他老家桐城，他的邻居吴氏是当地的豪绅大户，欲侵占张府的宅地，家人驰书京城，要张英凭官威压一压吴氏气焰。谁知张英却回诗一首："一纸书来只为墙，让他三尺又何妨。长城万里今犹在，不见当年秦始皇。"意思很明白：退让。家人得诗，主动退让三尺。吴氏闻之，也后撤三尺，于是形成了六尺宽的巷道，这就是"六尺巷"的由来。1958年，毛泽东接见前苏联驻华大使尤金时，曾引用过此诗，意在说明不与人计较斤两得失，大度处之。

由此可见，懂得退让并不是一种懦弱和失败，而是一种智慧。我们在工作和生活中要知道进退的道理，不要等到斗得两败俱伤的时候灰再溜溜地败下阵来。由这则故事可引申出博弈论中一个著名的博弈模型——斗鸡博弈。

斗鸡博弈，又称为懦夫博弈。斗鸡博弈描述的是两个强者在对抗冲突的时候，如何能让自己占据优势，力争得到最大收益，确保损失最小。斗鸡博弈中的参与者都是处于势均力敌、剑拔弩张的紧张局势。我们简单分析一下斗鸡博弈。

两只实力相当的斗鸡狭路相逢，每只斗鸡都有两个行动选择：一是退下来，一是进攻。如果斗鸡甲退下来，而斗鸡乙没有退下来，那么乙获得胜利，甲就很丢面子；如果对方也退下来，双方则打个平手；如果甲没退下来，而乙退下来，甲则胜利，乙则失败；如果两者都前进，则两败俱伤，如表2-2所示。

表2-2　斗鸡博弈的收益矩阵

甲　　＼　　乙	前进	后退
前进	-2/-2	1/-1
后退	-1/1	-1/-1

因此，对每个人来说，最好的结果是，对方退下来，而自己不退。但是这种追求可能导致两败俱伤。

表2-2中数字的意思是：两者如果均选择前进，结果是两败俱伤，两者均获得-2的收益；如果一方前进，另外一方后退，前进者获得1的收益，赢得了面子，而后退者获得-1的收益，输掉了面子，但没有两者均前进受到的损失大；两者均后退，两者均输掉了面子，获得-1的收益。

斗鸡博弈有两个纯策略纳什均衡：一方前进，另一方后退；一方后退，另一方前进。但关键是谁进谁退？在现实中，哪一只斗鸡前进，哪一只斗鸡后退，要进行实力的比较，谁稍微强大，谁就有可能得到更多的前进机会，但前进的代价依旧是两败俱伤的结局。一旦进入骑虎难下的博弈，尽早退出是明智之举。有时候，双方都明白两者相争必有损伤，但往往又过于自负，觉得自己会取得胜利，这就是所谓"当局者迷，旁观者清"。斗鸡博弈往往最后得到的是一种"驴子式的胜利"。

二、谁前进，谁后退

伊索寓言中有一个"驴子和驴夫"的故事。驴夫赶着驴子上路，但驴子逐渐偏离平坦的大道，沿着陡峭的山路走去。当驴子靠近悬崖边时，驴夫抓住驴子的尾巴，想把它拉回来。可驴子拼命挣扎，驴夫抓不住，驴子从山崖上滑下去了。驴夫无可奈何地说："你胜利了！"

但是凡事都要决出输赢胜负，那么必然会给自己带来不必要的损失。只有一方先撤退，才能使双方获利。特别是占据优势的一方，如果具有这种以退求进的智慧，提供给对方回旋的余地，就会给自己带来胜利，而且双方都会成为利益的获得者。

有时候，当双方相争的时候，只要把形势说明，等双方都明白自己并没有稳操胜券的能力，僵持不下的斗鸡博弈就会化解了。

我们可以发现生活中常有这样的例子，比如男女双方结婚之后，因为一些家庭琐事就像两只斗架的公鸡，斗得不可开交。婚姻双方的斗鸡博弈，使整个家庭"战火纷纷，硝烟弥漫"。一般来说，到关键时候，总有一方对于对方的唠叨、责骂装聋作哑，或者妻子干脆回娘家去冷却怒火，或者丈夫甩门而出找朋友诉苦，一场干戈化为玉帛。

在现实中，谁前进，谁后退，其实是实力的比较，谁实力强谁就有可能得到更多的前进机会。但这种前进并不是没有限制的，而是有一定的距离。一旦超过了这个界限，只要有一只斗鸡接受不了，那么斗鸡博弈中的严格优势策略就不复存在了。

酒吧博弈：混沌系统中的策略

一、酒吧博弈模型

美国著名的经济学专家阿瑟教授（W.B.Arthur）1994年在《美国经济评

论》发表的《归纳论证的有界理性》一文中首次提出这样一个博弈模型：

有100个人很喜欢泡酒吧。这些人在每个周末，都要决定是去酒吧活动还是待在家里休息。酒吧的容量是有限的，也就是说座位是有限的。如果去的人多了，去酒吧的人会感到不舒服。此时，他们留在家中比去酒吧更舒服。

假定酒吧的容量是60人，如果某人预测去酒吧的人数超过60人，他的决定是不去，反之则去。这100人如何作出去还是不去的决定呢？

这个博弈的前提条件作了如下限制：每一个参与者面临的信息只是以前去酒吧的人数，因此，他们只能根据以前的历史数据，归纳出此次行动的策略，没有其他的信息可以参考，他们之间更没有信息交流。

酒吧问题所模拟的情况，非常接近于一个赌博者下注时面临的情景，比如股票选择、足球博彩。这个博弈的每个参与者，都面临着这样一个困惑：如果许多人预测去的人数超过60人，而决定不去，那么酒吧的人数会很少，这时候作出的这些预测就错了。反过来，如果有很大一部分人预测去的人数少于60人，他们因而去了酒吧，则去的人会很多，超过了60人，此时他们的预测也错了。

因而一个作出正确预测的人应该是，他能知道其他人如何作出预测。但是在这个问题中每个人预测时面临的信息来源都是一样的，即过去的历史，同时每个人无法知道别人如何作出预测，因此所谓正确的预测几乎不可能存在。

阿瑟教授通过真实的人群以及计算机模拟两种实验得到了两个迥异的、有趣的结果。在对真实人群的实验中，实验对象的预测呈有规律的波浪状形态。虽然不同的博弈者采取了不同的策略，但是其中共同点是这些预测都是用归纳法进行的。在这个实验中，更多的博弈者是根据上一次其他人作出的选择而作出这一次的预测。然而，这个预测已经被实验证明在多数情况下是不正确的。那么，在这个层面上说明，这种预测是一个非线性的过程。所谓这样一个非线性的过程是说，系统的未来情形对初始值有着强烈的敏感性，这就是人们常说的"蝴蝶效应"。

通过计算机的模拟实验，得出了另一个结果：起初，去酒吧的人数没有一个固定的规律，然而，经过一段时间后，这个系统去与不去的人数之比接近于60：40，尽管每个人不会固定地属于去或不去的人群，但这个系统的比例是不变的。如果把计算机模拟实验当作是更为全面的、客观的情形来看，计算机模拟的结果说明的是更为一般的规律。

二、少数人博弈

生活中有很多例子与酒吧博弈的道理是相通的。股票买卖、交通拥挤以及足球博彩等问题都是这个模型的延伸。对这一类问题一般称之为少数人博弈。少数人博弈是改变了形式的酒吧问题的延伸。

在股票市场上，每个股民都在猜测其他股民的行为而努力与大多数股民不同。如果多数股民处于卖股票的位置，而你处于买的位置，股票价格低，你就是赢家；而当你处于少数的卖股票的位置，多数人想买股票，那么你持有的股票价格高，你将获利。

在实际生活中，股民采取什么样的策略是多种多样的，他们完全根据以往的经验归纳得出自己的策略。在这种情况下，股市博弈也可以用少数人博弈来解释。

少数人博弈中还有一个特殊的结论，即记忆长度长的人未必一定具有优势。因为，如果确实有这样的方法的话，在股票市场上，人们利用计算机存储大量股票历史数据就肯定能够赚到钱了。但是，这样一来，人们将争抢着去购买存储量大、速度快的计算机了，在实际中人们还没有发现这是一个炒股必赢的方法。

少数人博弈还可以应用于城市交通。现代城市越来越大，道路越来越多、越来越宽，但交通却越来越拥挤。在这种情况下，司机选择行车路线就变成了一个复杂的少数人博弈问题。

实际的城市道路往往是复杂的网络。我们简化问题，假设在交通高峰期间，司机只面临两条路的选择。这个时候，往往要选择没有太多车的路线行走，此时他宁愿多开一段路程，也不愿意在塞车的地段焦急地等待。司机只能根据以往的经验来判断哪条路更好走。当然，所有司机都不愿意在塞车的道路上行走。因此每一个司机的选择，必须考虑其他司机的选择。

在司机行车的少数者博弈问题中，司机经过多次的选择和学习，许多司机往往能找到规律性，这是以往成功和失败的经验教训给他的指引，但这不是必然有效的规律性。

在这个过程中，司机的经验和司机个人的性格起作用。有的司机因有更多的经验而能躲开塞车的路段；有的司机因经验不足，往往不能有效避开高峰路段；有的司机喜欢冒险，宁愿选择短距离的路线；而有的司机因为保守，宁愿选择较少堵车的较远的路线，等等。最终，不同性格、不同经验司机的路线选择，决定了路线的拥挤程度。

重复博弈：杜绝一次性交易

一、重复博弈模型

旅美作家林达在其著作《历史深处的忧虑》中讲到这样一则事例：

在美国，任何一个售报机，都是一个铁盒子。所有的报纸都在里面，放一个硬币就可以全部打开，取一张之后再把它关上。作者说他第一次买报的时候，塞进硬币，一拉开盖子，发现所有的报纸都在他面前时，吓了一跳。因为根据他在中国的经验，这样的设计会使得报纸一下子就被人拿光。但是，这是根据美国的国情设计的，美国人不会扔一个硬币，却拿两份报纸。而且作者很快发现了例外——中国人聚居地的中国饭店、中国商店门口，就是一种特殊设计的售报机，一个硬币只拿得出一张报纸。关于此事，在美国的华人报纸上引发了诸多议论，其中一个华人讲述了在半小时里，他如何活生生地眼看着同胞们"免费"取光了一大堆报纸。

国内还发生了一则与上述事例相反的事件：

一个叫王波的卖报摊主，因为夫妇两个又要带孩子，还要打理一个书刊摊，所以把自己在成都近郊金名苑市场小区门口的报摊办成了"诚信报摊"，报架上写了"请给5角买报"的油漆字，还放了一个装钱的口袋。3年来，这个报摊每天都会卖出报纸100多份，但从来没有少过钱。

关于王波卖报摊的"奇迹"，有人将其归因为小区居民素质高，但一位长期在附近蹬三轮车的师傅却说："是市场门口人多不敢随便拿。诚信报摊位于市场门口，来往的人很多，而且旁边有几家商铺，那么多人盯着，哪个敢拿？"

其实比起"素质高"，关于"不敢拿"的判断，似乎更为符合常理。我们可以把这个"诚信报摊"看作摊主与买报人之间的博弈，从博弈过程来看，"诚信报摊"成立第一天那种"每个博弈者都只关心一次性支付的简单博弈"已经转变成了"重复的、连续进行的博弈"，连续博弈的过程中，偷报者必然会担心卖报人可能采取暗中观察、抓住偷报者示众等报复措施，所以会理性地克制投机行为、选择诚信与合作，于是必然就出现了双方都诚信的博弈结果。

那么，为什么美国的无人售报机中的报纸会被中国人拿光呢？莫非中国人在自己国家内诚信，到了美国就不诚信？这是因为美国售报机位置多设在流动人口比较大的地方，而一个人之所以敢从售报机中拿走所有的报纸，原因就在于这周围的人都是过客，没有人认识他，明天也不会再从这个售报机拿"免费"报纸。也就是说，这是一个单次博弈，而非重复博弈。

当发生有限次的博弈时，只要临近博弈的终点，博弈双方会采取不合作策略的可能性加大。理发的人必定不会再到这个理发铺来理发，因此他才采取了不合作的策略。

因为一次性博弈的大量存在，引发了很多不合作的行为。在现实的世界中，所有真实的博弈只会反复进行有限次，但正如理发铺不知道客人下一次是否还会光顾一样，没有人知道博弈的具体次数。既然不存在一个确定的结束时间，那么这种相互的博弈一定会持续下去，博弈双方往往会采取合作的方式，实现阶段性的成功。因此，从博弈的角度出发，只要仍然存在继续合作的机会，博弈双方往往都会比较克制。

在现实生活中，我们往往能发现这样的情况：在公共汽车上，两个陌生人会为一个座位而争吵，可如果他们相互认识，就会相互谦让。这是因为人们之间是一种"不定次数的重复博弈"。在较长的视野内，人与人交往关系的重复所造成的"低头不见抬头见"，因此使得自私的主体之间走向合作。事实上，重复博弈更逼真地反映了日常人际关系。在重复博弈中，合作的长期性能够纠正人们短期行为的冲动，为以后的长期利益，必须维持好与周围人的人际关系。

二、小心一锤子买卖

重复博弈同样可以解释很多商业行为。我们可以发现在车站和旅游景点这些人群流动性比较大的地方，不但商品和服务质量差，而且假货横行，因为商家和顾客没有"下一次"的博弈机会。游客因为质优价廉而再次光临的可能性微乎其微，因而，大多数人的选择是"一锤子买卖"，不赚白不赚！一次性买卖往往发生在双方以后不再有买卖机会的时候，特点是尽量牟取暴利并且带有欺骗性。而靠"熟客""回头客"为主要顾客群的厂商，他们一般会通过薄利多销的行为使得双方能继续合作下去，他们一般不会"宰客"。

实际上，我们也可以借用博弈论来解释夫妻之间的一些行为。夫妻之间的博弈不是一次博弈，而是多次博弈。也正是由于夫妻之间博弈的重复性，所以在博弈过程中只要双方还在理智的情况下，谁也不敢动真格地整治对方，只是吓唬吓唬而已。丈夫打妻子，他不敢真正下狠手，而妻子一般也不敢闹得太过分，因为他们都明白，仅为一时出口气而给对方造成的伤害，到头来还得要自己来承担。也正因为这样，夫妻之间都知道："别看你现在这么凶，其实你并不敢真的把我怎么样。"所以有许多家庭，只要一方挑起事端，另一方就会积极应战，夫妻之间的博弈就时断时续。所谓"争争吵吵，相伴到老"，其实就是对这种博弈情形的形象写照。因为对于夫妻而言，博弈的目的不是为了在分手时能得到更多的"好处"，而是希望能更好地维持合作的稳定性，从而缔结连理，白头偕老。

一般而言，在经历多次的博弈之后，会达到一个均衡点——纳什均衡。

在纳什均衡点上，每个参与者的策略是最好的，此时没有人愿意先改变或主动改变自己的策略。也就是说，此时如果他改变策略，他的收益将会降低，每一个理性的参与者都不会有单独改变策略的冲动。因此，在经历了多次重复的博弈后，博弈的双方都不希望这种最优状态发生改变，这种相对稳定的结构会一直持续下去，直到博弈的终点。

 第3章

市场运行的左右手
——供给和需求

供给：面包的供给是工厂的决定

对于生产面包的工厂来说，买多少面粉（原料），生产多少面包，全部由自己决定。就算市场上有再多的人需要面包，也要面包厂愿意做、能做出来才行。就是说，要想消费某种商品，首先就要有这种商品的供给。

一、供给的相关内容

根据供给的概念，它描述的是生产者提供商品的能力。它的构成需要两个条件——生产者的意愿和生产者的实际生产能力。生产者的意愿，指的就是生产者愿意在某一价格水平上生产多少商品或者提供多少服务。生产者的实际生产能力，则是指在现有的生产力发展水平和技术下，生产者能够生产多少商品或者提供多少服务。从根本上看，后一项条件对于生产者供给有更大的意义。

当生产者向市场上进行供给时，其最直观的表现就是市场上商品的数量增加。但要清楚的是，市场上的供给量不等于生产量，在生产的过程中，将有一部分用于生产者自己消费或储备。因此，在自由健康的市场上，供给应当是卖者用于市场交换的数量。

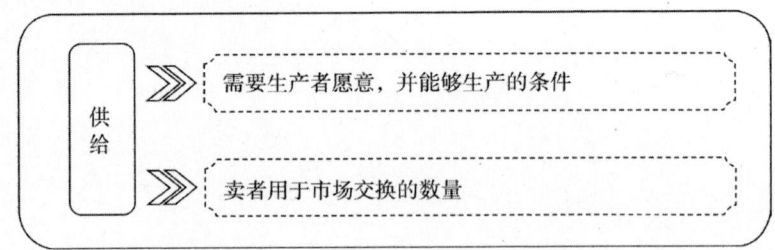

二、影响供给的因素

经济学家的研究表明，影响生产者供给的因素有很多，以下列出几种。

1.生产成本的高低

对于生产者来说，生产成本就是其为了制造产品所要付出的原料、资本及其他资源。通常情况下，当其他条件都不变时，生产成本的上升，会导致赚取的利润减少，则生产者会减少生产，商品供给量下降；相反，生产成本下降时，厂商就能获得更多利润，从而刺激生产，使商品供给量增加。

2.生产的技术和管理水平

在进行商品生产的过程中，生产技术和管理同社会生产力水平的高低有着直接的联系，也就直接影响了生产者生产的效率。当两者升高时，就会提高生产效率，降低生产成本，从而促使生产者增加商品供给的数量。相反，则会减少商品供给的数量。

3.相关产品的生产情况

在完全竞争的市场里，生产者提供的商品可能会遇到相关的竞争产品。在其他条件都不变的情况下，随着相关产品销售情况的低迷，生产者为了扩大市场，就会提高供给数量。相反，在相关产品销售情况高涨时，生产者则可能大量减少供给，甚至退出市场。

4.生产者对商品的预期

生产者在生产商品的过程中，对商品未来的发展形势预期，也将极大地影响产品的供给量。当生产者对未来商品的销售预期乐观时，就会扩大生产规模，增加未来的产品供给；对未来商品预期悲观时，就会缩减生产规模，减少未来的商品供给量。

5. 政府的相关政策

不可否认，在市场经济中，政府的干预也会对生产者提供商品的数量产生影响。当政府采用税收或补贴等政策手段调节某些产品的生产时，就会影响商品在市场上的供给。

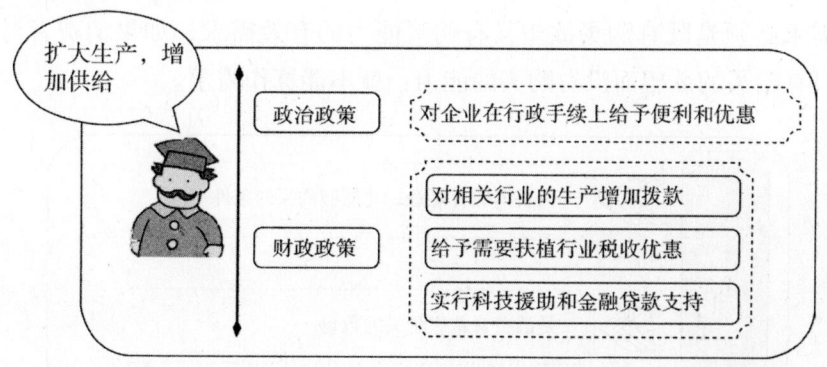

需求： 洛阳纸贵的原因何在

西晋太康年间出了位很有名的文学家——左思。在左思小时候，他父亲就一直看不起他，常常对外人说后悔生了这个儿子。等到左思成年，他父亲还对朋友们说："左思虽然成年了，可是他掌握的知识和道理，还不如我小时候呢。"左思不甘心受到这种鄙视，开始发愤学习。

经过长期努力，他写出了一部《三都赋》，当时人们都认为其水平超过了汉朝班固写的《两都赋》和张衡写的《二京赋》。一时间，在京城洛阳广为流传，人们啧啧称赞，竞相传抄，一下子使纸昂贵了几倍。原来每刀千文的纸一下子涨到两千文、三千文，后来竟倾销一空，不少人只好到外地买纸，抄写这篇千古名赋。

为什么会洛阳纸贵？因为在京都洛阳，人们竞相传抄《三都赋》，以致纸的需求越来越大，而纸的供给却跟不上需求。

一、需求

根据需求的概念，它描述的是消费者购买商品的能力。它的构成需要两个条件——消费者的意愿和消费者的实际购买能力。消费者的意愿，指的就是消费者愿意在某一价格水平上购买多少商品或者服务。消费者的实际购买能力，则是指在现有的收入水平和经济条件下，消费者能够购买的该商品的数量。

需求必须是既有购买欲望又有购买能力的有效需求，如果消费者对某种商品只有购买的欲望而没有购买的能力，就不能算作需求。

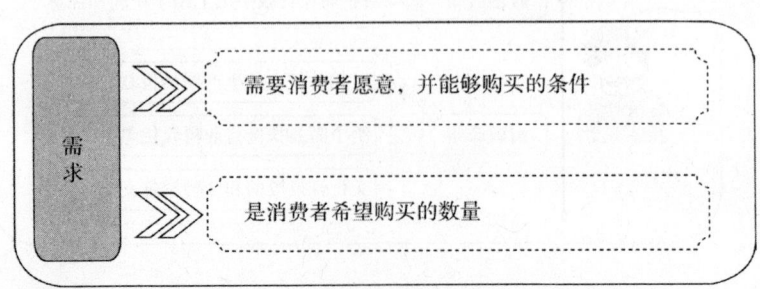

需求

> 需要消费者愿意，并能够购买的条件

> 是消费者希望购买的数量

二、影响需求的因素

需求显示了随着价格升降而其他因素不变的情况下，某个个体在某段时间内所愿意买的某货物的数量。在某一价格下，消费者愿意购买的某一货物的总数量称为需求量。在不同价格下，需求量会不同。需求也就是说价格与需求量的关系。若以图像表示，便称为需求曲线。

1.商品本身的价格

汽车需求的数量永远不会超过面包的数量。一般而言，商品的价格与需求量成反比，即价格越高，需求越少；反之，价格越低，需求越多。

2.相关商品的价格

当一种商品本身价格不变，而其他相关商品价格发生变化时，这种商品的需求量也会发生变化。

3.消费者的收入水平

当消费者的收入提高时，会增加对商品的需求量；当消费者的收入降低时，会减少对商品的需求量，劣质商品除外。

4.消费者的嗜好

女儿对妈妈说："妈妈，我要吃鱼！"

妈妈说："孩子，吃鸡肉行不行？"

女儿："不行，我就要吃鱼。"

妈妈无奈，只得每天下班之后都从超市里面买一条鱼回来。

三个月过去了，妈妈对女儿说："明天吃鱼吗？"

女儿："不，我不想吃了。"

当消费者对某种商品的偏好程度增强时，该商品的需求量就会增加，相反偏好程度减弱，需求量就会减少。

5.消费者对未来商品的价格预期

欧盟国家约有25%的天然气由俄罗斯供应，而俄罗斯输往欧盟的天然气中有逾80%需过境乌克兰。2009年1月，俄罗斯因天然气支付纠纷切断了对乌克兰的天然气出口，导致严寒肆虐的欧洲十八国不同程度地陷入天然气危机，数以万计民众无法取暖而怨声载道，这一现象被媒体称为"俄乌斗气，欧洲受气"。

为免再当受气包，2009年7月2日，在欧盟内部的专家会议结束后，欧盟委员会发表了一份公告。公告表示："面对乌克兰可能爆发的天然气危机，欧盟委员会提醒各成员国采取有效措施，尽量填充天然气储备。"

当消费者预期某种商品的价格即将上升时，社会会增加对该商品的现期需求量，因为理性的人会在价格上升以前购买产品；反之，就会减少对该商品的预期需求量。

6.人口规模

为什么北京的超市每天都会出现抢购，而小县城的超市一天只有为数不多的顾客。因为北京的消费者众多，消费者排队争相抢购，而小县城人流有限，消费者少。

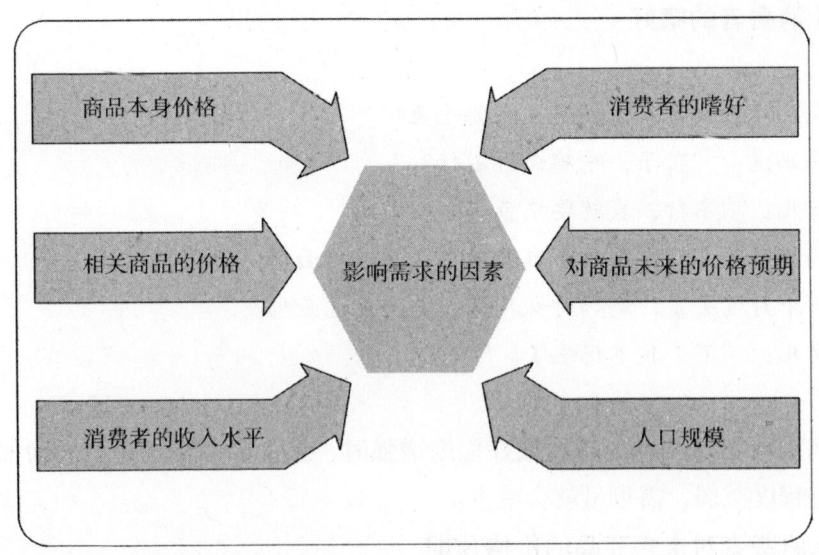

供给曲线和需求曲线：商品市场的"线性"变动

一、需求曲线及其线性变动

1.需求曲线

当水价变动时，人们的用水量也会随之变动。如果水价是每升1美分，每天会用掉55万桶。当水价下降时，原因姑且不论，人们就计划用更多的水。

当我们把这些信息画成图时，事情就变得更有意思了。纵轴表示可能的水价（P），单位是美元/桶。横轴表示人们在不同的价格下计划购买的水量（Q）。把表中的数字标在图中，并连接起来，我们就得到了一条向右下方倾斜的曲线（D），经济学家称其为需求曲线，如图3-1所示。

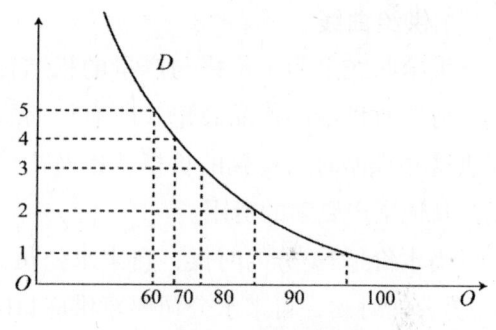

图3-1 需求曲线

2.需求量的变动

在几何图形中，需求量变动表现为商品的价格-数量组合点沿着同一条既定的需求曲线的运动。如图3-2所示，当商品的价格由$P_1 \rightarrow P_0 \rightarrow P_2$变动时，该商品的需求数量由$Q_1 \rightarrow Q_0 \rightarrow Q_2$变动，商品的价格-需求数量组合点由$a$、$b$、$c$沿同一条需求曲线移动。

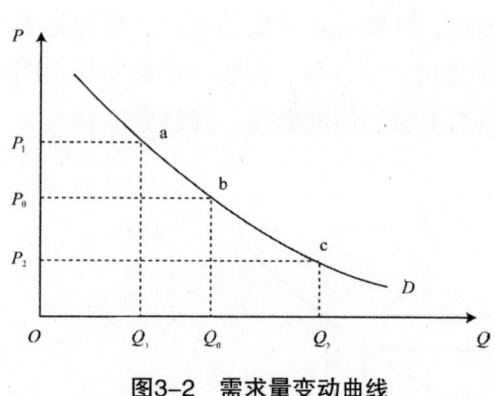

图3-2 需求量变动曲线

3.需求的变动

在几何图形中，需求的变动表现为需求曲线的位置发生变动。如图3-3所

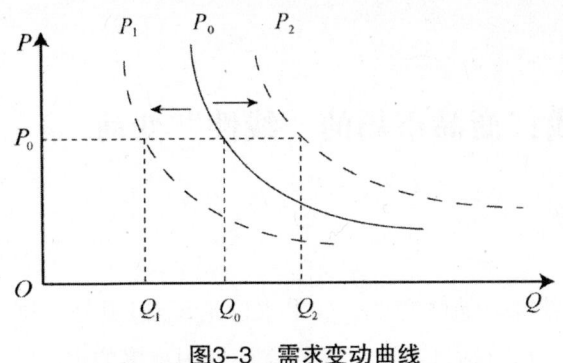

图3-3　需求变动曲线

示，原有的需求曲线为P_0，在商品价格不变的前提下，如果其他因素的变化使得需求增加，则需求曲线向右平移至P_2的位置；如果其他因素的变化使得需求减少，则需求曲线向左平移至P_1的位置。

二、供给曲线及其线性变动

1.供给曲线

供给曲线表明了价格与产量的相结合，即在某种价格水平时整个社会的厂商所愿意供给的产品总量。所有厂商所愿意供给的产品总量取决于它们在提供这些产品时所得到的价格，以及它们在生产这些产品时所必须支付的劳动与其他生产要素的费用。

当水价是2美分的时候，自来水公司只愿意供应20万桶的自来水；当水价是5美分的时候，自来水公司愿意供应110万桶的自来水；当水价是6美分的时候，自来水公司愿意供应120万桶的自来水。

同前所述，我们把这些信息画成图时，纵轴表示可能的水价，单位是美分/桶，横轴表示水厂在不同的价格下愿意供给的水量。把表中的数字标在图中，并连接起来，我们就得到了一条向右上方倾斜的曲线，经济学家称其为供给曲线，如图3-4所示。

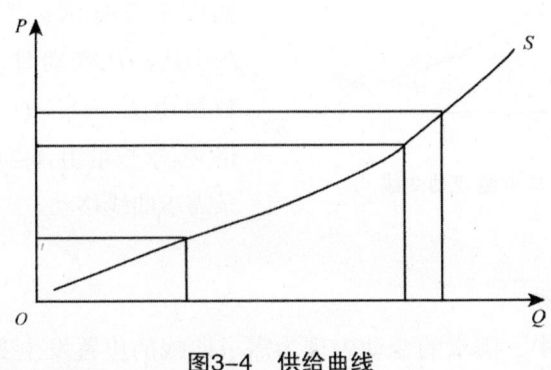

图3-4　供给曲线

2.供给量的变动

在图3-5中，供给量的变动表现为商品的价格–供给数量组合点沿着同一条既定的供给曲线的运动。当价格变动时，价格–供给数量组合点a、b、c沿同一条供给曲线移动。

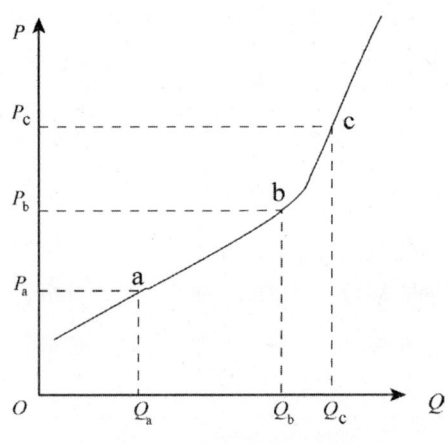

图3-5　供给量变动曲线

3.供给的变动

在图3-6中，供给的变动表现为供给曲线的位置发生变动。当价格不变而其他因素变化时，供给曲线平行地移动。供给曲线从S_0右移到S_1，表示供给增加；供给曲线（如生产要素价格提高）从S_0左移到S_2，表示供给减少。

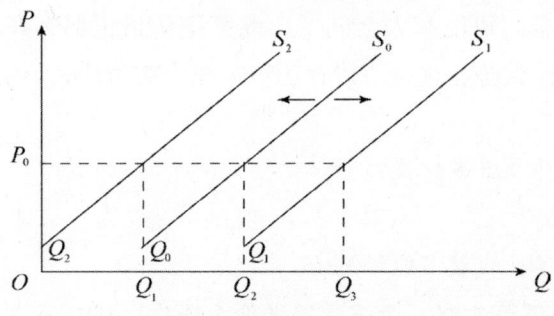

图3-6　供给变动曲线

三、需求曲线与供给曲线反映了什么

需求曲线返映：它向右下方倾斜，它的斜率为负值，它们都表示商品的需求量和价格之间呈反方向变动的关系。

供给曲线反映：它向右上方倾斜，它的斜率为正值，它们都表示商品的供给量和价格之间呈同方向变动的规律。

总供给曲线的位置是不断变动的，这种变动说明了在既定价格水平之下，需求曲线描写了买方的行为；供给曲线描写了卖方的行为。

需求曲线和供给曲线的变动			
需求曲线向右移动	需求上升	价格↑	数量↑
需求曲线向左移动	需求下降	价格↓	数量↓
供给曲线向右移动	供给上升	价格↓	数量↑
供给曲线向左移动	供给下降	价格↑	数量↓

均衡价格：供需之间妥协的结果

一、价格的形成过程

买者和卖者扮演的就是两个博弈者的角色。他们通过讨价还价，来为自己争取最大的利益。可能有人会问了，商家把价格定那么高，不就是为了赚更多的钱吗？为什么还愿意和消费者还价？他当初为什么不定个实价？

买者：你这件衣服多少钱？

卖者：500元。

买者：太贵了，我最多能给250元。

卖者：250多不好听啊，干脆我以进价卖给你！450！

买者：还是太贵了，300元怎么样？

卖者：300元太便宜了，要不咱们都让让，400元就成交。

买者：350元给不给？不给我就走人。

卖者：等会儿等会儿，350元就350元吧。这次绝对是亏本卖给你了！

当人们在购买东西砍价时，绝大多数商家都还是会和你讨价还价的。这是因为在双方的博弈中，卖衣服的商家处于为商品定价的优势地位，他通常愿意为自己的商品定个最高的价格。相反，消费者因为不知道进货价格而处于劣势。在这种情况下，消费者对商家逐利本性的怀疑，就会促使其不断地用砍价来测试商家的心理底线，进而摸清最贴近商品真实价值的价格。

我们不妨做个假设，来分析这一过程。

前提是双方都是经济学中的理性人，都追求个人利益的最大化，即卖方倾向于给出远远高于成本的价格，买方倾向于付出尽量少的金钱。

1.卖方给出实价，双方都不讨价还价

显然，这种行为对买方是极为有利的，但从商家这一方来说，就不符合前提假设——经济学中理性人的关键特征就是追求个人利益最大化。商家这样的行为将导致生意没有继续运营的成本，时间久了，商家自然亏本，退出市场。

2.卖方给出远远高于成本的价格，双方不讨价还价

这种情况下，卖方处于优势，但是对于买方来说，他感觉到商品质量和价格不符，不讨价还价，也不符合假设的前提。没有人明知吃亏还会继续购买下去。若卖方一直不降价，长此以往，买方也会因为价格太高，自己的利益无法得到满足而不再购买商品。

3.卖方给出远远高于成本的价格，但双方讨价还价

只有在这种情况下，卖方能够满足自己定高价的倾向，买方也能满足自己压低价格的倾向。两者都感受到了彼此利益能够达到最大化的可能。就像前面买衣服的人，他认为自己将衣服压价到350元，感觉到很划算；而卖衣服的人，就算嘴上说自己做了赔本的生意，实际上还是会赚到一些。

分析的结论就是，在同样是理性人的基础上，双方都愿意选择讨价还价。在市场经济中，商品生产者和消费者处于平等地位，所以，彼此能够充分地在交易中对价格进行协商，表达自己的看法，即讨价还价。市场环境为讨价还价提供了社会基础，刺激了人们讨价还价的行为。乔治敦大学教授克里德·威尔康斯说："市场经济就是讨价还价的经济。"所以，不论是国家间的国际贸易，还是街边的小商小贩，交易的双方都会讨价还价。

二、均衡状态

一般均衡理论的创始人是法国经济学家瓦尔拉斯。瓦尔拉斯的均衡理论中有一个拍卖喊价人（又称瓦尔拉斯拍卖者）通过对商品的竞卖，得到商品的均衡价格。在这一点上，供给量与需求量恰好相等。既不存在短缺的现象，也不存在供给过剩的现象，因此也就不存在使价格进一步变化的压力。

从这种意义上说，均衡是指市场上某种商品的价格是由该商品的需求和供给共同决定的，供给、需求、价格不再变动的状态就是市场的均衡状态。

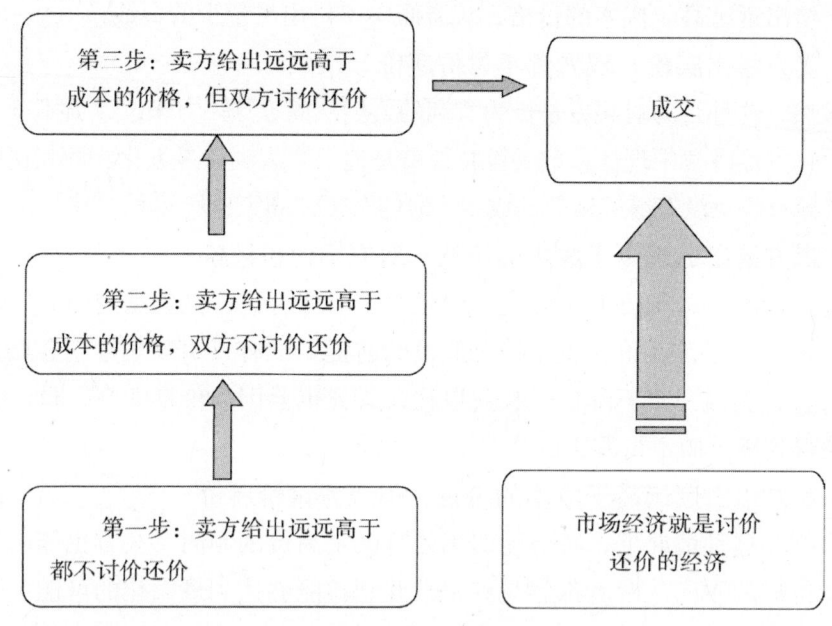

三、均衡数量和均衡价格

1.均衡数量

均衡数量是指某种商品的市场需求量和市场供给量相等时的价格，在均衡价格水平下的相等的供求数量称为均衡数量。

2.均衡价格

均衡价格是在市场上供求双方的竞争过程中自发形成的，均衡价格的形成就是价格决定的过程。需要强调的是，均衡价格的形成完全是在市场上供求双方的竞争过程中自发形成的，有外力干预的价格不是均衡价格。

在市场上，需求和供给对市场价格变化作出的反应是相反的。由于均衡是暂时的、相对的，而不均衡是经常的，所以供不应求或者供过于求经常会发生。

当一个市场价格高于均衡价格时，商品的供给量将超过需求量，这样就会存在商品的过剩：在现行价格时，卖者不能卖出他们想卖的所有商品，这种情况被称为超额供给。

例如，当水果市场上存在超额供给时，水果商就会发现，他们的冷藏室中装满了他们想卖而卖不出去的水果，他们对这种超额供给的反应是降低其价格。同样，如果在水果市场价格低于均衡价格，此时，商品需求量将超过供给量，这样就会存在商品短缺：需求者不能按现行价格买到他们想买的一切，这种情况被称为超额需求。当水果市场出现超额需求时，买者不得不排长队等候购买可提供的几个水果的机会，由于太多的买者抢购太少的商品，卖者可以作出的反应是提高自己的价格而不是失去销售量。随着价格上升，市场又一次向均衡变动。价格要一直变动到市场达到均衡时为止。

许多买者与卖者的活动自发地把市场价格推向均衡价格。一旦市场达到其均衡价格，所有买者和卖者都得到满足，也就不存在价格上升或下降的压力。

四、弗里德曼对于均衡的分析

弗里德曼在分析均衡问题时，假定在完全竞争的市场中，商品的供给和需求的变动处于自发状态。在其他条件不变的情况下，现在以商品甲为例，在各种可能的价格下，消费者对商品甲有不同的需求量，而在各种可能的价格下，生产者有不同的愿意提供商品甲的数量。

若在某一价格下，生产者愿意提供的产品数量多于消费者所要求的需求量，结果就会出现过剩，这些剩余的产品没人买；而在另一价格上，如消费者的需求量多于市场上生产者能提供的商品量，结果就会出现商品的短缺。这两种情况都会造成资源配置的不均衡，甚至浪费。

然而，在同一市场里，为了生产者和消费者都能够获得满意，商品甲的供给和需求将在消费者和生产者的行动下，自动地被推向供需均衡。直到商品甲在市场上的供给和需求在一定时期、在某个价格上，数量刚好达到平衡时，就形成了均衡价格。在这一情况下，供给和需求刚好都能满足，市场不存在剩余和短缺，此时，价格也不会再变动。用弗里德曼的话说就是："均衡状态是这样一种状态，它一经确立，就将被维持下去。"

　　这时市场上最稳定的价格形成了，需求者和供给者都会以这个价格来提供或消费商品，供给和需求最终共同决定了这个商品在市场上的价格。不过这种均衡状态会在需求和供给再次出现变动时被打破，然后均衡价格也将重新稳定。

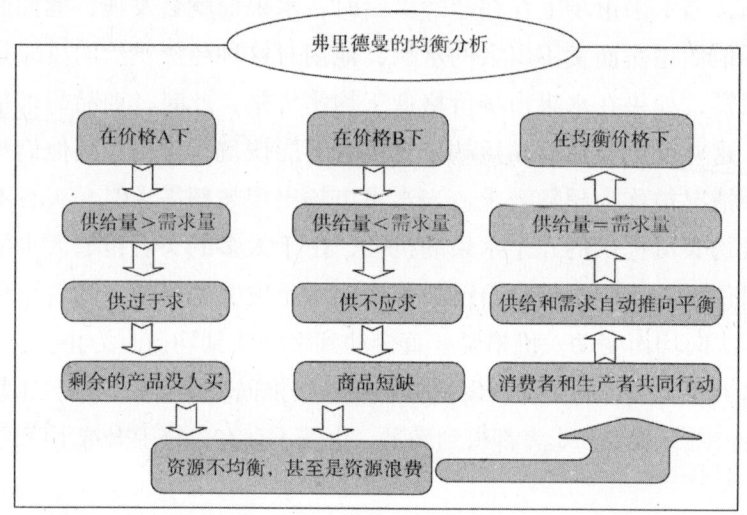

供给和需求的变动：为什么钻石贵过水

　　经济学上有个著名的理论：有用的水，不值钱；无用的钻，天上价。这就是由供给与需求引起的。

一、价值悖论

　　在经济学中，有一个著名的水和钻石的价格难题，那就是：水应当比钻石更值钱吗？著名的古典经济学家亚当·斯密在研究不同物品的相对价格如何决定的问题时，就提出过这个问题：根据常识，一个物品的价格决定于它给消费者的效用。但是，水为消费者所必需，水的有无，生死攸关，效用极大，但水的价格很低。而钻石是非必需品，效用有限，价格却非常高。这是为什么？

虽然在200年前，这个难题困扰着亚当·斯密，但是现代经济学家已经解释了这个难题，提出了几个答案。最简单的答案就是：供给与需求决定价格。

水，源源不断，随地可掬，供给量大，所以不值钱；钻石，稀罕物，供给量小，所以值钱。当然也有例外，水在沙漠里，比油珍贵。

二、需求的变动

在微观经济学中，需求量的变动和需求的变动都是指需求数量的变动，它们的区别在于引起这两种变动的因素是不相同的，而且，这两种变动在几何图形中的表示也是不同的。

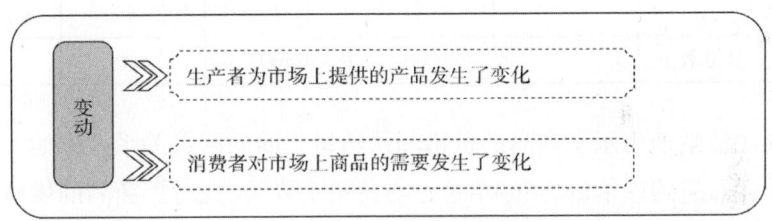

1.需求量的变动

需求量的变动是指在其他条件不变时，由某商品的价格变动所引起的该商品的需求数量的变动（如表3-1所示）。

表3-1　某商品的需求量

价格-数量组合	A	B	C	D	E	F	G
价格（元）	1	2	3	4	5	6	7
需求量（单位数）	700	600	500	400	300	200	100

从表3-1可以清楚地看到商品价格与需求量之间的关系。例如，当商品价格为1元时，商品的需求量为700单位；当价格上升为2元时，需求量下降为600单位；当价格进一步上升为3元时，需求量下降为更少的500单位，以此类推。需求实际上是用数字表格的形式来表示商品的价格和需求量之间的函数关系的。

2.需求的变动

需求的变动是指在某商品价格不变的条件下，由于其他因素变动所引起的该商品的需求数量的变动。这里其他因素变动是指消费者收入水平的变动、相关商品的价格变动、消费者的偏好变动等。

三、供给的变动

1.供给量的变动

供给量的变动和供给的变动都是指供给数量的变动，供给量的变动是指在其他条件不变时，则某种商品的价格变动所引起的该商品供给数量的变动（如表3-2所示）。

表3-2　某商品的供给量

价格-数量给合	A	B	C	D	E
价格（元）	2	3	4	5	6
供给量（单位数）	0	200	400	600	800

表3-2清楚地表示了商品的价格和供给量之间的函数关系。例如，当价格为6元时，商品的供给量为800单位；当价格下降为4元时，商品的供给量减少为400单位；当价格进一步下降为2元时，商品的供给量减少为零。

2.供给的变动

供给的变动指在某商品价格不变的条件下，由于其他因素变动所引起的该商品供给数量的变动。这里其他因素变动是指生产成本的变动、生产技术水平的变动、相关商品价格的变动等。

价格弹性：价格对市场的敏感度有多大

一、需求价格弹性和供给价格弹性

1.需求价格弹性

1979年，我国农副产品调价，猪肉上调20%左右。在当时我国人民的生活水平下，猪肉的需求富有弹性，猪肉涨价后人们的部分购买力转向其他代用品，导致猪肉的需求量迅速下降。国家不得不将一些三四级猪肉降价出售，加上库存积压，财政损失20多亿元；再加上农副产品提价后给职工的副食补助20多亿元，整个财政支出增加40多亿元。

当一种商品的价格低、买者收入高，该商品替代品的价格高或该商品互补品的价格高时，买者对该商品的需求通常更多。为了衡量需求对其决定因素变动的反应程度，经济学家用了弹性的概念。

需求规律表明，一种商品的价格下降使需求量增加，需求价格弹性衡量需求量对其价格变动的反应程度。如果一种商品的需求量对价格变动的反应大，可以说这种商品的需求是富有弹性的；反之，需求是缺乏弹性的。

需求价格弹性 = 需求量变动的百分比 ÷ 价格变动的百分比

当弹性大于1，需求是富有弹性的；小于1，需求是缺乏弹性的；等于1，需求是单位弹性；等于0，需求完全没有弹性。

2.供给价格弹性

供给价格弹性是衡量供给量对价格变动的反应程度。如果供给量对价格变动的反应很大，可以说这种物品的供给是富有弹性的；反之，供给是缺乏弹性的。

供给价格弹性取决于卖者改变他们生产的物品产量的伸缩性。例如，海滩土地供给缺乏弹性是因为几乎不可能生产出土；相反，书、汽车这类制成品供给富有弹性。

在美国加利福尼亚州，由于能源供应长期以来都比较紧张，所以从20世纪70年代以来政府就实施了一系列严格的能源控制计划。但是新自由主义经济学家们认为，如果加州真的能源紧张，那么价格就会上涨，这一方面会使人们减少使用能源，另一方面会使能源供应商增加供应，这样能源紧张局面就会扭转。在这些经济学家的推动下，里根政府放弃了对加州的能源管制，使能源使用量猛增，价格上涨，仅电价就翻了十几倍，可加州的能源供求关系不仅没有因市场调节而趋于缓和，反而愈发紧张。2000年夏天，加州终于遭遇了前所未有的供电危机，最终，加州政府重新启用了严格的能源管制措施。

为什么自由主义经济学家的理论不灵了？原来能源生产专用性强，固定资产占用大，生产周期长，所以能源供给缺乏弹性。尽管能源价格的上涨会使供给增加，但增加幅度十分有限。与此同时，能源作为一种生活必需品，人们对其需求并不会因为价格上涨就会有大的减少，即其需求缺乏弹性。这样就会造成能源供应进一步紧张，推动价格进一步提升。价格的上涨又使得很多用户无法及时交纳电费，因此，能源公司不仅得不到高额利润，反而濒临破产，不得不求助于政府帮助和保护。

二、需求弹性的影响因素

1.商品的可替代性

一般来说，一种商品的可替代品越多，相近程度越高，则该商品的需求价格弹性往往就越大；相反，该商品的需求价格弹性就越小。

例如，在水果市场，相近的替代品较多，这样，某水果的需求弹性就比较大。又如，对于食盐来说，没有很好的替代品，所以，食盐价格的变化所引起的需求量的变化几乎为零，它的需求的价格弹性是极其小的。

商品相近的替代品越多，需求的价格弹性也就越大。例如，某种特定商标的豆沙甜馅面包的需求要比一般的甜馅面包的需求更有弹性，甜馅面包的需求又比一般面包的需求更有弹性，而面包的需求价格弹性比一般的面粉制品的需求价格弹性又要大得多。

2.商品用途的广泛性

一般来说，一种商品的用途越是广泛，它的需求价格弹性就可能越大；相反，用途越是狭窄，它的需求价格弹性就可能越小。这是因为，如果一种商品具有多种用途，当它的价格较高时，消费者只购买较少的数量用在最重要的用途上。当它的价格逐步下降时，消费者的购买量就会逐渐增加，将商品越来越多地用于其他的各种用途上。

3.商品对消费者生活的重要程度

一般来说，生活必需品的需求价格弹性较小，非必需品的需求价格弹性较大。

例如，当看病的价格上升时，尽管人们会比平常看病的次数少一些，但不会大幅度地改变他们看病的次数。同理，小麦、大米这些生活必需品的需求量并不会因为价格的变动而有太大的改变。与此相反，当游艇价格上升时，游艇需求量会大幅度减少，原因是大多数人把看病作为必需品，而把游艇作为奢侈品。

4.商品的消费支出在消费者预算总支出中所占的比例

消费者在某种商品上的消费支出在预算总支出中所占的比例越大，该商品的需求价格弹性可能越大；反之，则越小。例如，火柴、盐、铅笔、肥皂等商品的需求价格弹性就是比较小的。因为，消费者每月在这些商品上的支出是很小的，消费者往往不太重视这类商品价格的变化。

5.商品往往随着时间变长而需求更富有弹性

当汽油价格上升时，在最初的几个月中汽油的需求量只略有减少。但是，随着时间的推移，人们由购买更省油的汽车，转向公共交通，或迁移到离工作地方近的地点。在几年之内，汽油的需求量会大幅度减少。

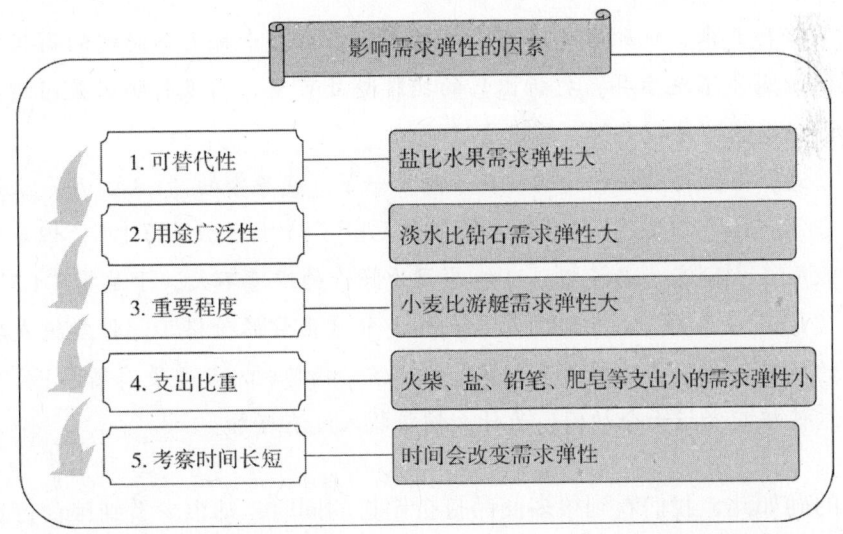

三、供给弹性的影响因素

1.时间因素是一个很重要的因素

当商品的价格发生变化时，厂商对产量的调整需要一定的时间。在很短的时间内，厂商若要根据商品的涨价及时地增加产量，或者根据商品的降价及时地缩减产量，都存在不同程度的困难，相应地，供给弹性是比较小的。但是，在长期内，生产规模的扩大与缩小，甚至转产，都是可以实现的，供给量可以对价格变动作出较充分的反应，供给的价格弹性也就比较大了。

2.生产成本随产量变化而变化的情况

就生产成本来说，如果产量增加只引起边际成本轻微的提高，则意味着供给的价格弹性可能是比较大的。相反，如果产量增加引起边际成本较大的提高，则意味着供给的价格弹性可能是比较小的。

3.产品的生产周期

在一定的时期内，对于生产周期较短的产品，厂商可以根据市场价格的变化较及时地调整产量，供给的价格弹性相应就比较大。相反，生产周期较长的产品的供给价格弹性就往往较小。

四、不同物品的价格弹性系数

某粮店开张，但顾客并没有老板预想得多。当老板看到满街的商店降价促销的吆喝声不绝于耳，打折出售的招牌随处可见，而吸引顾客盈门的场面时，老板心想"薄利多销"是很有道理的。

于是，老板将贴在外面的价目表改了一下，在原来的"1.8元1斤"上用红笔画去了"1.8"改成了"1.7"，即"1.7元1斤"。价格便宜了1角，但是并没有多吸引多少顾客。老板想，可能是因为降价的幅度不大，于是将"1.7"改为了"1.5"，变成了"1.5元1斤"，这是非常便宜的价格了。但老板发现，吸引的顾客还是不多。等到晚上算账的时候，销售收入几乎没有增加。

这使粮店老板十分纳闷：为什么销售收入没有增加？

的确如此，我们看到很多商品打折销售的同时，却很少看到粮食打折销售。这是为什么？因为，粮食消费是我们的刚性需求，不会因为价格上升而减少对其消费。

有弹性需求行业的买主并不愿意接受商品价格的上涨。他们的需求大小取决于价格。没有弹性需求行业的买主不在乎价格上涨。他们的购买数量和频率不会由于价格因素而下降。

香烟是需求价格弹性较小的商品，对于吸烟上瘾的人来说，价格上涨不会减少消费，对不吸烟的人来说，香烟的价格再低他也不会去消费。吸烟对本人、对社会都是不利的，因此，为限制香烟的消费，政府对香烟征收重税，但是烟厂的利润依然相当可观，因为消费者对香烟有依赖，生产者因此可以将其税负转嫁给消费者，结果香烟的税主要由消费者来承担。

家用电器是需求价格弹性较大的商品，价格上涨会减少消费，价格下跌会增加消费。在当前买方市场的情况下，各个家电企业竞争非常激烈，如果税负转嫁给消费者，就会使价格上涨，价格上涨会减少消费，不利于提高市场占有率，因此家电产品的税负主要由生产者负担。

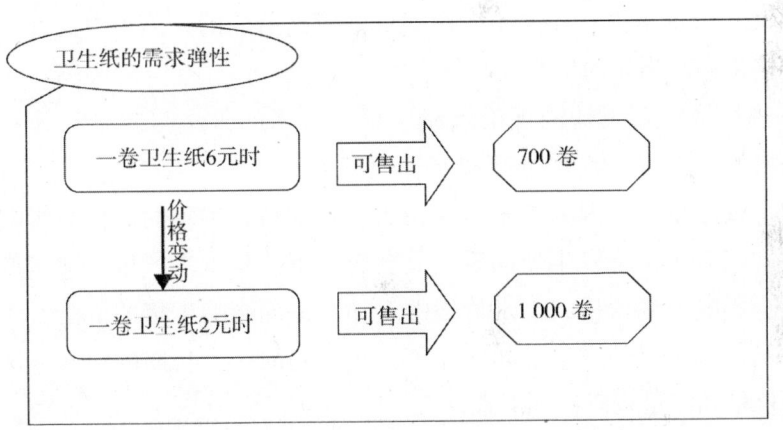

蛛网理论：丰产并不代表着丰收

一、蛛网理论

蛛网理论指出，当供求决定价格，价格引导生产时，经济中就会出现一种周期性波动。例如，某种产品在第1期供小于求时，价格上升，第2期必定生产增加，价格下降；由于第2期价格下降，生产减少，又引起价格上升；再引起第3期生产增加，价格又下降。把各个时期的价格与产量波动画出一个图，这个图就类似于一张蜘蛛网，故有"蛛网理论"之称。

这种蛛网型波动在农业中表现最为明显。其实我们对这种现象已经见惯不怪，比如我国出现过的粮食产品价格上升，引起产量增加，这时供大于求，接着价格下跌，产量又减少的这样的波动。例如，1979年我国大幅度提高粮价，粮食产量逐年上升，到1984年总产量突破4 000亿千克；1985年由于粮食实际价格水平比前两年降低，粮食生产迅速滑坡，连续4年徘徊不前；1989年，国家又一次大幅度提高粮价，粮食生产又获丰收，到1993年总产量突破4 500亿千克；1994年粮食生产滑坡，粮食产量减少。当年比上年粮食减产240亿千克，价格上涨50％；1995年后，粮食连续4年大丰收，粮价一路下跌，1999年粮食生产开始滑坡；2003年粮价又开始上涨。粮食出现这几次大的周期性波动，与蛛网理论分析得出的粮价变动特性是相符的。2007年的大白菜供大于求正是由于2006年大白菜价格较高造成的，因为农民往往根据上年的价格来决定当年的生产。

一些经济学家用蛛网理论解释生猪和玉米的价格与产量的关系及其波动，提出了著名的"生猪-玉米循环"模型。

这个模型指出：因为玉米是生猪的主要饲料，生猪的价格会影响到玉米的价格。当玉米价格发生变动后，又会影响下一年玉米产量，玉米产量变动后，又会影响玉米价格，玉米价格的变动，进而影响生猪的价格，生猪的价格变动又影响生猪的产量，如此等等，直至趋向一个长期的均衡，即玉米和生猪的价格和产量相对稳定下来。

二、理论假设

蛛网理论是一种动态均衡分析。古典经济学理论认为，如果供给量和价格的均衡被打破，经过竞争，均衡状态会自动恢复。蛛网理论却证明，按照古典经济学静态下完全竞争的假设，均衡一旦被打破，经济系统并不一定自动恢复均衡。这种根据的假设是：

（1）完全竞争，每个生产者都认为当前的市场价格会继续下去，自己改变生产计划不会影响市场。

（2）价格由供给量决定，供给量由上期的市场价格决定。

（3）生产的商品不是耐用商品。这些假设表明，蛛网理论主要用于分析农产品。

如图3-7所示，P、Q、D、S分别是价格、产量、需求函数和供给函数。根据上述模型，第1时期的价格P_1由供给量Q_1来决定。生产者按这个价格来决定他们在第2时期的产量Q_2。Q_2又决定了第2时期的价格P_2。第3时期的产量Q_3，由第2时期的价格P_2来决定，以此类推。由于需求弹性、供给弹性不同，价格和供给量的变化可分为以下三种情况：

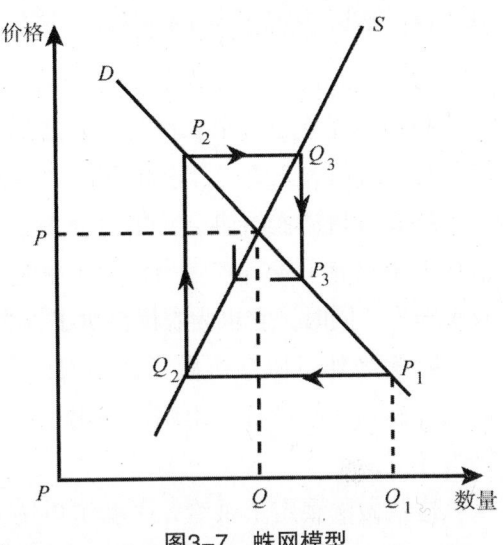

图3-7　蛛网模型

（1）当供给弹性小于需求弹性（即价格变动对供给量的影响小于对需求量的影响）时，价格和产量的波动将逐渐减弱，经济状态趋于均衡。

（2）当供给弹性大于需求弹性（即价格变动对供给量的影响大于对需求量的影响）时，波动逐步加剧，越来越远离均衡点，无法恢复均衡。

（3）当供给弹性等于需求弹性时，波动将一直循环下去，既不会远离均衡点，也不会恢复均衡。

从蛛网模型波动中，我们得到了这样一个启示：不能让农民单独面向市场。因为，他们没有足够的力量作出较正确的市场预测，也不能在某种程度上控制市场或承担得起市场风险。在市场经济的大海中，农民就像是一叶掌握不了自己命运的扁舟，单独去闯市场恐怕是凶多吉少。

三、中介组织出现的原因

蛛网理论出现的现实背景是西方农民的一些经历。那么，他们是如何从"蛛网"中走出去的呢？

在美国，种植柑橘的农民就曾有过以下的痛苦经历。因柑橘的生产具有周期性，且需要一定的保存费用，所以，每当柑橘歉收时，农民会高兴；柑橘丰收时，农民却烦恼。由于他们掌握不了这种生产的变化，因此被类似山峰一样的价格波动折磨得头昏脑胀。

为了摆脱这种困境，他们终日冥思苦想，寻找出路。最后，有人想出了一个高招，建立了一个农民与市场之间的中介组织，即新奇士协会。新奇士协会与以前的农业生产合作社不同，它是由农民自己组建的销售组织。

果农将柑橘卖给协会，由协会去面对市场。新奇士协会控制了供给，在市场上也就有了发言权。当供大于求时，协会可以控制供给与价格，来减少农民损失。同时，它也为农民提供了许多有用的信息及实用的技术。

除此之外，协会还做了许多农民自己无法做到的事情。比如，注册柑橘的"新奇士"商标；组织产品出口；对产品进行储藏、加工、宣传及调节供给等。

这些做法稳定了供给，平衡了市场力量，从而使柑橘的价格有了保障。如此一来，农民种植柑橘的积极性自然得到提高。同时，良好的销售业绩也保障了农民的收入和利益。

由此可见，要想让农民走出这种蛛网理论的局限，并不能光靠其自身力量，在农民和市场之间建立一个有效的中介组织才是最好的解决办法。通过它将农民和市场联系起来，让农民从价格波动的困境中走出来。

价值规律：价格围绕价值的上下波动

一、价值规律

价值规律是商品生产和商品交换的基本经济规律。即商品的价值量取决于社会必要劳动时间，商品按照价值相等的原则互相交换。

值得注意的是，价值规律是商品经济的基本规律，但并不是商品经济中唯一的经济规律。价值规律作为商品经济的基本规律，同其他任何规律一样，是客观的，是不以人的主观意志为转移的。

价格围绕价值上下波动正是价值规律作用的表现形式。商品价格虽然时升时降，但商品价格的变动总是以其价值为轴心的。另外，从较长时期和全社会来看，商品价格与价值的偏离有正有负，可彼此抵消。因此总体上商品的价格与价值还是相等的。

价格是一种从属于价值并由价值决定的货币价值形式。价值的变动是价格变动的内在的、支配性的因素，是价格形成的基础。但是，由于商品的价格既是由商品本身的价值决定的，也是由货币本身的价值决定的，因而商品价格的变动不一定会反映商品价值的变动，例如，在商品价值不变时，货币价值的变动就会引起商品价格的变动；同样，商品价值的变动也并不一定就会引起商品价格的变动，例如，在商品价值和货币价值按同一方向发生相同比例变动时，商品价值的变动并不引起商品价格的变动。

因此，商品的价格虽然是表现价值的，但是，仍然存在着商品价格和商品价值不相一致的情况。在简单商品经济条件下，商品价格随市场供求关系的变动，直接围绕它的价值上下波动；在发达商品经济条件下，由于部门之间的竞争和利润的平均化，商品价值转化为生产价格，商品价格随市场供求关系的变动，围绕生产价格上下波动。

价值规律告诉我们，商品价值是价格的本质，价格只是商品价值的货币表现。价值就是体现在商品里的社会必要劳动，即凝结在商品中的无差别的人类劳动。简单来说，社会必要劳动时间长，则价值大，社会必要劳动时间短，则价值小。社会必要劳动时间一般是指社会生产这种商品的平均时间，如生产一把铁锹的社会平均劳动量是两小时，这两小时就是生产铁锹的必要劳动时间，这两小时的劳动量就是生产铁锹的价值。

而随着社会的发展和技术的进步，劳动生产率不断提高，单位商品所包含的社会必要劳动时间缩短，也就是说，商品的价值不断贬值，商品会越来越便宜。

对于价格而言，商品价格由两大因素组成：生产成本和利润。商品的生产成本，包括生产商品所消耗的原料、能源、设备折旧以及劳动力费用等；商品的利润则是劳动者为社会所创造的价值的货币表现。值得指出的是，生产成本应当是生产商品的社会平均成本或行业平均成本，利润应当是平均利润。按照社会平均成本加上平均利润制定的价格，便是商品的市场价格。

价值规律表明，价格围绕价值上下波动，也就是说，价格高于或低于商品价值都是价值规律的表现形式。实际上，商品的价格与价值相一致是偶然的，不一致却是经常发生的。这是因为，商品的价格虽然以价值为基础，但还受到多种因素的影响，使其发生变动。但是，价格不能过分偏离商品的基本价值。市场经济条件下，绝大多数商品实行市场调节价。因此，一些生产经营者认为自己可以随意确定自己商品的价格，实际上，他们的定价必须遵循价值规律和相关法律。

郑州一家名叫保罗国际的理发店，创造了一项惊人的纪录，两个顾客理发，收费12 000元，平均一个人就是6 000元。消费者在购买一些产品和服务时，其天价让人们瞠目结舌。而理发作为一种有偿服务，其所定的价格可以有多高？价格制定的依据在哪里？为什么郑州的天价理发事件会引起人们的诧异？在市场经济条件下，"理发"作为一项有偿性服务，其定价必须遵循价值规律的基本原则，即价格不能过分偏离价值。"1.2万元"的天价理发无疑偏离了"理发"这项服务的基本价值，这明显是商家的欺诈行为。由此，"天价理发"已经不是单纯的商品价格定价过高，而是涉嫌犯罪了。

什么是价值规律？

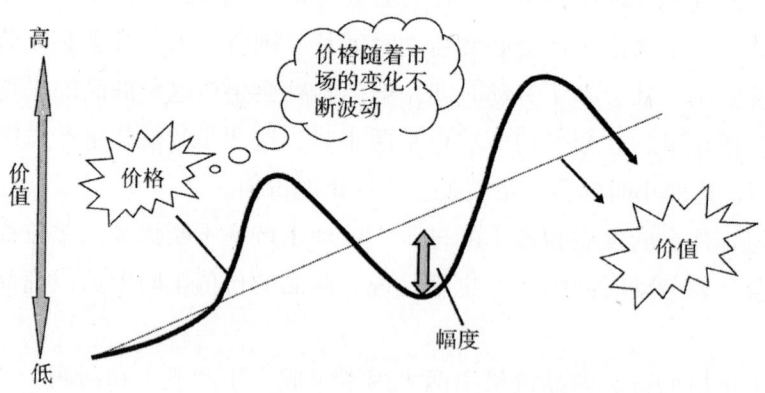

二、价值规律有哪些作用

1. 调节作用

价值规律调节生产资料和劳动力在各生产部门的分配。这是因为价值规律要求商品交换实行等价交换的原则，而等价交换又是通过价格和供求双向制约实现的。所以，当供不应求时，就会使价格上涨，从而使生产扩大；供过于求时，就会使价格下跌，从而使生产缩减。这里价值规律就像一根无形的指挥棒，指挥着生产资料和劳动力的流向。当一种商品供大于求时，价值规律就指挥生产资料和劳动力从生产这种商品的部门流出；相反，则指挥着生产资料和劳动力流入生产这种商品的部门。当然，价值规律的自发作用，也会造成社会劳动的巨大浪费，因而需要国家宏观调控。

2. 刺激作用

由于价值规律要求商品按照社会必要劳动时间所决定的价值来交换，谁首先改进技术设备，提高劳动生产率，生产商品的个别劳动时间少于社会必要劳动时间，谁就获利较多。因而，同部门同行业中必然要有竞争，这种情况会刺激商品生产者改进生产工具，提高劳动生产率，加强经营管理，降低消耗，以降低个别劳动时间。

3. 筛子作用

促使商品生产者在竞争中优胜劣汰，这是第二个作用的结果。在商品经济中存在竞争，由于竞争，促使商品生产者想方设法缩短个别劳动时间，提高劳动生产率，也会促使优胜劣汰。这是不以人的意志为转移的。

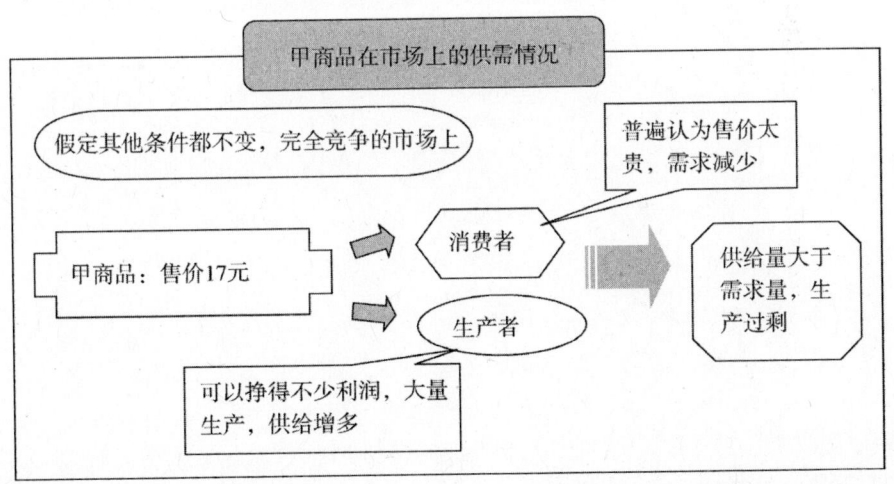

甲商品在市场上的供需情况

假定其他条件都不变，完全竞争的市场上

普遍认为售价太贵，需求减少

甲商品：售价17元

消费者

生产者

供给量大于需求量，生产过剩

可以挣得不少利润，大量生产，供给增多

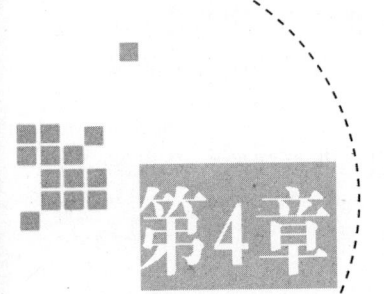

第4章 花钱是一门艺术

——消费者理论

消费者偏好：为什么奥迪到中国需要加长

一、消费者偏好

偏好是微观经济学价值理论中的一个基础概念。消费偏好是指消费者对特定的商品、商店或商标产生特殊的信任，重复、习惯地前往一定的商店，或反复、习惯地购买同一商标或品牌的商品。偏好是指消费者按照自己的意愿对可供选择的商品组合进行的排列。

偏好实际是潜藏在人们内心的一种情感和倾向，它是非直观的，引起偏好的感性因素多于理性因素。

二、消费者偏好的影响因素与消费特征

1.消费者的偏好不是固定不变的

随着年龄的增长，一个人的偏好会发生很大的变化。同样，教育也能改变一个人的偏好。

2.偏好有明显的个体差异，也呈现出群体特征

2008年11月18日，一年一度的广州车展在羊城拉开帷幕，20余款新车在广州车展上首发，新一代奥迪A4就是其中一大看点。据悉，新一代奥迪A4在欧洲版A4的基础上加长了60毫米，达到4 763毫米，已接近国内中高级轿车的尺寸，所以有些媒体猜测新奥迪A4有可能被称为"A4L"。

无论是合资汽车企业，还是原装进口车，他们针对中国消费者偏好"大车"这一需求，纷纷给自己的产品做"加长手术"，特别是在竞争激烈的中高级轿车市场，"加长手术"更为普遍。这源于中国消费者的汽车消费理念。专家认为："中国消费者购车以'长'为美的观点影响到了汽车企业的研发，国内外汽车企业也正是看到中国消费者这一心理才推出'有中国特色的加长车'。"

三、消费者偏好的特性

1.完备性

完备性指消费者对于某些商品所有可能的组合能够按照他的偏好次序大小，有顺序地排列出完整的、可供选择的商品组合。

2.传递性

消费者对A商品组合的偏好，大于B商品组合，而对B商品组合的偏好又大于C商品组合，则消费者对于A商品组合的偏好必然大于对C商品组合的偏好。否则，该消费者的行为就是非理性的选择行为。传递性公理保证了偏好次序的一致性、连续性。

3.选择性

消费者在购买或消费行为中总是选择最大和最佳状态。

4.优势性

消费者对所有的物品总是喜欢多一点比少一点好，通常可称为"不满足原则"，即消费者的欲望永远得不到完全的满足。

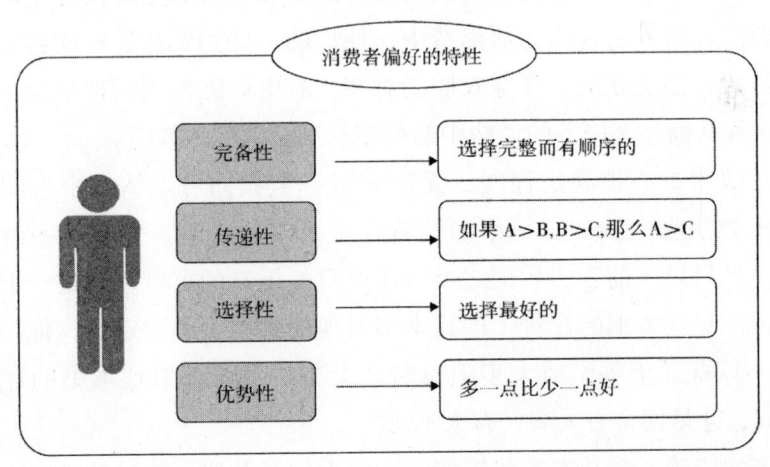

消费者效用：花钱就是为了买个高兴

一、消费者效用的概念

在我们定义消费者效用之前，先看一个有趣的故事。

兔子和猫争论着一个问题：世界上什么东西最好吃？

兔子抢先说："世界上最好吃的东西就是青草，特别是春天的青草，那股清香味儿，吃起来还甜滋滋的。我一说就要流口水。"

猫不同意这个意见，它说："我认为世界上没有比鱼更好吃的东西了。你想想，那鲜嫩的肉，柔软的皮，嚼起来又酥又松。只有最幸福的动物，才懂得鱼是世界上独一无二的好东西。"

它们两个都坚持自己的意见，争论了好久，还是得不到解决。最后只好去找猴子评理。

猴子听了它们的两种意见，都不同意，它说："你们都是十足的傻瓜蛋，连世界上最好吃的东西都不知道。我告诉你们吧，世界上最好吃的东西是桃子！"

兔子和猫听了直摇头，说："我们以为你要说别的什么，没想到你会说桃子，那玩意毛茸茸的，有什么好吃的？"

消费者效用是指消费者在消费商品时所感受到的满足程度。人们之所以要消费商品和服务，是因为从消费中，他们的一些需要和爱好能得到满足。例如，消费食品能充饥，多穿衣服能御寒，看电影能得到精神享受，等等。我们把这种从商品和服务的消费中能得到的满足感称为效用。

虽然效用是心理满足程度，无法衡量，但我们可以从每个人的行为中"看"出效用来。例如，一个消费者在买一本书之前，先要看一看它的内容，至少是目录、前言、后记之类，还要看一下它的定价，衡量一下是否值得买。若他对这本书的评价（即这本书对他的效用）小于定价，他是不会掏腰包的，只有评价等于或大于定价时才会买。每个人对这本书的评价（效用）不同，才最终会有人买，有人不买。

经济学依赖一个基本的前提假定，即人们在做选择的时候倾向于选择在他们看来具有最高价值的那些物品和服务。正如俗话所说，萝卜白菜，各有所爱。有人喜欢抽烟，那么香烟对于他而言效用就很高，但对于一位不愿意闻烟味的女士来说，香烟就会效用很低甚至是负效用。很显然，在作出决定的时候，烟民自然会把香烟视为至宝，而女士们可能更钟情于化妆品或者衣服之类的东西。

二、基数效用与序数效用

在度量效用的问题上，西方经济学家先后提出了基数效用和序数效用的概念。在此基础上，形成了分析消费者行为的两种方法：基数效用论的边际效用分析法和序数效用论的无差异曲线分析法。

在19世纪和20世纪初，西方经济学中普遍使用基数效用概念。基数是指1、2、3等，是可以加总求和的。基数效用论认为，效用可以具体衡量并加总求和，具体的效用量之间的比较是有意义的。表示效用大小的计量单位被称为效用单位。例如，对某消费者而言，看一场精彩的电影的效用为10效用单位，吃一顿麦当劳的效用为8效用单位，则这两种消费的效用之和为18效用单位。

序数效用论认为，效用无法具体衡量，也不能加总求和，效用之间的比较只能通过顺序或等级表示。自20世纪30年代至今，西方经济学中多使用序数效用概念。序数是指第一、第二、第三等，序数只表示顺序或等级，是不能加总求和的。例如，消费者消费了巧克力与唱片，他从中得到的效用是无法衡量，也无法加总求和的，更不能用基数来表示，但他可以比较从消费这两种物品中所得到的效用。如果他认为消费一块巧克力所带来的效用大于消费唱片所带来的效用，那么一块巧克力的效用是第一的，唱片的效用是第二的。

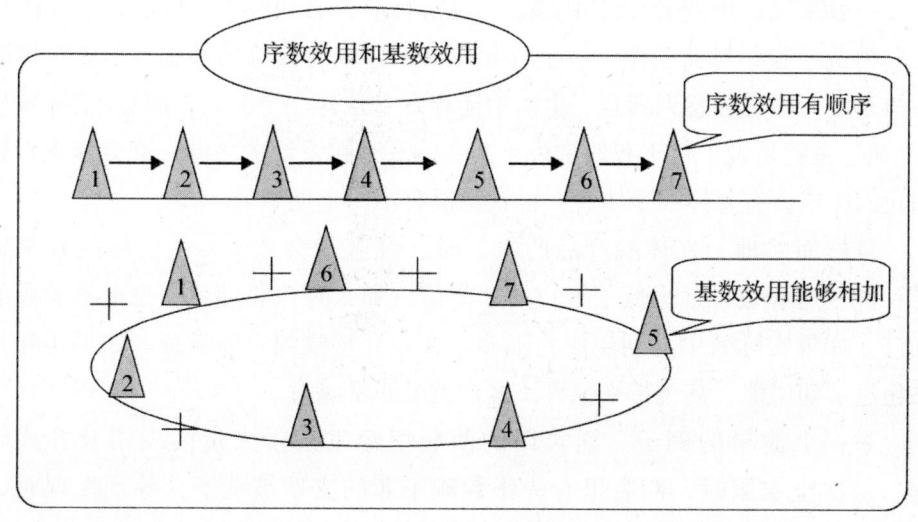

三、无差异曲线

如果消费者对商品组合A和B的满意程度是一样的，这个消费者对商品组合A和B就不分优劣（无差异）。假定还有商品组合C、D和E的满意程度也和A、B一样，那么，把这些组合都画在一个图上，再把这些点连接起来，我们就能得出一条无差异曲线，如图4-1所示，在这条曲线上，所有的商品组合，对这个消费者来说，满意程度是相同的。

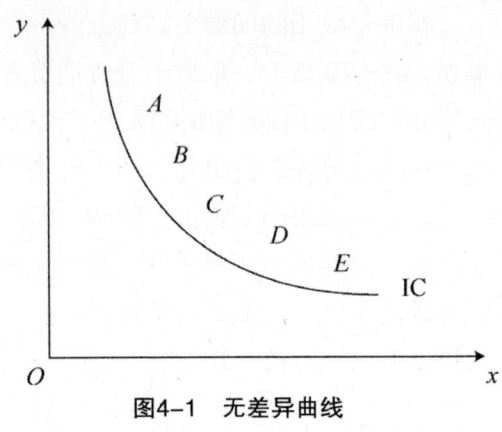

图4-1　无差异曲线

四、消费预期

消费预期是消费主体在对市场和经济状况作出判断情况下的消费倾向，也就是消费者在购买产品之前对于厂商提供的产品和服务的价值判断。而消费者的预期价值和他们在实际消费过程中的感知价值所形成的差距直接影响了消费者的满意度。并且消费者的预期价值直接决定了顾客需求的现状和趋势，影响了他们的购买决策。

一般来说，消费者在使用商品（包括有形产品和服务）以后，会根据自己的消费经验，对商品作出一个自我评价，并在此评价的基础上形成对该商品的态度，即是否感到满意。生活中还存在着这样一个公式：满意=实际效果>预期。也就是说，对于我们来说，当在购买和接受服务之前，都会预先设想到我们应该会有怎样一个体验，也就是说有了一个期望值。

自然而然地，在体验产品的服务时，顾客就会产生一个实际的效果感受。倘若这些效果远远低于客户的期望值，那么客户心理就会亮出不满意的红灯。如果实际效果与期望值差不多，客户会感觉到一般满意。如果实际效果超过了期望值，甚至带来惊喜，客户就会非常满意。

举一个简单的例子。斯宾诺的西装里经常携带大量的发票及各式收据。一次洗衣服时，西装里有一张数额不菲的支票被洗了，等到发现时，支票已经残损不堪。这张支票足以让他破产。当他听说英国银行新提供了一种服务，能将破损的支票还原。尽管斯宾诺对这种服务并不抱太大期望，他还是走进了银行。经过一番鉴定后，果然，斯宾诺得到了全部的钱。于是，当银行的服务员让他为自己的服务打分时，斯宾诺毫不犹豫地给出了非常满意！

在这个故事里，当斯宾诺听说银行有恢复残损支票的服务时，我们可以假定他对银行服务的预期评价为30（假定顾客评价100时为满意），而当他得到全额的还款时，现实就远远超出了自己的预期，他不仅对此感到满意，甚至还很激动，则我们可以假定他的实际效果评价为120。通过这样的数值表示，我们就能很清楚地看到斯宾诺的满意程度。

实际上，人总是根据预期来作出决策的，而这种预期往往并不一定就是理性化的。比如，我们在菜名前加一点异国情调、时髦的词语，如"墨西哥辣椒芒果酱""北美草原水牛肉"等，这些描述会引导我们抱有非常大的期望，我们往往会发现这些"芒果酱"和"牛肉"确实好于平常吃的芒果酱和牛肉。当然，预期的影响力并不局限于饮食。如果请朋友看电影，你事先告诉他评论家们对该片评价如何高，他们就会更喜欢这部影片。

在现实生活中，人们的预期具有特殊的引导作用，能隐蔽地发射一种能量，让被预期者朝着预期的方向行进或改变。也可以说，预期是一种带有暗示性的软性指令。

消费预期容易形成一种成见。在美国曾经有一则"百事挑战"的电视广告，广告里任意挑选顾客，请他们品尝可口可乐和百事可乐，然后让他们当场说明喜欢哪一种。结果当然是百事可乐超过可口可乐。同时，可口可乐的广告表明人们对可口可乐的偏爱超过百事可乐。事实上，两家公司对他们的产品采用了不同的评估方式。据说可口可乐公司采用的是让消费者根据偏好公开挑选，而百事可乐采取的则是让参与者蒙起眼睛，在品尝两种可乐后打分。难道说百事可乐在"盲目"测试中味道较好，而可口可乐在"可见"测试中味道较优？实际上，多年来可口可乐在广告、品牌上已经占据了优势，人们对可口可乐的预期已经让人们产生了一种成见：可口可乐比百事可乐好喝。其实，这就如同我们看到老年人用电脑，就会想到他不会上QQ，看到清华学生就想到他们一定很聪明的原因。成见为我们提供了特定的预期，也可能对我们的认识与行为有不利的影响。

预期具有非凡的作用，它能让人们在嘈杂的房间里聊天，虽然不时地有词听不清，但仍然可以正确理解对方说什么。有时收集的信息上出现一些乱码，我们也照样能读懂它的意思。尽管预期有时候让人显得很傻，但却是用途广泛。

很多人也许有这样的体验：冬天感冒，在小店买的感冒药就不见好，大药房的高价药吃了就觉得畅快；患哮喘病，普通药品总不见效，著名厂家刚上市的新药一定能药到病除。换句话而言，事关自己的身体健康，你一般会对这些讨价还价吗？普通感冒先放下不说，如果到了性命攸关的时刻，我们还有多少人锱铢必较呢？不会的，我们会为自己，为孩子，为亲人竭尽全力，花多少钱在所不惜，一定要选择最好的药。为什么会选择价格高的药品呢？这是因为我们对价格高的药品治愈疾病有较高的期望。通过美国行为经济学家丹·艾瑞里所做的实验得知：一分钱，一分货，付多少钱，就有多大疗效。说到底，这种非理性行为的背后其实蕴藏着心理预期的作用。

如果某种商品在价格上打了折扣，注定得到的东西就差吗？如果我们依赖自己非理性的直觉，实际上就是这样。如果我们看到半价商品，我们本能地断定它的质量就比全价的差——事实上我们把它看得差了，它就真的差了。怎么纠正呢？如果我们定下心来，理性地拿产品与价格作一番比较，就能克服那种无意识的冲动，不再把产品的销售价格与内在质量挂钩了。

消费需求：渔翁为什么只要小鱼

一、消费需求的内容

消费需求是指消费者对以商品和劳务形式存在的消费品的需求和欲望。在现实生活中，构成需求的因素有两个：一是购买欲望，二是购买能力，两者缺一不可。那么，消费需求包含哪几方面的内容呢？

1.对商品使用价值的需求

使用价值是商品的物质属性，也是消费需求的基本内容，人的消费不是抽象的，而是有具体的物质内容，无论这种消费侧重于满足人的物质需求，还是心理需求，都离不开特定的物质载体，且这种物质载体必须具有一定的使用价值。

2.对商品审美的需求

对美好事物的向往和追求是人类的天性，它体现于人类生活的各个方面。在消费需求中，人们对消费对象审美的追求，同样是一种持久性的、普遍存在的心理需求。对于消费者来说，所购买的商品既要有实用性，同时也应有审美价值。从一定意义上讲，消费者决定购买一件商品也是对其审美价值的肯定。在消费需求中，人们对消费对象审美的要求主要表现在商品的工艺设计、造型、式样、色彩、装潢、风格等方面。人们在对商品质量重视的同时，总是希望该商品还具有漂亮的外观、和谐的色调等一系列符合审美标准的特点。

3.对商品时代性的需求

没有一个社会的消费不带有时代的印记，人们的消费需求总是自觉或不自觉地反映着时代的特征。人们追求消费的时代性就是不断感觉到社会环境的变化，从而调整其消费观念和行为，以适应时代变化的过程。这一要求在消费活动中主要表现为：要求商品趋时、富于变化、新颖、奇特、能反映当代的最新思想。总之，要求商品富有时代气息。商品的时代性在商品销售中具有重要意义。从某种意义上说，商品的时代性意味着商品的生命。一种商品一旦被时代所淘汰，成为过时的东西，就会滞销，结束生命周期。为此，一方面，营销人员要使经营的商品适应时代的需求，满足消费者对商品时代感的需求；另一方面，生产者要能站在时代的前列，及时生产出具有时代特点的商品。

4.对商品社会象征性的需求

所谓商品的社会象征性，是人们赋予商品一定的社会意义，使得购买、拥有某种商品的消费者得到某种心理上的满足。例如，有的人想通过某种消费活动表明他的社会地位和身份；有的人想通过所拥有的商品提高在社会上的知名度，等等。了解消费行为中人们对商品社会象征性的需求，有助于采取适当的营销策略，突出高档与一般、精装与平装商品的差别，以满足某些消费者对商品社会象征性的心理需求。

5.对优良服务的需求

随着商品市场的发展和人们物质文化消费水平的提高，优良的服务已经成为消费者对商品需求的一个组成部分，"花钱买服务"的思想已经被大多数消费者所接受。

实际上，消费需求可能受到多重因素的制约。有个故事是关于个人需求的：

一个渔翁在河边钓鱼，看样子他的运气很好，没多久，只见银光一闪，便钓上来一条。可是，十分奇怪的是，每逢钓到大鱼，这个渔翁就会将它们放回水里，只有小鱼才放到鱼篓中。在一旁观看他垂钓很久的人感到很迷惑，于是就问："你为何要放掉大鱼，而只留小鱼呢？"渔翁答道："我只有一口小锅，所以煮不下大鱼，并且小鱼的味道更鲜美。"

由此看来，并不是渔翁对大鱼没有需求，而是客观因素限制了他的需求。对于市场上的消费者而言，经济状况决定人们的购买能力，也影响其消费需求。现实经济收入水平是决定购买能力的直接因素之一，同时也影响着顾客消费的选择及其结构。

在市场活动中，当商品经济处于不发达阶段时，消费者的消费领域比较狭窄，消费的内容很不丰富，满足程度也受到很大限制。消费者的消费需求及其满足程度都处于一种压抑状态。在市场经济条件下，生产资料和生活资料都是商品，人民生产和生活的消费需求的满足都离不开产品交换。随着社会生产力的不断发展，企业将向市场提供数量更多，质量更优的产品，以便更好地满足消费者的消费需求。同时，随着人们物质文化生活水平的日益提高，消费需求也呈现出多样化、多层次，并由低层次向高层次逐步发展，消费领域不断扩展，消费内容日益丰富，消费质量不断提高。

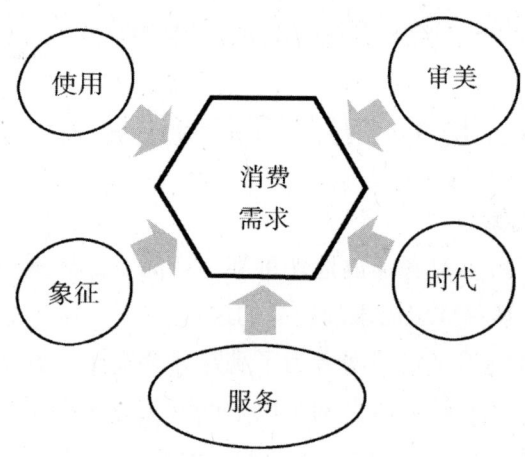

二、需求差异

随着生活水平的逐步提高和生活态度及方式的改变，直接或间接的生活、消费经验的丰富，消费心理的不断成熟，在基本生活需求得到满足之后，消费者开始追逐潮流、显示个性、体现品位、追求自我满足。心理追求逐步向高层次发展，生活要求及消费动机也在不断发生变化。

需求的多样化是高层次化、个性化、情感化的直接结果。随着心理需求层次的提高，消费需求变得越来越复杂、多样性。特别是对于不同的个体，在情感、精神的追求方面将会表现出更大的差异。

（1）对同一种生活行为，不同个体表现出千差万别的追求。物质短缺时代，对某项产品或消费属性的需求较为集中。随着物质、精神生活水平的提高，需求属性开始呈现出多样性。整体上追求的属性增多，而不同个人的各种需求属性权重的差异性越来越大。

（2）同一个体为满足某一生活需要表现出更多的需求。如为满足休闲的需求，除传统的聊天、散步、运动、读书外，还可以有旅行、健身、网上冲浪、电子游戏、购物等多种选择。

（3）对于同一消费者，在不同的生活领域其追求的差异性也变得愈加明显。由于生活方式的多样化，人们在不同的生活领域可能表现出不同的生活方式，进而相应的消费需求也会呈现出差异性和多样性。

消费者决策：是买"春兰"空调还是买"美的"空调

一、消费者决策

消费者决策是指消费者谨慎地评价某一产品、品牌或服务的属性并进行选择、购买能满足某一特定需求的产品的过程。

广义的消费者决策是指消费者为了满足某种需求，在一定的购买动机的支配下，在可供选择的两个或者两个以上的购买方案中，经过分析、评价、选择，并且实施最佳的购买方案，以及购后评价的活动过程。

简单地说，消费者决策就是消费者购买的一系列过程，这其中涉及比较、选择、取舍等问题。

二、消费者决策的内容

1.买什么

决定买什么是消费的第一步。它是消费决策的核心和首要问题。不能决定买什么，当然就谈不上任何购买活动的产生。

决定购买目标不只停留在一般的类别上，而且要明确具体的对象。比如，夏季到了，为了防暑降温，不能仅仅从买空调还是买电扇中作出抉择。如果决定前者，还必须明确空调是买分体的还是买立式的，是买"春兰"牌还是"美的"牌的，买什么颜色的，等等。

2.买多少

买多少取决于消费者的实际需求、支付能力及市场的供求情况等因素。如果某种产品在市场上供不应求，消费者即使目前并不急需或支付能力不强，也可能借钱购买；反之，如果市场供给充裕或供过于求，消费者既不会急于购买，也不会购买太多。

3.在哪买

在哪里买受多种因素的影响，诸如路途的远近，可挑选的商品品种、数量、价格以及商店的服务态度等。一般来说，各个商店都可能会有不同的吸引力。比如，这个商店可供选择的货物品种不多，但离家却很近；而那个商店的价格略高，可是服务周到。消费者决定在哪里购买与其买什么关系十分密切。有研究发现，购买衣服最常见的决定顺序是商店类型、商店、品牌、地点选择，而购买照相机的决定顺序是品牌、商店类型、商店、地点选择。

4.何时买

何时购买受下述因素决定：消费者对某种商品需要的急迫性、市场的供应情况、营业时间、交通情况和消费者自己的空闲时间等。此外，商品本身的季节性、时令性也影响购买时间。

5.如何买

如何买涉及的是购买方式的确定。比如，是直接到商店选购，还是函购、邮购、预购或托人代购；是付现金、开支票，还是分期付款，等等。

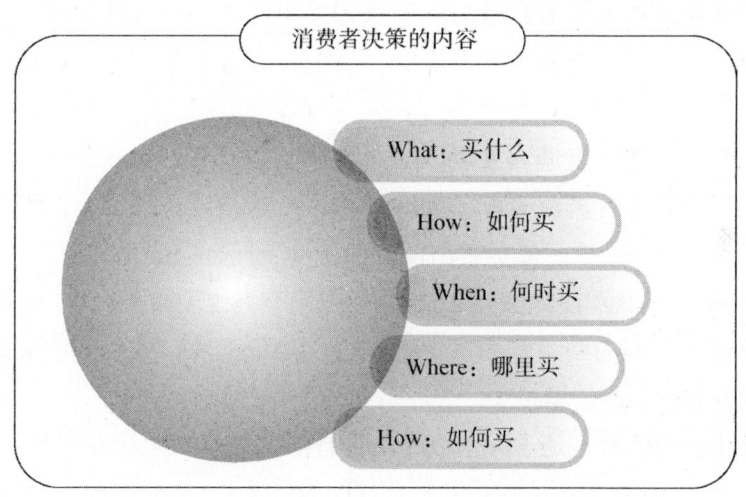

消费者决策的内容

What：买什么

How：如何买

When：何时买

Where：哪里买

How：如何买

预算约束：高收入才能高消费

一、收入是消费的基础和前提

居民消费水平不仅取决于当前的收入，而且受未来收入预期的影响。口袋没钱，就算送电器给老百姓也不敢用，因为交不起电费。

1.消费是建立在收入基础之上的

现代社会，个人消费建立在有稳定的收入之上，收入是消费的基础和前提。可以说，如果没有收入，就不会有消费。因为只有拥有被社会普遍认可并能进行流通的货币收入或实物收入，经济主体才能通过支付等行为，达到在市场上购买商品和服务的目的。所以，消费作为经济主体，为了生产、生活的需要而进行的行为，必然要以收入为依托。

2.收入的水平决定消费水平

据有关专家研究表明，一般高收入的群体，消费水平较高；低收入的群体，消费水平较低。因此可以得出结论——消费水平与结构是同收入水平基本相适应的。虽然也有高收入的消费群体消费水平较低的个例，但毕竟是少数。

社会总体消费水平的高低与人们收入差距的大小有密切的联系。人们的收入差距过大，总体消费水平会降低；反之，收入差距缩小，会使总体消费水平提高。

3.收入的变动决定消费变动

弗里德曼认为，若在较长一段时期内，收入持续增加，则消费支出便增加，而若收入持续减少，消费支出便减少。两者同方向变化。

他还指出，个人在消费的时候，一般会参考自己的收入来消费，物价的变动会影响人们的购买能力。一般来说，物价上涨，人们的购买力普遍降低，会减少对商品的消费量。

所以我们的消费不是永无止境的，是有限度的。

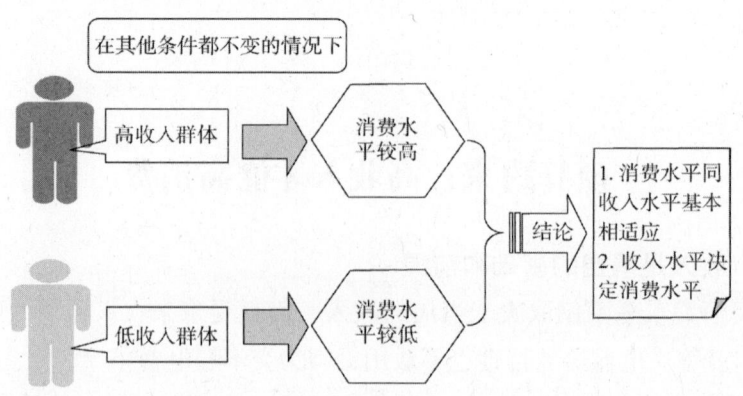

二、预算约束

1.消费者均衡

消费者是用自己的收入换取消费品的，而他在进行购买和消费的选择时，是要受到自己收入和商品价格约束的。这种约束就是消费者选择的客观条件。

在一定收入、一定价格条件下，当消费者选择商品组合获取了最大的效用满足，并将保持这种状态不变时，消费者处于均衡状态，简称为消费者均衡。

2.预算线

预算约束线，又称预算线、消费可能线、等支出线，它表示在消费者收入和商品价格假定的条件下，消费者全部收入所能购买到的商品的不同数量的组合。因为消费者要把一部分收入用于消费，一部分收入用于储蓄，如果消费者对生活的不安全感加强，他可能就要把更多的钱存起来用于看病、养老等，或放在抵御未来风险的基础上，消费者就不敢轻易消费，预算线就会下降。

冲动消费：女性消费跟财富无关

一、冲动性消费者

冲动是人的情感很强烈、理性控制很薄弱的一种心理现象。

一日，一对情侣逛街。原本男友只是想陪女友散散心，没想到……

女友进入一家服饰店，先看到一件吊带小裙，标价1 000元。

女友："亲爱的，你对我的爱是不是无价的？"

男友："真爱无价。"

女友："那……这件，我特别喜欢，买了吧。"

男友立刻去付账。

这时，导购小姐对女友说："小姐，我们这里还有外套小衫，靴子、高跟鞋，可以同您的裙子搭配，非常时尚，要不您看看？"

女友被说动，一一试穿，感觉不错。

见男友回来，接着说："亲爱的，你对我的爱是不是无价的？"

男友："那还用说，真爱无价。"

女友："那……你看这些和我的衣服很搭得来，也买了吧。"男友再去付账，花了3 000元。

导购小姐又走过来说："小姐，您身材这么好，我们这里刚好有一批上等的冬装，既漂亮又实惠，不过是上个季节的高档品了，全打4折甩卖。你要不要也看看？"

男友："大夏天，买什么冬装？"

女友未表态，随导购小姐进了屋里，果然看到很多名牌冬装，爱不释手。拿了四五套。冲出来对男友说："亲爱的，你对我的爱是不是无价的？"

男友一看女友的架势，非常尴尬，不得不接着刷卡。

没想到，卡刷爆了。男友看着女友，哭笑不得地说："亲爱的，这回真成无价的了！"

一个女人可以在冲动之下专程打"飞的"去扫荡名牌，也可以一时兴起买下上万的穿不上几次的衣服。经济学家说，女人的这种消费"轨迹"无法琢磨，因为没有一丝规律可循。她们都是典型的冲动消费者。

在冲动消费者身上，个人消费的情感因素超出认知与意志因素的制约，容易接受商品（特别是时尚潮流商品）的外观和广告宣传的影响。因此，很难说消费中的女性符合经济学的相关假设，她们的行为是非常不理智的，即非理性的。

一项科学调查显示，90%的18～35岁的女性都有过非理性消费行为，甚至非理性消费占女性消费支出20%以上。女性的非理性消费彻底颠覆了经济学家所能预测的消费模式。你常常会看到这样的现象，她们在进入超市之前作了周密的购物计划，但在出来的时候却买回不少自己喜欢但并不实用，甚至根本用不上的商品。

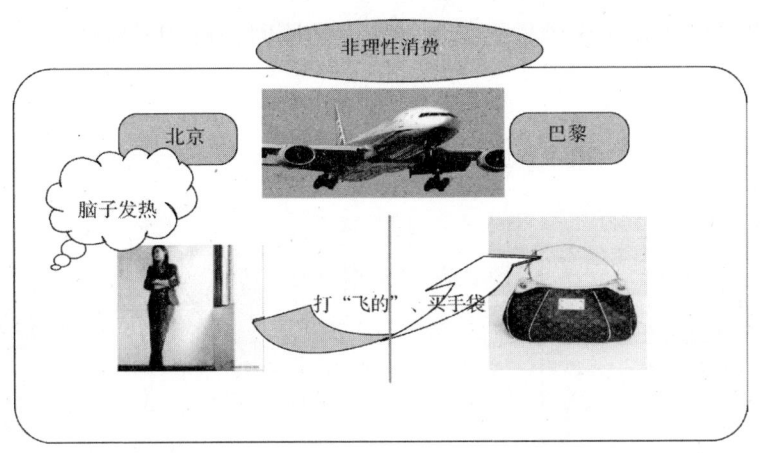

二、影响女性冲动消费的因素

琢磨女人的消费动态，似乎成了难以完成的任务，她们总是有很多消费理由。但困扰着经济学家们的是：女性为什么倾向于非理性消费？

1.女性容易受情绪因素的影响

据统计，有50%以上的女性在发了工资后会增加逛街次数，40%以上的女性在极端情绪下（心情不好或者心情非常好的情况下）会增加逛街次数。其发生概率同男性去喝酒（开心时和不开心时）的概率几乎相同。可见，购物消费是女性缓解压力、平衡情绪的方法，不论花多少钱，只要能调整好心情，80%左右的人都认为值得。

2.女性的敏感情绪还容易受到人为气氛的影响

据专家针对北京、上海、广州三地，18～35岁青年女性的调查显示：因打折优惠影响而购买不需要物品的女性超过50%，受广告影响购买无用的商品或不当消费的女性超过20%，因商店内的时尚气氛和现场展销而消费的女性超过40%，因受到促销人员诱导而不当消费的女性超过50%。

另外，女性在选择商品时，态度更倾向于犹豫和动摇，容易形成过度消费。尤其是在面对众多种类的商品时。

事实上，对于所有人来说，商品多的时候，通常都难于选择。但这点在女性身上表现得更为明显。当她们面对众多选择时，常常会忘记自己最初的需求，在其他商品的吸引下，改变购买的想法。这也是经济学家们认为女性不适合做传统经济学中理性十足的经济人的原因，仅从消费这一点看，她们犯的错误太多了。

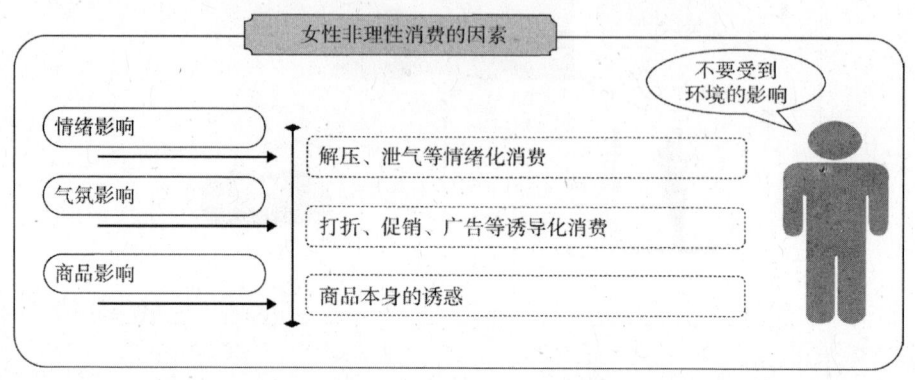

炫耀性消费：是买"江诗丹顿"手表还是买"上海"手表

一、"显摆"的经济学道理

戴一只几百元的上海手表和戴一只价值几百万元的江诗丹顿手表，其使用功能是相同的，但戴一只用18K金做壳、镶满钻石的名牌江诗丹顿表能显示出主人与众不同的身份。经济学家把消费这种价格极其昂贵的名牌商品称为炫耀性消费，这种消费的目的并不仅仅是为了获得直接的物质满足与享受，而更大程度上是为了获得一种社会心理上的满足；这种消费行为的目的不在于其实用价值，而在于炫耀自己的身份——通常也称为"显摆"。

由于消费者可能是想通过使用价格高昂、优质的产品来引人注目，具有一定的炫耀性，因而这种现象又被称为炫耀性消费。其实，这反映了一种消费心理——炫耀性心理，它是指存在于消费者身上的一种商品价格越高反而越愿意购买的消费倾向。

二、凡勃伦物品

炫耀性消费这个概念是美国19世纪末20世纪初制度经济学家凡勃伦在1899年出版的成名作《有闲阶级论》一书中提出的。作为经济学中制度学派的创始人，凡勃伦对先富起来的资产阶级持批判和嘲讽的态度。他认为，这些人有了钱以后从显示自己的优越和荣誉的心理出发，从事浪费性消费，这就是炫耀性消费。

后来的经济学家们将这种炫耀性消费的商品称为凡勃伦物品。经济学家们发现，凡勃伦物品包含两种效用：一种是实际使用效用，另一种是炫耀性消费效用，而后者由价格决定，价格越高，炫耀性消费效用就越高，凡勃伦物品在市场上也就越受欢迎。

著名品牌LV的发展过程始终是与上流社会密切相关的。1837年，品牌创始人Louis Vuitton来到巴黎寻求生计。经过多年的磨砺，他进入了法国皇宫，开始为王室服务。当时的法国皇后乌婕尼喜好出游，经常需要人打点行李。Louis Vuitton凭借出色的手艺，巧妙地将皇后的衣物绑在行李箱内，而且衣物经过长时间的路途颠簸不皱，由此得到了皇后的喜爱和信任。在跟随皇后的这段时间里，他为能更好地提供服务，还尝试着自己制作行李箱。随着经验的积累，其技术和品位有了很大的提升，并为其日后制作经久不衰的高档旅行箱提供了"技术保证"。

1854年，Louis Vuitton结束了在皇宫中的工作，在巴黎开了一家皮具店。其制造的皮箱因造型美观，经典实用，广受欢迎。从这一刻起，LV品牌正式创立。凭借多年为乌婕尼皇后服务的经验，Louis Vuitton还创造了经典的"Trianongrey"帆布行李箱，它的面世在巴黎的上层社会引起了轰动，很快就成了巴黎贵族出行的首选行李箱。即使是现在，每当人们走进Louis Vuitton的很多销售店中，仍能看到墙上悬挂着当年的贵族们携带着LV旅行箱上火车的照片。

就这样，在LV发展的早期（19世纪50年代），LV靠品质赢得了第一批消费者——皇宫贵族。对于他们来说，购买Louis Vuitton的理由很简单：方便。在那个没有大众媒体的年代，LV逐渐在上层社会中流传开来。随着法国贵族旅行的足迹，口碑也在欧洲逐渐传遍，最初是在欧洲的宫廷之间，后来扩散到欧洲大陆的贵族们……

现在，一件印有"LV"标志图案的交织字母帆布包虽然动辄上万元，但丝毫不影响人们的购买兴趣。人们不仅迷恋于它的时尚耐用，而且迷恋于它尊贵的历史，以及品牌背后所暗示的主人身份。100多年来，世界经历了很多变化，人们的追求和审美观念也随之而改变，但LV仍保持着无与伦比的魅力。

简单来说，人类追求奢侈品的四个主要动机是。

1.富贵的象征

奢侈品是贵族阶层的商品，它是贵族形象的代表。由于某些商品对别人具有炫耀性的效果，如购买高级轿车显示地位的高贵、收集名画显示雅致的爱好等，这类商品的价格定得越高，需求者反而越愿意购买，因为只有商品的高价，才能显示出购买者的富有和地位。这种消费随着社会发展有增长的趋势。

2.看上去就好

奢侈品的高级性应当是看得见的。正因为人们对其奢华"显而易见"，它才能为主人带来荣耀。所以说，奢侈品理当提供出更多的"可见价值"——让人看上去就感到好。那些购买奢侈品的人完全不是在追求实用价值，而是在追求全人类"最好"的感觉。

3.个性化

正是因为商品的个性化，才为人们的购买创造了理由。也正因为奢侈品的个性化有别于大众品，才更显示出其尊贵的价值。

4.距离感

作为奢侈品必须制造让消费者有望洋兴叹的感觉。在市场定位上，奢侈品就是为少数"富贵人"服务的。因此，要维护目标顾客的优越感，当使大众与他们产生距离感。奢侈品牌要不断地设置消费壁垒，拒大众消费者于千里之外。

炫富心理其实在普通人的日常生活中也很常见。消费心理学研究也表明，商品的价格具有很好的排他作用，能够很好地显示出个人收入水平。

利用收入优势，通过高价消费这种方式，高层次者常常能够有效地把自己与低层次者分开。这也正是消费者出手阔绰，常有"惊人之举"的原因所在。

对于人的消费而言，维持和延续人体基本生存的生活资料属于必需的消费品，如满足人体新陈代谢所需的食物、满足人们保暖的住房等。在不同的经济发展阶段上，生存资料标准与范围也不相同，随着消费水平的不断提高，必需的消费品种类不断增加、质量不断提高。而满足于人的高级享受需要的消费品就是奢侈消费品。在经济发展的不同阶段，奢侈消费品的内涵也不尽相同，在经济发展水平低的阶段是奢侈消费品，随着经济发展就有可能转化为必需的消费品。

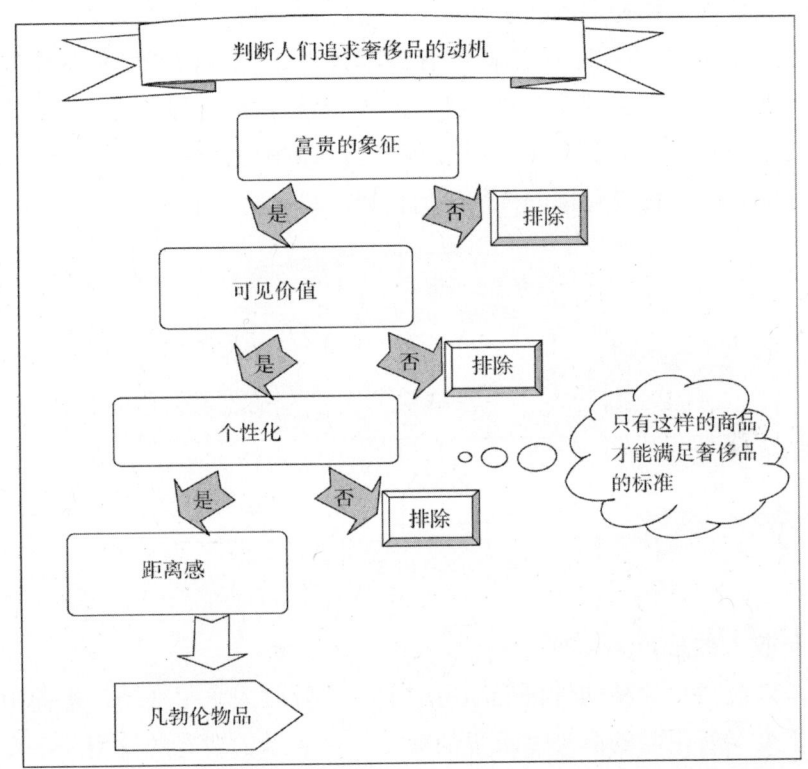

替代效应与收入效应：闲暇时间如何打发

一、替代效应

替代效应是指商品相对价格的变动引起的消费的变化。当你购买的某种商品的价格上升时，这种商品相对于其他商品就变得更贵了，诱使你少消费这种较贵的商品而多消费其他商品。

替代效应经常出现在我们的经济生活中。从替代效应来看，2004年禽流感的出现在一定程度上打击了家禽类相关产品的生产，但并没有从整体上打击整个农村经济的发展。因为在禽流感流行期间，人们在饮食上对鸡肉的抵制是最明显的，对鸭、鹅等相关家禽也颇有顾忌。家禽素来是人们的主要肉食对象，而如今它们的供应量大幅度减小，于是，人们的肉食对象集中在猪、牛、羊、鱼等动物上。

有相近替代品的物品往往较富有需求弹性，因为消费者从这个物品转向其他物品较为容易。例如，饼干和人造饼干很容易互相替代。假设人造饼干的价格不变，饼干价格略有上升，就会引起饼干销售量大大减少。与此相比，由于鸡蛋是一种没有相近替代品的食物，鸡蛋的需求弹性要小于饼干。

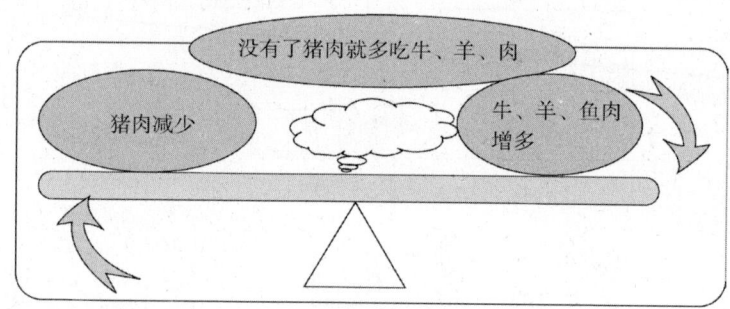

二、收入效应

收入效应指由商品的价格变动所引起的实际收入水平变动，进而由实际收入水平变动所引起的商品需求量的变动。它表示消费者的效用水平发生变化。具体来说，就是当你在购买一种商品时，如果该种商品的价格下降了，对于你来说，你的名义货币收入是固定不变的，但是价格下降后，你的实际购买力增强了，你就可以买得更多的该种商品。这种实际货币收入的提高，会改变消费者对商品的购买量，从而达到更高的效用水平，这就是收入效应。

一种商品价格变动所引起的该商品需求量变动的总效应可以被分解为替代效应和收入效应两个部分，即总效应=替代效应+收入效应。其中，由商品的价格变动所引起的实际收入水平变动，进而由实际收入水平变动所引起的商品需求量的变动为收入效应。由商品价格变动所引起的商品相对价格的变动，进而由商品的相对价格变动所引起的商品需求量的变动为替代效应。收入效应表示消费者的效用水平发生变化，替代效应则不改变消费者的效用水平。

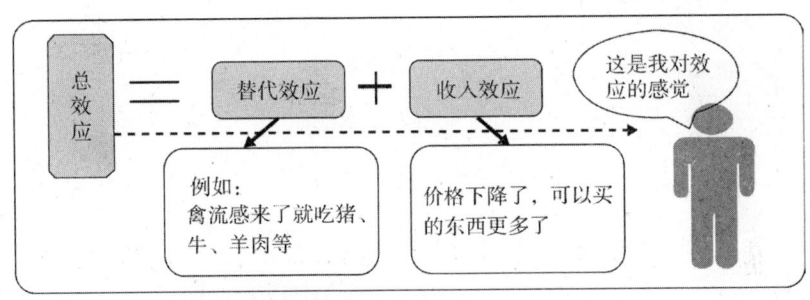

三、个人闲暇时间的消费

闲暇时间，即非劳动时间，是人们在履行社会职责及各种必要时间支出后，由个人自由支配的时间。

在工作时间不断缩短和弹性化发展的大背景下，闲暇时间越来越多，如何更加充分地享受闲暇时间？如何在闲暇时间进行对自己、对社会更有价值的休闲娱乐活动？

1.要和自己的收入水平相适应

闲暇消费作为收入水平的一个标志，反映了一个人收入的多少。经济收入水平越高，闲暇消费的结构和方式就越复杂；经济发展水平越低，闲暇消费的结构和方式就越简单，有什么样的经济收入水平就有什么样的闲暇消费。

2.闲暇消费的多样化和替代性

收入的波动会使我们闲暇时间的消费也受到影响。当收入水平低的时候，我们就要寻找消费的替代品，例如我们同样是为了锻炼身体，如果比较有钱我们可以去健身房、游泳馆健身，如果没有钱我们选择在公园里跑跑步，在社区的健身器材上健健身，这同样也能起到锻炼身体的作用。

3.闲暇消费的知识化

闲暇消费的知识化是指引导人们在闲暇中学习知识、学习文化，不断运用各种科学文化知识来丰富和"武装"自己的头脑，提高自身科学文化素质。闲暇消费的知识化是闲暇消费合理发展的目标。

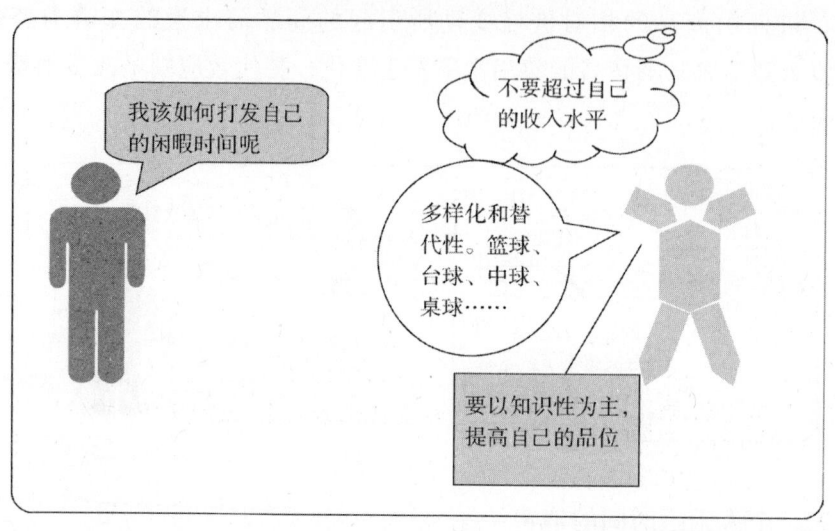

示范效应：朋友对购物的影响

一、从众心理

从众指个人受到外界人群行为的影响，而在自己的知觉、判断、认识上表现出符合公众舆论或多数人的行为方式。通常情况下，多数人的意见往往是对的。服从多数，一般是不错的。但缺乏分析、不独立思考、不顾是非曲直地一概服从多数，随大流走，则是不可取的，是消极的"盲目从众心理"。

一般来说，群体成员的行为，通常具有跟从群体的倾向。当他发现自己的行为和意见与群体不一致，或与群体中大多数人有分歧时，会感受到一种压力，这促使他趋向于与群体一致。同样，当人们在进行投资时也会受这种心理的影响。然而，缺乏主见，不进行独立判断、随大流投资的盲目从众心理往往会造成"真金白银"的损失，铸成大错。

1711年，英国南海公司成立。在英国政府的保护和支持下，该公司被赋予了对南美的贸易垄断权。18世纪，因交通不发达，人们对南美了解得不多。众人多是听远洋船队船员的描述，以为拉美的墨西哥和秘鲁地下埋藏着巨大的金银矿藏。而当时，这片有着"金砖银砖"的土地，被南海公司控制着。于是，所有的人都相信，南海公司会不负众望，将那里开采出来的宝藏源源不断地运回国内。

因此，南海公司的股票在国内非常受追捧，自从上市以来，价格就一路攀升。

等到1791年，英国国内更是掀起了抢购南海股票的浪潮。在这时，人们关心的似乎已经不再是南海公司到底能运回多少金银珠宝，而是它的股票还能涨多少！只要它的价格上涨，人们就有机会因投机而一夜暴富！于是，短短半年之内，南海公司的股票就从每股128英镑蹿升至每股1 000英镑以上，涨幅高达700%！社会各界人士纷纷涌入交易所里，都抢着要购买南海股票。

后来，事实证明，众人对南海的想象是虚假的，南海公司带来的盈利非常少。随着人们对南海公司的失望，投资者们逐渐冷静下来，并开始向外抛售南海的股票。没想到，这一抛售使股市当初的繁荣变成了无情的崩盘！南海股票销售得太多了，一旦被抛售，对股市的冲击实在太过怕。

没想到，又是短短几个月的时间，南海的股价受到剧挫，下跌了几百英镑！一个巨大的金融泡沫就这样破灭了！成千上万的人在这场狂热的炒股运动中倾家荡产。此后近百年，英国人仍然谈股票色变。

二、示范效应

一些经济学家认为，人们的消费行为不但受收入水平的影响，而且受其他人——主要是那些收入与其相近的人——消费行为的影响。这些人的行为具有示范效应：当消费者看到这些人因收入水平或消费习惯的变化而购买高档消费品时，尽管自己的收入没有变化，也可能仿效他人扩大自己的消费开支，或者在收入下降时也不愿减少自己的消费支出。

示范效应甚至可以跨越地区或国界，当某国居民接触到别国居民购买高档消费品时，他们可能会仿效别国居民从而改变自己的消费习惯。

米米有一次与公司另外一个部门的同事瑶瑶结伴出差。两人都觉得结识对方让这次枯燥的出差有了新的乐趣。出差的间隙，米米与瑶瑶少不了去逛当地的商场，瑶瑶的疯狂"血拼"带给了米米不小的触动。

米米与老公结婚后两年才贷款买了房，平时购物十分谨慎，只是挑选一些中等价位的产品。购买衣服，一般在几百元，很少有上千元的；购买化妆品，也是挑一些既经济又实惠的二线品牌。可是看到与自己收入相当的瑶瑶，米米不由得自惭形秽起来，觉得自己简直太"掉价"了。

瑶瑶一出手就是七八百元的化妆品，上千元的衬衫，四五千元的皮包，似乎眼睛都不眨，还连呼当地的商品便宜，动员米米一起血拼。可是对米米来说，这些商品还是远远超过了自己的消费能力。可米米转念又想："同样是在一个公司工作，收入差别不大，我要是太寒酸还不被别人笑话？"出于爱面子的心理，米米也放开胆子花掉自己近一个月的收入，购买了一只名牌手袋。

可是从商场回来，米米想想老公的工资也不高，一个手袋就花掉了自己一个月的薪水，想想下个月去偿还信用卡的情景，米米开始后悔起来。

米米的行为正是消费跟风的典型表现，对于普通人来说，爱攀比、好面子、趋同是社会交往中不可避免的"小毛病"，从个人的心理层面出发也很难简单地克服这样的问题，因此要想避免非理性消费的产生，最简单的方法就是与"羊群效应"绝缘，尽量选择与自己的消费能力相当的伙伴和朋友共同购物，而避免与消费能力高于或是低于自己的人一起搭伴而行，以消除非理性购物对自己经济带来的影响。

现实生活中的我们，无论是生活消费还是求职工作，切不可让自己盲目跟从"羊群"而人云亦云。从而丧失基本判断力，作出不理智的行为而懊恼不已。我们一定要收集信息并敏锐地加以判断，有主见才会有正确的决策，减少生活中的盲从行为，运用理性的方法远离"羊群效应"的不良影响。

第5章 国民经济活动的体检表

——经济指标

恩格尔系数："吃"出来的温饱、小康、富裕

在中国流行了上千年的问候语"吃了么"正逐渐被一句"你好"取代。为什么"吃了么"被"你好"替代了呢？经济学家认为随着经济的发展，人们花在吃上的支出比例越来越少，而花在服装、汽车、娱乐上的消费比例越来越多了。这种现象被称为恩格尔系数降低。

一、恩格尔系数

恩格尔系数是食品支出总额占个人消费支出总额的比例。

19世纪德国统计学家恩格尔根据统计资料，对消费结构的变化得出一个规律：一个家庭收入越少，家庭收入中（或总支出中）用来购买食物的支出所占的比例就越大，随着家庭收入的增加，家庭收入中（或总支出中）用来购买食物的支出比例则会下降。推而广之，一个国家越穷，每个国民的平均收入中（或平均支出中）用于购买食物的支出所占比例就越大，随着国家的富裕，这个比例呈下降趋势。

恩格尔定律的公式为：

食物支出占总支出的比率（R_1）$= \dfrac{食物支出变动百分比}{总支出变动百分比} \times 100\%$

或

食物支出占收入的比率（R_2）$= \dfrac{食物支出变动百分比}{收入变动百分比} \times 100\%$

恩格尔定律主要表述的是食物支出占总消费支出的比例随收入变化而变化的一定趋势。揭示了居民收入和食物支出之间的相关关系，用食物支出占消费总支出的比例来说明经济发展、收入增加对生活消费的影响程度。

二、恩格尔系数的意义

消费支出反映了居民的物价消费水平，是很重要的宏观经济学变量，被作为宏观调控的依据之一。恩格尔系数是国际上通用的衡量居民生活水平高低的一项重要指标，国际上常常用恩格尔系数来衡量一个国家和地区人民生

活水平的状况。

　　吃是人类生存的第一需要，在收入水平较低时，其在消费支出中必然占有重要地位。随着收入的增加，在食物需求基本满足的情况下，消费的重心才会开始向穿、用等其他方面转移。因此，一个国家或家庭生活越贫困，恩格尔系数就越大；反之，生活越富裕，恩格尔系数就越小。

　　根据联合国粮农组织提出的标准，恩格尔系数在59%以上为贫困，50%～59%为温饱，40%～50%为小康，30%～40%为富裕，低于30%为最富裕。一般随居民家庭收入和生活水平的提高而下降。

　　简单地说，一个家庭或国家的恩格尔系数越小，就说明这个家庭或国家经济越富裕；反之，如果这个家庭或国家的恩格尔系数越大，就说明这个家庭或国家的经济越困难。当然数据越精确，家庭或国家的经济情况反应也就越精确。

三、中国的恩格尔系数

　　恩格尔定律是根据经验数据提出的，它是在假定其他一切变量都是常数的前提下才适用的，因此在考察食物支出在收入中所占比例的变动问题时，还应当考虑城市化程度、食品加工、饮食业和食物本身结构变化等因素都会影响家庭的食物支出增加。只有达到相当高的平均食物消费水平时，收入的进一步增加才不对食物支出产生重要的影响。

　　改革开放以来，我国城镇和农村居民家庭恩格尔系数已由1978年的57.5%和67.7%分别下降到2005年的36.7%和45.5%。2008年，我国城镇居民家庭食品消费支出占家庭消费总支出的比例为37.9%；农村居民家庭为43.7%。

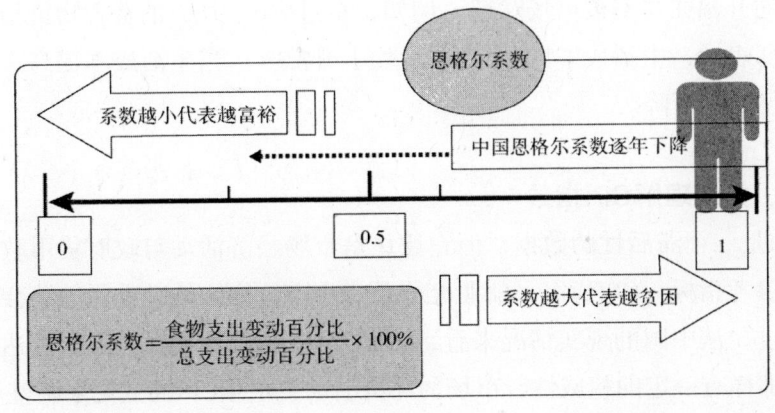

消费者物价指数：通货膨胀的预警器

一、消费者物价指数

消费者物价指数（Consumer Price Index），英文缩写为CPI，是反映与居民生活有关的产品及劳务价格统计出来的物价变动指标，通常作为观察通货膨胀水平的重要指标；即我们吃的、喝的、用的，与人民生活密切相关的消费品价格参考指标。

CPI的计算公式是：

$$CPI = \frac{一组固定商品按当期价格计算的价值}{一组固定商品按基期价格计算的价值} \times 100\%$$

二、CPI的作用

CPI告诉人们的是，对普通家庭的支出来说，购买具有代表性的一组商品，在今天要比过去某一时间多花费多少。例如，1995年，某国普通家庭每个月购买一组商品的费用为800元，而2000年购买这一组商品的费用为1 000元，那么该国2000年的消费价格指数（以1995年为基期）CPI=（1 000÷800）×100=125，（125−100）×100%=25%，也就是说上涨了25%。

如果消费者物价指数升幅过大，表明通胀已经成为经济不稳定因素，央行会采取紧缩货币政策和财政政策，从而造成经济前景不明朗。因此，该指数过高的升幅往往不被市场欢迎。例如，在过去6个月，消费者物价指数上升2.3%，那表示，生活成本比6个月前平均上升2.3%。当生活成本提高，你的金钱价值便随之下降。

三、如何理解CPI指数

CPI是一个滞后性的数据，但它往往是市场经济活动与政府货币政策的一个重要参考指标。CPI稳定、就业充分及GDP增长往往是最重要的社会经济目标。不过，从中国的现实情况来看，CPI的稳定及其重要性并不像发达国家所认为的那样有一定的权威性，市场的经济活动会根据CPI的变化来调整。

但是真实的日常生活费用情况，CPI是反映不出来的，我国CPI当中包含八大类商品：第一类是食品，第二类是烟酒及其用品，第三类是衣着，第四类是家庭设备和维修服务，第五类是医疗保健和个人用品，第六类是交通和通讯，第七类是娱乐、教育、文化用品和服务，第八类是居住。与居民消费相关的所有类别都包括在这八大类中。

在CPI价格体系中，食品类权重占到32.74%。在2008年，CPI增长幅度居高不下，这么高的增长幅度由什么原因导致？很大程度上还是由于我们日常生活必需品的费用增加了，这是导致CPI上升的主要原因之一。

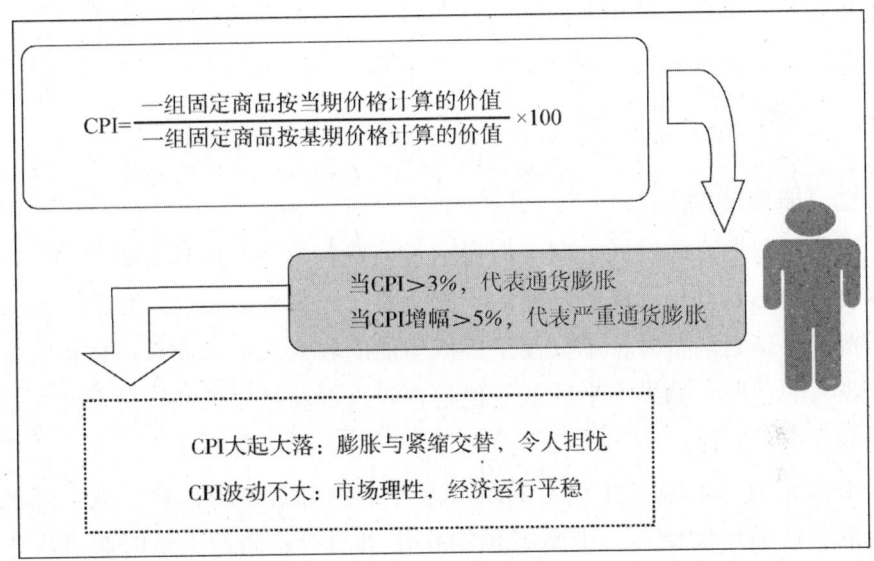

$$CPI = \frac{\text{一组固定商品按当期价格计算的价值}}{\text{一组固定商品按基期价格计算的价值}} \times 100$$

当CPI＞3%，代表通货膨胀
当CPI增幅＞5%，代表严重通货膨胀

CPI大起大落：膨胀与紧缩交替，令人担忧
CPI波动不大：市场理性，经济运行平稳

消费者信心指数：敢不敢消费很重要

一、消费者信心指数的产生

消费者信心指数的产生是社会和经济学理论发展的必然结果。

第二次世界大战结束初期，随着美国经济的逐步复苏，美国国民的收入和消费发生了很大变化。经济学界一度比较担心，"战后"的一段时期里美国将会出现20世纪30年代大萧条时的那种紧缩和失业状况，但是实际情况却与政府和学界的意料大相径庭：消费者显示出了对未来经济发展的极大信心，突出表现的就是他们将不断增长的收入投入消费，社会总需求迅速扩大。消费大增的同时储蓄率从1946年第一季度的11.7%，降低到1947年第二季度的2.2%，这是美国50年来纪录的最低点。旺盛的需求使1946年美国经济不仅没有衰退，反而面临着通胀的压力。由此，经济学界开始关注消费者的经济行为与宏观经济进程的关系。

在20世纪四五十年代，随着美国国内经济的发展变化，在凯恩斯的消费函数理论基础上，经济学家对消费与收入的相互关系从理论上进行了一系列补充和修正，出现了从相对收入、持久收入、生命周期、消费品存量等方面与消费支出的关系进行研究的学说，以及流动性约束、未来的不确定性对消费支出影响的假定。

二、消费预期

消费函数理论的发展，向人们揭示了消费者行为不仅具有攀附性，而且随着收入的不断增长、信贷制度的不断完善，还具有前瞻性。作为一个理性的消费者在计划消费时，不仅仅是根据当前的收入水平，而且还依据对未来可能收入的预期。如果未来的就业稳定，收入提高足以抵补物价上涨，这种乐观的预期可以促使消费者大胆消费甚至不惜借钱消费；反之，如果消费者认为未来充满了不确定性，为了预防意外不测对家庭的影响，就会降低目前的消费转而增加储蓄。消费者预期在作出消费、储蓄决策时起着决定性的作用。

1946年，美国联邦储备局进行了一次居民家庭的资产负债调查，调查的初衷是搜集居民家庭的资产和负债资料。尽管当时是出于技术手段的需要，首先询问消费者对经济形势、就业、物价、利率的看法，但是后来的实践证明，这种对消费者的看法和预期的调查是一种创新。后来人们将这种情绪称为消费者信心。经过实践的检验和不断发展，消费者信心指数逐渐被社会认可并接受，成为经济生活中极受关注的一个重要指标。

负担系数：4亿老年人如何养老

一、负担系数

国人向来重视亲情，孟子语："仰足以事父母，俯足以畜妻子。"也就是说，一个家庭至少要包括父母、子女两代。如果经济富足，寿命较长，加上其他条件，可以上有父母、祖父母，下有儿子、孙子，四世同堂。

改革开放以来，我国的人口家庭结构趋向小型化，而且这种趋势仍在延续。据统计，1953年我国家庭平均人口为4.33人，20世纪50年代、60年代、70年代都大体稳定在4.23～4.43人之间。80年代后期至90年代初，随着计划生育的推行和家庭意识的变化，独生子女增多，家庭平均人口逐渐下降，家庭构成呈现小型化趋势。1982年平均每个家庭的人口为4.4人，2005年为3.13人，23年间家庭平均人口减少了1.27人。独生子女人数已超过1亿人，占总人口的8%左右，而由独生子女加父母组成的独生子女家庭也成为城市中最基本的家庭模式。

作为20世纪80年代出生的独生子女，如今正当"而立之年"，他们在担起社会责任的同时，社会也看到他们肩上的沉重负担。对于绝大部分80后年轻家庭来说，要至少供养4位老人，还有自己的小孩，这样的负担确实很沉重。而关于这样的负担可以用一个经济学名词来测算，即负担系数。

负担系数也称抚养系数、抚养比，是指人口总体中非劳动年龄人口数与劳动年龄人口数之比，用百分比表示。它表明，从整个社会来看，每100名劳动年龄人口负担多少非劳动年龄人口。负担系数可分为总负担系数、少儿负担系数和老年负担系数。14岁及以下和65岁及以上也可能有人参加劳动，15~64岁的劳动年龄人口中也可能有人实际未参加劳动。上述指标只是根据年龄划分来计算的，并不一定反映实际抚养与被抚养的比例，故又称为年龄负担系数，以区别经济负担系数。用负担系数一词一般均指年龄负担系数。

$$总负担系数=\frac{0\sim14岁人口数+65岁以上人口数}{15\sim65岁人口数}\times100\%$$

总负担系数为少儿负担系数与老年负担系数两者之和。少儿负担系数和老年负担系数所反映的负担性质不同。一般来说，少年儿童尚未成为劳动适龄人口，社会和家庭为他们的成长必须付出一定的费用。如他们中途夭折，社会对他们的付出就无法收回。负担老年则不同，除个别人外，他们都已为社会作出一定的贡献，他们享用的部分实际上是他们过去劳动的扣除。因此，如分别计算少儿负担系数和老年负担系数，可以反映人口年龄结构变化对社会经济发展带来的某些影响。

二、中国的负担系数值

1980年世界平均负担系数是71.2，1999年是60.0。我国1980年的负担系数是67.4，1990年是57.6，1999年是47.9，呈现出一种下降的趋势，但是这种下降是计划生育的必然结果。因为低于14岁的儿童人口增长受到了极大的限制。然而，随着老龄化人口的增多，这种趋势已经在发生逆转。

《中国人口老龄化发展趋势预测研究报告》指出，21世纪的中国将是一个不可逆转的老龄化社会。到2050年，我国老年人口规模将达到峰值4.37亿人。同时，联合国预测，21世纪上半叶，我国一直是世界上老年人口最多的国家，占世界老年人口总量的20%；下半叶，我国将仅次于印度位居第二老年人口大国。

自1982年第三次人口普查到2004年的22年间，中国老年人口平均每年增加302万人，年平均增长速度为2.85%，高于1.17%的总人口增长速度。2004年年底，中国60岁及以上老年人口达到1.43亿人，占总人口的10.97%。

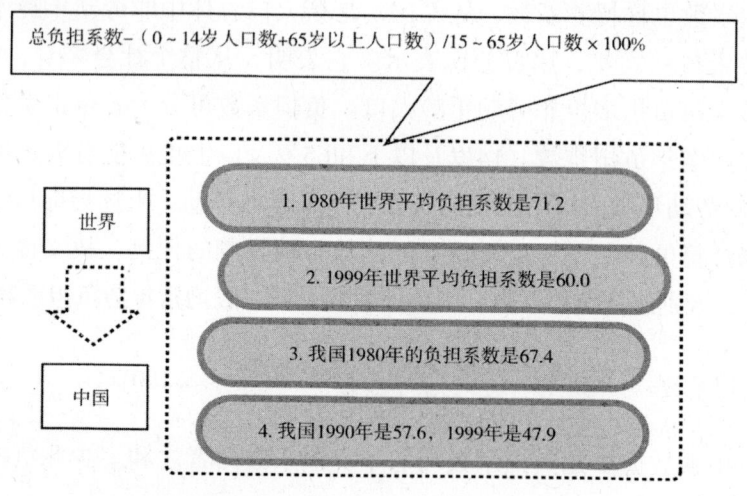

总负担系数−（0～14岁人口数+65岁以上人口数）/15～65岁人口数×100%

世界

中国

1. 1980年世界平均负担系数是71.2

2. 1999年世界平均负担系数是60.0

3. 我国1980年的负担系数是67.4

4. 我国1990年是57.6，1999年是47.9

每个人都会有年老的一天，但是在不久的将来，一对夫妻要养4位老人，全社会有接近4亿人的老年人口，我们将如何面对？解决的基本办法就是建立健全覆盖城乡的基本养老保险制度，进一步完善社会保障体系。只有重视起以养老保险在内的社会保障制度建设，才能切实减轻"80后"乃至"90后"的负担，促进社会的稳步发展。

基尼系数：反映贫富差异的曲线

一、基尼系数的含义

基尼系数是20世纪初意大利经济学家基尼根据洛伦兹曲线所定义的判断收入分配公平程度的指标。国际上用来分析和反映居民收入分配差距的方法和指标很多，但基尼系数由于给出了反映居民之间贫富差异程度的数量界线，可以较客观、直观地反映和监测居民之间的贫富差距，预报、预警和防止居民之间出现贫富两极分化，因此得到世界各国的广泛认同和普遍采用。

基尼根据洛伦兹曲线提出的判断分配平等程度的指标，提出了基尼系数的概念。为了研究国民收入在国民之间的分配问题，美国统计学家洛伦兹于1907年提出了著名的洛伦兹曲线。它先将一国人口按收入由低到高排队，然后考虑收入最低的任意百分比人口所得到的收入百分比，将这样的人口累计百分比和收入累计百分比的对应关系描绘在图形上，即得到洛伦兹曲线。

如图5-1所示，横轴OH表示人口（按收入由低到高分组）的累积百分比，纵

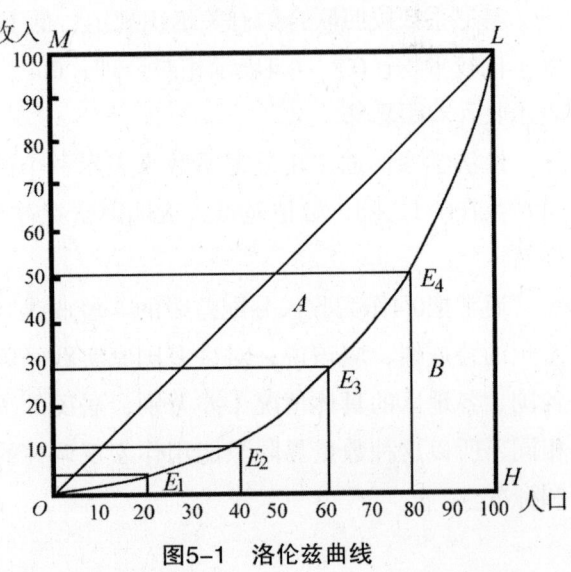

图5-1　洛伦兹曲线

轴 OM 表示收入的累积百分比，弧线 OL 为洛伦兹曲线。

一般来讲，洛伦兹曲线反映了收入分配的不平等程度。弯曲程度越大，收入分配越不平等；反之亦然。特别是，如果所有收入都集中在一人手中，而其余人口均一无所获时，收入分配达到完全不平等，洛伦兹曲线成为折线 OHL。另一方面，若任一人口百分比均等于其收入百分比，从而人口累计百分比等于收入累计百分比，则收入分配是完全平等的，洛伦兹曲线成为通过原点的45度线 OL。

一般来说，一个国家的收入分配，既不是完全不平等，也不是完全平等，而是介于两者之间。相应的洛伦兹曲线，既不是折线 OHL，也不是45度线 OL，而是像图中这样向横轴突出的弧线 OH，尽管突出的程度有所不同。

将洛伦兹曲线与45度线之间的部分 A 叫做"不平等面积"，当收入分配达到完全不平等时，洛伦兹曲线成为折线 OHL，OHL 与45度线之间的面积 A+B 叫做"完全不平等面积"。不平等面积与完全不平等面积之比，就是基尼系数。用公式表示即 $G=A/(A+B)$。显然，基尼系数不会大于1，也不会小于0。

二、基尼系数的区段划分

基尼系数按照联合国有关组织规定，低于0.2表示收入绝对平均；0.2～0.3表示比较平均；0.3～0.4表示相对合理；0.4～0.5表示收入差距较大；0.5以上表示收入差距悬殊。

经济学家们通常用基尼系数来表示一个国家和地区的财富分配状况。这个系数在0~1之间，数值越低，表明财富在社会成员之间的分配越均匀；反之亦然。

通常把0.4作为收入分配差距的"警戒线"。将基尼系数0.4作为监控贫富差距的警戒线，应该说，对许多国家实践经验具有一定的普遍意义。但是，各国、各地区的具体情况千差万别，居民的承受能力及社会价值观念都不尽相同，所以这种数量界限只能用作宏观调控的参照系数，而不应该成为教条和标准。

三、中国目前基尼系数状况

目前，我国共计算三种基尼系数，即农村居民基尼系数、城镇居民基尼系数和全国居民基尼系数。

改革开放以来，我国在经济增长的同时，贫富差距逐步拉大，综合各类居民收入来看，基尼系数越过警戒线已是不争的事实。我国基尼系数已跨过0.4（2004年国家统计局公布的数据）。中国社会的贫富差距已经突破了合理的限度，总人口中20%的最低收入人口占收入的份额仅为4.7%，而总人口中20%的最高收入人口占总收入的份额高达50%。突出表现在收入份额差距和城乡居民收入差距进一步拉大、东中西部地区居民收入差距过大、高低收入群体差距悬殊等方面。

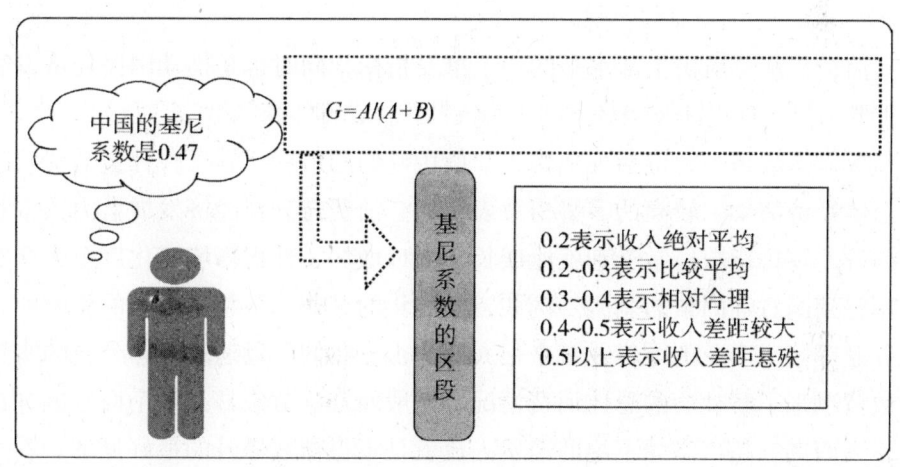

零售指数：家电下乡为什么可以拉动经济

一、零售指数

2009年春节期间，中央电视台经济频道联合国家统计局、中国邮政集团公司，在全国范围内开展了"CCTV2008经济生活大调查"。农村被访者的消费选择依次为：电脑、汽车、冰箱、摩托车、彩电、旅游、手机、空调、洗衣机。由此可见，农村居民对家电的需求十分旺盛。初步测算，全面实施"家电下乡"，预计到2010年可以基本解决彩电、冰箱、洗衣机、空调、手机等中低端家电产品过剩产能的问题，转移20%以上的出口能力，每年可降低顺差100亿美元以上，每年新增消费近1 000亿元。

2009年，中国农村居民的人均纯收入为4 761元，而这样的收入水平似乎暗示着释放消费需求的可能，这相当于20世纪90年代后期城镇居民的收入水平，那时正是家电迅速普及的阶段。在出口受阻、经济低迷的形势下，拥有8亿多人口的农村市场，显得吸引力空前。2009年2月1日起，家电下乡活动开始在全国推广。"这是继国家对农民实行粮食直补、农资综合直补后，首次对农民在消费领域进行的直补。"商务部综合司司长刘海泉表示。

消费是衡量居民生活水平的一个重要指标，同时也是推动国民经济发展的重要力量。这里涉及经济学的一个统计指标，即零售指数。

零售指数是一个包括现金购买和信用赊购的指标，它反映社会消费状况及总体经济活动。较高的零售指数表明社会消费充分，经济发展潜力大，利率趋升。零售指数经常受到就业成长、出口增加、外部环境变化以及大众对利率感到满意等因素的刺激。例如，2003年的"非典"就对我国的旅游业、服务业等第三产业的零售业带来很大的冲击。我们可以通过媒体公布的零售指数情况来了解社会的总体消费情况。一般而言，节假日是各个商家的好日子，大商场、超市络绎不绝的消费人流就是零售指数攀升的最好见证。看看2002年上海市零售指数的分布情况，我们就可以感受到零售指数的升降确实和我们的生活与消费是息息相关的。

从2002年1月13~19日，随着春节的日益临近，消费品市场的生意日渐红火，市民们为了置办年货而流连忘返在各大商场、超市。13~19日的消费品零售指数节节攀高，周六、周日的指数高高地越过了200点，周日的指数更是成为2001年11月以来的第二高点（元旦最高）。本周平均消费品零售指数比上周上升了7.86%，加上双休日的晴好天气，本周双休日的零售指数比上周的双休日指数高出7.32%。

　　另外，零售指数还可以反映居民消费习惯的变化。一般来说，某类商品零售指数一路攀升说明该商品较火；相反，如果零售指数下降则表明该产品不够紧俏。通过消费者对产品的喜好，我们就可以判断出消费者消费习惯的变化。

二、零售指数主要有以下几个特点

1.受消费时间的影响很大

　　零售指数受节假日影响很大，一般来说节日前后或节日期间是消费者与商家的黄金时间。例如，"五一""十一"的黄金周市场是在节日期间，而春节市场受采办年货等传统消费习惯影响，市场的高潮出现在节日之前，而不是节日期间。

2.节日消费平稳

　　一般在节日期间，零售业指数都会保持在相对高位运行。例如，在"五一""十一"期间，指数高点均出现在第一天，此后逐日下降；春节市场第一天并不热闹，从年初二开始渐入高潮，并且会在其高峰延续较长时期。

3.传统消费活跃，超市、大卖场指数遥遥领先

　　从零售指数的分布情况来看，我们会发现超市、大卖场的收获往往大大超过其他业态。这主要是因为各大超市纷纷推出名目繁多、价格低廉的促销活动，吸引了大量采置年货的传统消费群体。

　　如图5-2所示，我们可以看出消费支出与假日的关系。

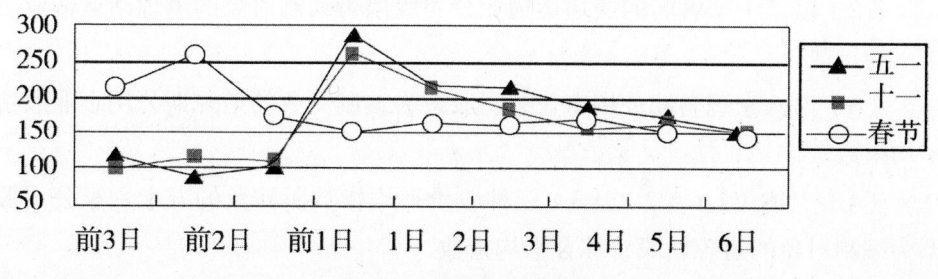

图5-2　零售业指数运行

道琼斯指数：美国股票市场的晴雨表

一、道琼斯指数

道琼斯指数是世界上历史最为悠久的股票指数，它的全称为股票价格平均指数。通常人们所说的道琼斯指数有可能是指道琼斯指数四组中的第一组道琼斯工业平均指数。

道琼斯指数最早是在1884年由道琼斯公司的创始人查理斯·道开始编制的。其最初的道琼斯股票价格平均指数是根据十一种具有代表性的铁路公司的股票，采用算术平均法进行计算编制而成，发表在查理斯·道自己编辑出版的《每日通讯》上。

道琼斯股票价格平均指数最初的计算方法是用简单算术平均法求得，当遇到股票的除权除息时，股票指数将发生不连续的现象。1928年后，道琼斯股票价格平均数就改用新的计算方法，即在计点的股票除权或除息时采用连接技术，以保证股票指数的连续，从而使股票指数得到了完善，并逐渐推广到全世界。

它以在纽约证券交易所挂牌上市的一部分有代表性的公司股票作为编制对象，由四种股价平均指数构成，分别是：

（1）以三十家著名的工业公司股票为编制对象的道琼斯工业股价平均指数。

（2）以二十家著名的交通运输业公司股票为编制对象的道琼斯运输业股价平均指数。

（3）以六家著名的公用事业公司股票为编制对象的道琼斯公用事业股价平均指数。

（4）上述（1）（2）（3）三种股价平均指数所涉及的五十六家公司股票为编制对象的道琼斯股价综合平均指数。

在（1）~（4）四种道琼斯股价指数中，以道琼斯工业股价平均指数最为著名，它被大众传媒广泛地报道，并作为道琼斯指数的代表被加以引用。

目前，道琼斯股票价格平均指数共分四组：

①工业股票价格平均指数。它由三十种有代表性的大工商业公司的股票组成，且随经济发展而变大，大致可以反映美国整个工商业股票的价格水平，这也就是人们通常所引用的道琼斯工业平均指数。

②运输业股票价格平均指数。它包括二十种有代表性的运输业公司的股票，即八家铁路运输公司、八家航空公司和四家公路货运公司。

③公用事业股票价格平均指数。它是由代表着美国公用事业的十五家煤气公司和电力公司的股票所组成。

④平均价格综合指数。它是综合前三组六十五种股票价格平均指数而得出的综合指数，这组综合指数虽然为优等股票提供了直接的股票市场状况，但该指数目的在于反映美国股票市场的总体走势，涵盖金融、科技、娱乐、零售等多个行业。道琼斯工业平均指数目前由《华尔街日报》编辑部提供，其成份股的选择标准包括成份股公司持续发展、规模较大、声誉卓著，具有行业代表性，并且为大多数投资者所追捧。

目前，道琼斯工业平均指数中的三十种成份股是美国蓝筹股的代表。这个神秘的指数的细微变化，带给亿万人惊恐或狂喜，它已经不是一个普通的财务指标，而是世界金融文化的代号。

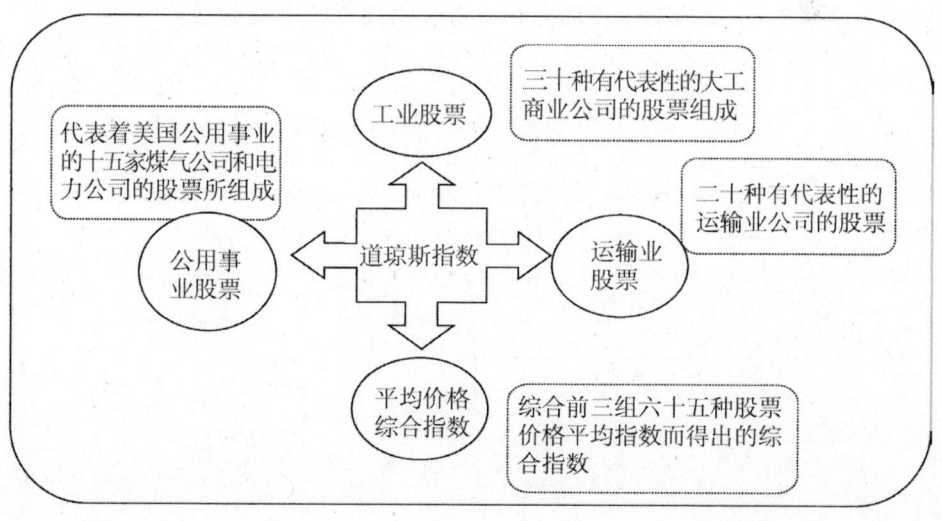

二、作为经济晴雨表的原因

道琼期指数作为最有权威性的一种股票价格指数，被称为经济的晴雨表，有以下三方面原因：

（1）道琼斯股票价格平均指数所选用的股票都是有代表性的，这些股票的发行公司都是本行业具有重要影响的公司，其股票行情为世界股票市场所瞩目，各国投资者都极为重视。为了保持这一特点，道琼斯公司对其编制的股票价格平均指数所选用的股票经常予以调整，用具有活力的更有代表性的公司股票替代那些失去代表性的公司股票。自1928年以来，仅用于计算道琼斯工业股票价格平均指数的三十种工商业公司股票，已有三十次更换，几乎每两年就要有一个新公司的股票代替老公司的股票。

（2）公布道琼斯股票价格平均指数的新闻载体《华尔街日报》是世界金融界最有影响力的报纸。该报每天详尽报道其每个小时计算的采样股票平均指数、百分比变动率、每种采样股票的成交数额等，并注意对股票分股后的股票价格平均指数进行校正。在纽约证券交易营业时间里，每隔半小时公布一次道琼斯股票价格平均指数。

（3）这一股票价格平均指数自编制以来从未间断，可以用来比较不同时期的股票行情和经济发展情况，成为反映美国股市行情变化最敏感的股票价格平均指数之一，是观察市场动态和从事股票投资的主要参考。

第6章 经济与政治能否独立

——市场与政府

市场基础：专业化和劳动分工

亚当·斯密在1776年出版的《国富论》里说："一个国家应该进口那些别人能以更低成本制造的东西。"比如，法国人能够以较为低廉的成本酿造葡萄酒，英国就乐意进口他们的酒，这个时候英国若非要自己酿酒则是愚蠢的行为。

一、专业化

专业是指一群人从事一种需要专门技术的职业，这种职业需要特殊的智力来培养和完成，其目的在于提供专门性的社会服务。近代西方哲学家怀特海认为："专业是一种行业，其活动有理论的基础、科学的研究，可以验证，并且能从理论分析与科学验证中积累知识来促进这个行业的活动。"

专业人员具有系统而全面的专业理论和实践知识基础，而不仅仅只是某种技术训练；专业人员在其专业范围内，具有较高水平的专业判断和决策能力。

二、劳动分工

每个人只对生产活动的一部分负责，而不是参加所有的活动来完成该产品的生产，就是说将生产划分为细小的专业化步骤或任务。比如，让高个子去打篮球，让有头脑的人去当老师，让有口才的人去推销汽车。

劳动分工使人们各自的产品互相成为商品，使人们互相成为市场。社会分工越细，商品经济越发达，市场的范围和容量就越大。同时，市场在其发育和壮大过程中，也推动着劳动分工和商品经济的进一步发展。

市场通过信息反馈，直接影响着人们生产什么、生产多少以及上市时间、产品销售状况等；连结商品经济发展过程中产、供、销各方，为产、供、销各方提供交换场所、交换时间和其他交换条件，以此实现商品生产者、经营者和消费者各自的经济利益。

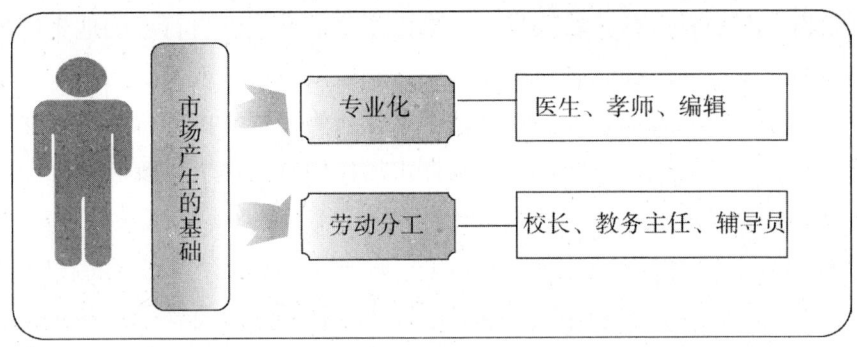

三、市场正常运转的条件

设想中的自由市场存在需要条件，而其正常运行需要满足如下几点：

（1）产权明晰。在自由市场中，双方要进行交易，其行为的基础就是交易目标的产权明晰，而且在资本主义世界，私有制为基本经济制度，所以就更强调对产权的明晰。

（2）市场上的供给和需求呈自发状态。当市场上的供给和需求不受过多市场外因素的干扰，呈自发状态时，是自由市场正常运行的最佳时机。因为此时，价格作为市场调度资源的信号，能最大化发挥其功能，使得供给和需求基本相适应。

（3）买卖双方掌握充分的信息。买卖双方作为市场上的交易者，应当彼此掌握足够的信息，从而使交易更具有公平性。

（4）市场的参与者都是价格接受者。这是一个西方经济学家常用的假设——价格接受假设，即市场上的参与者，无论是卖者还是买者，都是价格的接受者，谁都不能影响价格。

由私人产权制度下的私人企业作为经济活动主体的自由市场中，既能够实现效率，又最有利于人们扩展自由。当然，经济学家也知道，绝对的自由市场在生活中是没有的，所以经济学家并不主张无政府主义。以弗里德曼为首的新自由主义学派也认为："我们生活在一个相互依赖的社会中，对我们的自由施加某些限制是必要的，以免遭受其他更坏的限制。"但是，针对当时凯恩斯的政府全面干预经济的观点，新自由主义认为："现在，我们已经远远超过了这一点，当今迫切需要的是取消限制而不是增加限制。"

亚当·斯密对市场的看法是："自由竞争市场能够自行准确地生产出社会最优的产品，完全没有必要再专门委托某位政府官员或者别的中央计划者去细心指导。"而现今的大多数经济学家都认为，现实中的自由市场强调的是小政府、大市场原则，即在充分发挥市场作用的前提下，政府的干预越少越好。

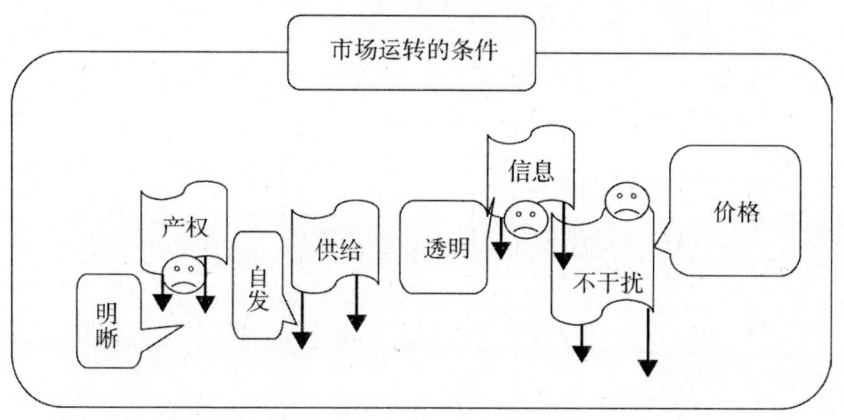

市场机制：亚当·斯密那只"看不见的手"

一、市场机制

在谈到市场时，我们常常会提到"看不见的手"，因为"看不见的手"是市场机制的同义替代词。1787年，亚当·斯密到伦敦与他的忠实信徒、英国历史上著名的首相皮特见面。亚当·斯密是最后一个到达会面地点的，当他一进会场时，所有人都起立欢迎他。亚当·斯密说："诸位请坐。"皮特回答说："不，您坐下，我们再坐，我们都是您的学生。"皮特对亚当·斯密如此恭敬，原因在于亚当·斯密提出的"看不见的手"的原理被当时各界名流奉为经典。

1776年，亚当·斯密在《国富论》中提出的命题最初的意思是：个人在经济生活中只考虑自己利益，受"看不见的手"驱使，即通过分工和市场的作用，可以达到国家富裕的目的。后来，"看不见的手"便成为表示资本主义完全竞争模式的形象用语。这种模式的主要特征是私有制，人人为自己，都有获得市场信息的自由，自由竞争，无须政府干预经济活动。

亚当·斯密较为详细地描绘了"看不见的手"作用的过程：

每种商品的上市量自然会使自己适合于有效需求。因为，商品量不超过有效需求，对所有使用土地、劳动或资本而以商品供应市场者有利；商品量超过有效需求对其他一切人有利。

如果市场上商品量一旦超过它的有效需求，那么它的价格的某些组成部分必然会降到自然率以下。如果下降部分为地租，地主的利害关系立刻会促使他们撤回一部分土地；如果下降部分为工资或利润，劳动者或雇主的利害关系也会促使他们把劳动或资本由原用途撤回一部分。于是，市场上商品量不久就会恰好足够供应它的有效需求，价格中一切组成部分不久就升到它们的自然水平，而全部价格又与自然价格一致。

反之，如果市场上商品量不够供应它的有效需求，那么它的价格的某些组成部分必定会上升到自然率以上。如果上升部分为地租，则其他地主的利害关系自然会促使他们准备更多土地来生产这种商品；如果上升部分是工资和利润，则其他劳动者或商人的利害关系也会马上促使他们投入更多的劳动或资本，来制造这种商品送往市场。于是，市场上的商品量不久就能充分供应它的有效需求。价格中一切组成部分不久都下降到它们的自然水平，而全部价格又与自然价格一致。

参与经济生活的每个人在一种利益机制的制约下，都不得不去适应某个一定的东西，这就是有效需求。假若劳动、土地或资本在某一行业比另一行业获得较高的报酬，这些生产要素的所有者将把它们从报酬较少的行业转移到这些行业上来。原来供过于求的行业提供的较少报酬引致部分业主向报酬高的行业转移，直到所提供的报酬与其他行业大致相等为止，而原来供不应求的行业因为新的业主的加入而报酬降低，直到与其他行业报酬大体相同为止。每个人适应社会有效需求的努力，使得供给与需求达到均衡，尽管这个均衡可能是暂时的，大多数情况是供过于求，或者供不应求。但会适时得到修正，重又回到均衡。均衡状态，对一切人有利。

在商品经济或市场经济下，都存在有一只"看不见的手"在幕后调节参与经济生活的每个人的行为，调节着有限的社会资源合理地在各部门和各生产者之间的配置。这是一只只要有商品交换行为就存在的手，商品经济条件下无处不在的手。

二、早期资本主义自由竞争

亚当·斯密的后继者们以均衡理论的形式完成了对于完全竞争市场机制的精确分析。在完全竞争条件下，生产是小规模的，一切企业由企业主经营，单独的生产者对产品的市场价格不发生影响，消费者用货币作为"选票"，决定着产量和质量。价格自由地反映供求的变化，其功能一是配置稀缺资源；二是分配商品和劳务。通过"看不见的手"，企业家获得利润，工人获得由竞争的劳动力供给决定的工资，土地所有者获得地租。供给自动地创造需求，储蓄与投资保持平衡。通过自由竞争，整个经济体系达到一般均衡，在处理国际经济关系时，遵循自由放任原则，政府不对外贸进行管制。"看不见的手"反映了早期资本主义自由竞争时代的经济现实。

"看不见的手"，揭示自由放任的市场经济中所存在的一个悖论。认为在每个参与者追求自己的私利的过程中，市场体系会给所有参与者带来利益，就好像有一只吉祥慈善的"看不见的手"在指导着整个经济过程。

市场机制就是依据理性经济人原则而运行的。在市场经济体制中，消费者依据效用最大化的原则作出购买的决策，生产者依据利润最大化的原则作出销售决策。市场就在供给和需求之间，根据价格的自然变动，引导资源向着最有效率的方面配置。这时的市场就像一只"看不见的手"，在价格机制、供求机制和竞争机制的相互作用下，推动着生产者和消费者作出各自的决策。

正常情况下，市场会以它内在的机制维持其健康的运行。其中主要依据的是市场经济活动中的理性经济人原则，以及由理性经济人原则支配下的理性选择。这些选择逐步形成了市场经济中的价格机制、供求机制和竞争机制。这些机制就像一只"看不见的手"，在冥冥之中支配着每个人，自觉地按照市场规律运行。

市场经济：冲破小农经济的藩篱

一、市场经济的含义

简单来说，市场经济就是指通过市场机制来实现资源优化配置的一种经济运行方式。市场经济的本质是与"私有""契约""独立"相对应的"产权""平等""自由"等具有鲜明价值判断特性的行为规范性质的制度，是建立一种通向文明的人与人之间的关系的主张和追求。市场经济是自由的经济、平等的经济、产权明晰的文明经济，是市场交换规则普遍化的经济形态。

从本质上来讲，市场经济必然导致以雇工经营和机器大生产为主要特征的现代经济制度的诞生。但市场经济的发展与自给自足的小农经济是对立的，它一方面刺激小农家庭增加消费；另一方面又在竞争中竭力排挤家庭手工业，从而加速小农经济的瓦解。

二、市场经济的特征

市场经济最基本的特征是，工业取代农业占据了社会经济的主导地位，市场营销成为最普遍的经营形式，由此导致社会经济各个方面发生了一系列深刻的变化。

1.由封闭走向开放

市场营销要求根据市场需求，广泛利用各种市场资源，在极其广阔的时空范围内进行生产，而不是像传统小农那样局限在一个家庭范围内，使用家庭资源，为满足家庭需要而进行生产。

2.机器化

面对巨大的市场需求，手工生产是无法满足的，必须大量应用机器生产；在市场经济背景下，广泛的社会分工协作，为各种机器的发明和制造提供了充分的现实可行条件。于是，经过人们坚持不懈的努力，终于实现了机器大生产，其主要特点是：以煤炭、石油等非生物能源为动力，能够大功率、高效率、长时间连续作业。

3.科学化

由于面向市场经营，使用机器大生产，这就要求人们改变以往小农经济状态下那种凭经验靠估计的做法，而代之以科学的定量测试、计算和分析。这里"科学化"并不简单地局限于科学技术成果在生产中的应用，而是主要指人们观察和分析问题时思维方式的科学化。

4.雇工经营

面对巨大的市场需求，仅靠家庭劳动力显然是无法满足的，必须大量引入家庭外劳动力。市场经济条件下只能通过支付工资的办法来雇佣其他人从事生产劳动。

5.专业化和社会化

使用机器大生产和雇工经营的结果，是社会分工变得越来越细，整个社会经济呈现专业化和社会化的特点，社会成员普遍养成了分工协作的习惯和理念，这也是社会生产效率大幅度提高的重要原因。

6.厂商（或企业）成为最基本的经济组织形式

机器大生产和雇工经营，必然突破家庭经营的局限，使厂商成为最基本的经济组织形式。与小农家庭相对简单的内部结构相比，厂商内部结构要复杂得多，其中包含了种类繁多、数量巨大、分工精细的各种生产要素，是一个巨大复杂的经济系统。

7.利润是生产的目的

由于在极其广阔的时空范围内组织市场经营，厂商生产的目的不再像小农经济那样以获取产品为直接目的，而是以利润为直接生产目的，产品的生产变成了获取利润的手段。

8.生产要素资本化

随着利润成为直接的生产目的，一切生产要素都相应地变成了赚取利润的手段，即通常所谓的"资本"。整个社会经济从此都置于资本的支配之下，受资本统治。

9.实行市场机制

市场分配成为最基本的分配形式，包括各种市场资源和劳动产品，都通过市场交换来进行分配，即个人向厂商提供生产要素，并得到各自的报酬，形成个人收入，个人再以其收入按等价交换的原则向厂商购买各种消费品。

10.广泛而激烈的市场竞争

由于市场分配成为最基本的分配形式，一切生产要素和产品都要通过市场来分配，于是千千万万的厂商和个人便在市场上围绕有限的市场资源展开了广泛而激烈的市场竞争，使每一个人和每一家厂商都随时面临严酷的市场压力，从而推动市场经济不断向前发展。

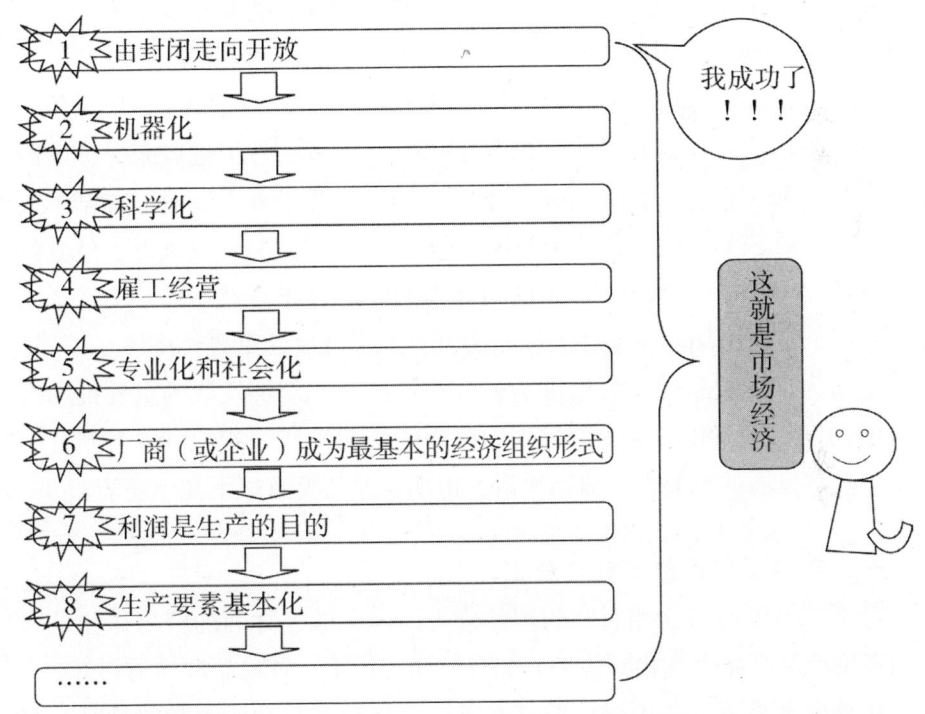

11.规范化

市场经济是一个由千千万万的厂商和个人参与的过程，因此必然要求对人们的行为作出严格的规范，包括国家法律制度、厂商内部的管理制度、各种技术性操作规范以及产品和服务的质量标准等。

市场功能：市场贸易促进了社会发展

市场是应运而生的交易场所，是社会和文明发展选择的结果。市场的发达程度也往往反映了一个国家的经济活力。历史经验告诉我们，开放才能更好地发展。从20世纪上半叶美国经济大萧条到下半叶的经济繁荣发展，我们可以更清楚地看到这一点。

1930年，美国政府错误地认为，由于外国的工资和制造成本低，美国制造商无法成功地与外国制造商竞争，因此建立了史无前例的贸易壁垒。《斯姆特–霍利关税法》试图以高关税壁垒保护美国市场，使之免予外国竞争，结果是灾难性的。贸易伙伴随即采取报复措施，以限制外国进口来保护本国市场。20世纪30年代初，世界贸易额下降了70％，几千万人失业，加剧了大萧条。从那以后，美国的历任总统与历届国会在关贸总协定（GATT）及其继承者世界贸易组织的构架之下，不断为和平的经济合作与共享繁荣奠定基础、建立共识。自由市场和贸易让美国成为世界上最开放的重要经济体。

市场为自由贸易的发展提供了平台和场所，是经济发展的重要推动力。从美国20世纪30年代经济大萧条到中后期的繁荣发展，我们可以看到自由贸易对于经济发展的重要性。概括来讲，市场贸易主要有以下几个功能。

一、自由贸易促进了社会分工

自由贸易可形成互相有利的国际分工，两个地区之间的贸易往往是因为一地在生产某产品上有相对优势，如有较佳的技术、较易获取原材料等。

在自由贸易下，各国可按照自然条件，比较利益和要素紧缺状况，专门生产其有利较大的产品，这种国际分工可带来很多利益，如专业化的好处、要素的最优配置、社会资源的节约以及技术创新，等等。

二、自由贸易创造了财富

真实扩大国民收入。各国根据自己的禀赋条件发展具备比较优势的行业，要素就会得到合理有效的分配和运用，再通过贸易以较少的花费换回更多的东西，从而增加国民财富。

三、自由贸易保障了国民的家庭生活

1．国内贸易

在市场经济中，虽然你的家庭与所有其他家庭会直接或间接地产生竞争，但是，若把你的家庭与所有其他家庭隔绝开来，未必你会过得很好。因为，如果隔绝开来的话，你的家庭就必须自己种粮食、做衣服、盖房子，这是低效率的做法。劳动力的专门化使个体专业从事一个小范畴的工作，然后以贸易来获取生活的日用品。

2.国家贸易

国家与国家之间，能从相互交易中获益，自由贸易下，由于进口廉价商品，国民开支减少。

为使更多个人有能力追求梦想、养育家庭，我们必须充分发挥贸易的潜力，促进全球经济进一步增长，为创造优质工作机会提供动力。

四、自由贸易促进了经济增长

自由贸易可加强竞争，减少垄断，提高经济效益。企业在自由贸易条件下，要与外国同行进行竞争，这样就会消除或削弱垄断势力，从长远看，能促进一国经济增长。

自由贸易有利于提高利润率，促进资本积累。通过商品进出口的调节，可以降低成本，提高收入水平，增加资本积累，使经济得以不断发展。

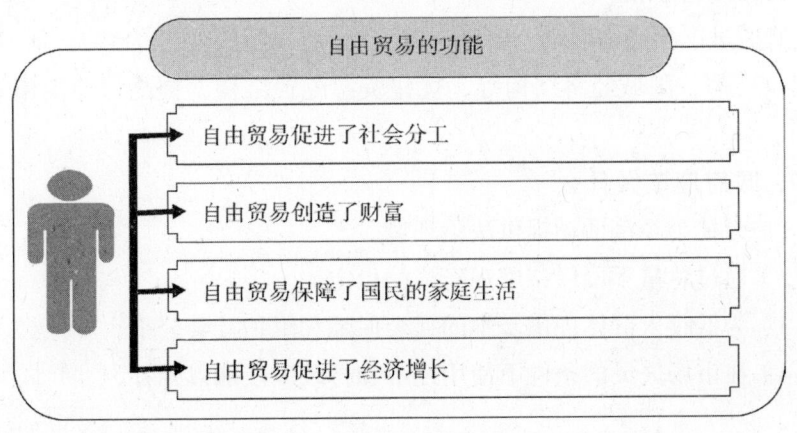

政府的经济职能：自由市场下，政府需要做什么

对于在市场经济条件下，要不要政府的干预和宏观调控，历来存在两种对立的观点：第一种是以亚当·斯密的自由放任论为基础，后经米塞斯·哈耶克加以发展，再由弗里德曼的货币主义加以充实的市场自由主义论；第二种是凯恩斯主义的政府干预论。两种观点都是针对当时的经济困境，并都在一定历史条件下发挥过积极的作用。对于我国的实际情况，作为一个正处于市场化进程初期的体制转型国家，要经受住市场经济和融入国际经济的考验，离不开一个强有力的政府的帮助。

一、政府的经济职能

1.收入分配职能

政府通过各种政策工具，参与一定时期国民收入的初次分配与再分配，实现收入在全社会各部门、各地区、各单位，以及各社会成员之间进行合理分割，缩小收入差距，体现社会公平。

2.经济稳定与发展职能

政府通过干预、调节国民经济运行，达到物价稳定、充分就业、国际收支平衡等目标，实现经济发展的目的。

3.资源配置职能

政府通过干预经济活动，引导人力、物力、财力等社会资源流动，形成一定的产业结构、区域经济结构等，优化资源配置结构，提高资源使用效率。

二、政府应该做什么

（1）为社会经济活动提供法治环境。

（2）通过总量手段保持宏观经济的稳定。

（3）为低收入群体提供基本的社会保障和维护社会公平。

（4）在市场失灵的条件下使用经济和行政手段加以弥补。

三、社会主义市场经济条件下政府职能转变的主要任务

（1）规范政府行为，加快政企分开步伐。

（2）建立现代公共事业组织，提高政府公共服务水平。

（3）合理界定各级政府职责，划分财政支出范围。

（4）建立新型国有资产管理体制。

（5）完善宏观经济调控体系，提高政府宏观调控能力。

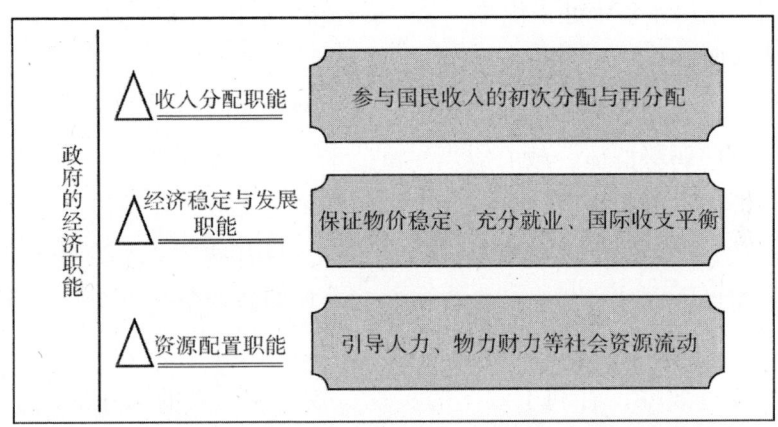

公平和效率：政府调控市场的真实目的

一、公平与效率的含义

公平指人与人的利益关系及利益关系的原则、制度、做法、行为等都合乎社会发展的需要。公平是一个历史范畴，不存在永恒的公平。不同的社会，人们对公平的观念是不同的。

公平理论是美国心理学家亚当斯在1965年提出的。该理论的基本要点是：人的工作积极性不仅与个人实际报酬多少有关，而且与人们对报酬的分配是否感到公平关系密切。人们总会自觉或不自觉地将自己付出的劳动代价及其所得到的报酬与他人进行比较，并对公平与否作出判断。公平感直接影响职工的工作动机和行为。因此，从某种意义来讲，动机的激发过程实际上是人与人进行比较，作出公平与否的判断，并据以指导行为的过程。

二、公平与效率的关系

1.效率原则

对于企业来说，在竞争中，在同一市场条件下，效率是决定企业生存和发展的关键，所以应以效率为先，企业在制定发展战略时要根据市场需求制定切实可行的发展战略，在企业内部，要尽可能降低成本，提高产品质量；充分挖掘人力资源，调动员工的积极性，从而提高效率。企业的效率好，才能在激烈的市场竞争中处于优势。要发展经济，必须追求效率。

2.公平原则

公平已经受到越来越多人的关注。由于种种原因，社会上存在着弱势群体，对于这些弱势群体，政府应当注重公平，通过种种措施，把部分资金转移给弱势群体，如向高收入者征收个人所得税，发放失业救济金，帮助下岗职工再就业，帮助失学儿童重返课堂，等等。只有这样，才能使这部分人得到应有的帮助，以获得应有的教育机会和参加职位竞争的机会，挖掘这部分人的潜力，避免人力资源的浪费，提高效率。

公平促进效率，有利于效率的实现，效率为公平的实现提供了物质基础，两者是一致的。反对那种小生产者的绝对平均主义的平等观，提倡多劳多得。但要兼顾公平，国家通过各种办法，用政策加以调节，倾斜于弱势群体，给其以平等的机会参与竞争，参与国家的经济建设，以提高经济效率。

在公平与效率之间，既不能只强调效率忽视了公平，也不能因为公平而不要效率。应该寻求一个公平与效率的最佳契合点，实现效率，促进公平。

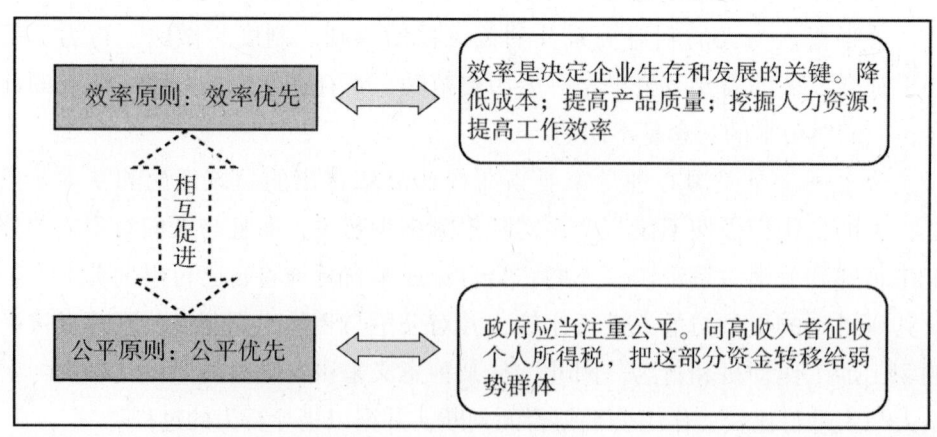

三、凯恩斯主义

在凯恩斯之前的西方经济学界，人们普遍接受以亚当·斯密为代表的古典学派的观点，即在自由竞争的市场经济中，政府只扮演一个极其简单的被动的角色——充当"巡夜警察"。凡是在市场经济机制作用下，依靠市场能够达到更高效率的事，都不应该让政府来做。国家机构仅仅执行一些必不可少的重要任务，如保护私人财产不被侵犯，但从不直接插手经济运行。

然而，历史的事实证明，自由竞争的市场经济导致了严重的财富不均，经济周期性的巨大震荡，社会矛盾尖锐。1929—1933年，爆发的全球性经济危机就是自由经济主义弊端集中爆发的结果。因此，以凯恩斯为代表的一批凯恩斯主义者浮出水面，他们提出，现代市场经济的一个突出特征，就是政府不再仅仅扮演"巡夜警察"的角色，而是要充当一只"看得见的手"。平衡以及调节经济运行中出现的重大结构性问题。

相比于亚当·斯密的自由主义，凯恩斯主义认为，凡是政府调节能比市场提供更好服务的地方，凡是个人无法进行平等竞争的事务，都应该通过政府的干预来解决问题。凯恩斯强调政府的作用：即政府可以协调社会总供需的矛盾、制定国家经济发展战略、进行重大比例的协调和产业调整。它最基本的经济理论，是主张国家采用扩张性的经济政策，通过增加需求促进经济增长。

四、宏观调控

斯蒂格利茨和沃尔什在回答"政府之所以要干预经济"时，将政府纠正市场失灵作为首要的原因。

在现代市场经济的发展中，市场是"看不见的手"，而政府的引导被称为"看得见的手"。为了克服"市场失灵"和"政府失灵"，人们普遍寄希望于"两只手"的配合运用，以实现在社会主义市场经济条件下的政府职能的转变，既实现效率也实现公平。

经济学家把"宏观调控"这个词就理解为宏观经济政策。所以在实际应用上，宏观调控的含义正在慢慢改变。在市场经济环境下，长期引领西方经济的自由经济主义观念对政府的宏观调控不甚赞同。20世纪80年代，有些西方国家的经济研究部门叫宏观调节部，表明在当时的经济形势下对宏观调节还有一点敬畏，后来慢慢改称为"宏观调控"，这是因为政府对经济的控制有所加强。宏观调控由此演变为一个长期的宏观经济政策概念，在任何时候都要存在。

经济学认为，宏观调控的手段和作用是通过制订计划（经济手段），指明经济发展的目标、任务、重点；通过制定法规（法律手段），规范经济活动参加者的行为；通过采取命令、指示、规定等行政措施（行政手段），直接、迅速地调整和管理经济活动。其最终目的是补救"看不见的手"在调节宏观经济运行中的失效。如果政府的作用发挥不当，不遵循市场规律，也会产生消极的后果。

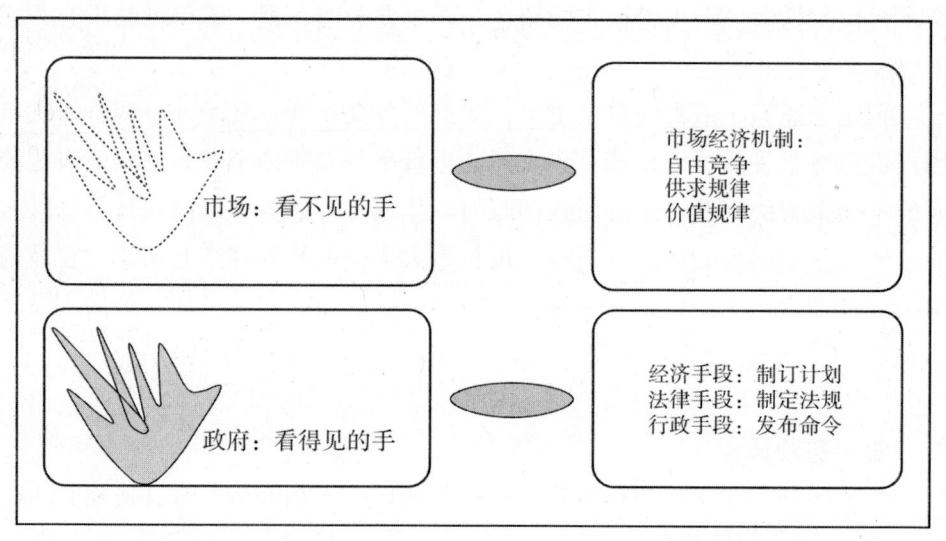

第7章 微观经济的核心
——市场与商品

产权：市场交易的第一前提

一、产权的含义

人们进行市场交易并不是从人类出现之时就有的，而是人类社会发展到一定历史阶段的产物。市场交易的产生，必须具备一个基本条件：产权不同。因为生产资料和劳动产品属于不同的所有者，才发生了交换行为。在私有制的条件下，产品交换的双方成为独立的利益主体，成为经济利益的对立面。这就决定了双方的交换不能是不等式的，而只能是等式的，即商品经济中的等价交换原则。劳动产品的交换既然是等价的商品交换，那么，生产者的生产过程就成为以直接交换为目的的商品生产过程。

可以说，产权是市场交易得以进行的第一前提。那么究竟什么才是产权呢？不同的经济理论和派别对其所下的定义是不尽相同的，一个为多数理论学派所接受的定义是这样的：产权不是指人和物的关系，而是指物的存在及关于它们的使用所引起的人们之间相互认可的行为关系。也许这个定义听起来有点拗口，我们不妨举个例子来说：

假设小黄有一套房子，他将这套房子租给小李，小李每年付给小黄5万元租金。

实际上，小黄就拥有这套房子的完整产权，具体来说：

（1）拥有房屋的占有权。这种占有权具有排他性，即产权是属于小黄的，他在占有房产的同时，意味着其他人不能占有房产。

（2）拥有房屋的使用权。小黄能够自主决定房产使用的权利，比如他可以选择自己住，也可以选择出租，他对房产有自主处理的权利。

（3）拥有房屋的转让权。其实小黄的这套房产还可以在市场上自由地买卖，因此产权可以像任何一种商品一样，可以自由交易、转让。

（4）拥有房屋的受益权。即所有者可以获得并占有财产使用和转让所带来的利益，又称为剩余索取权。比如，小黄向小李收取的每年5万元的租费，就是房屋产权的收益。

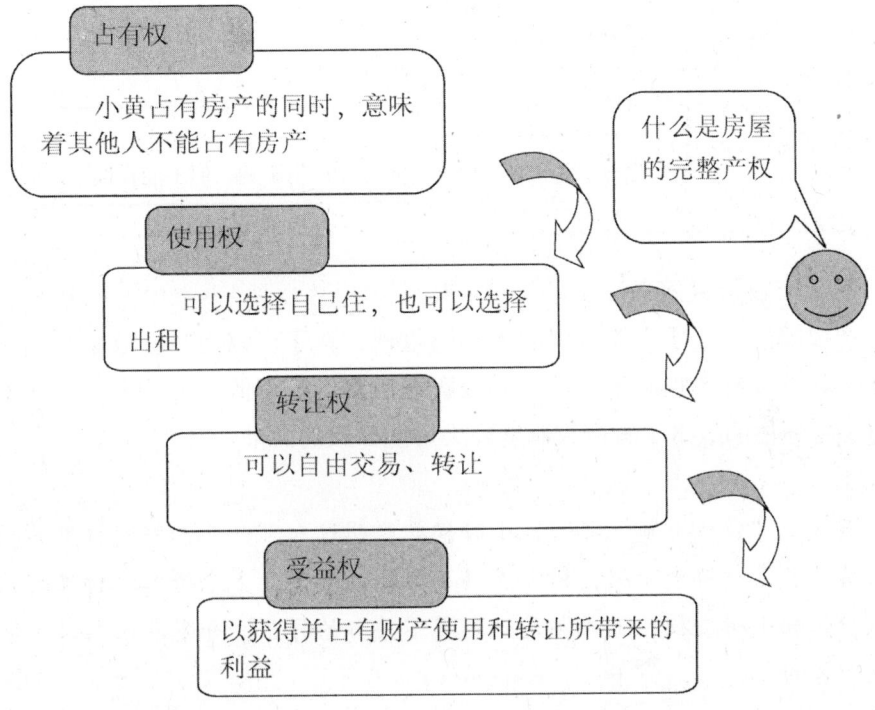

二、产权的三层含义

（1）原始产权也称资产的所有权，是指受法律确认和保护的经济利益主体对财产的排他性的归属关系，包括所有者依法对自己的财产享有占有、使用、收益、处分的权利。

（2）法人产权，即法人财产权，其中包括经营权，是指法人企业对资产所有者授予其经营的资产享有占有、使用、收益与处分的权利。法人产权是伴随着法人制度的建立而产生的一种权利。

（3）股权和债权，即在实行法人制度后，由于企业拥有对资产的法人所有权，致使原始产权转变为股权或债权，或称终极所有权。原始出资者能利用股东（或债权人）的各项权利对法人企业产生影响，但不能直接干预企业的经营活动。

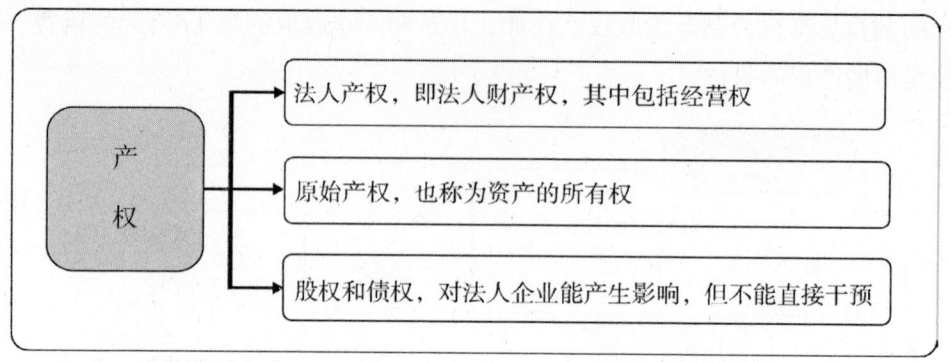

三、产权与经济效率

产权的问题之所以能够引起人们的重视，在于产权与经济效率有密切的关系。如果没有产权制度，就会导致资源浪费、效率低下等后果。我们不妨通过一个通俗的故事了解产权制度缺失可能导致的后果。

王戎是"竹林七贤"之一，小时候就聪明过人。一天，他同村里的孩子发现路边长着一棵李子树，树上长满了鲜润的李子，十分诱人。村里的孩子见状赶忙爬上树去摘，王戎却是一副漠不关心的样子，并跟其他人说，李子肯定是苦的。

这时尝过李子的人不禁叫苦连天。他们问王戎："你怎么知道这些李子是苦的呢？"王戎说："路边的李子树不归任何人所有，来来往往的人这么多，如果有好吃的李子早被人摘光了，哪还轮得到我们？"

为什么王戎能够从李子树不归任何人所有这点，就能推断出树上的李子是苦的呢？这就牵涉到经济学中的产权概念。"路边苦李"的故事表明，既然李子树的产权是属于公众的，不属于某个人，自然就没有人愿意对李子树进行培育，树上的李子是苦的也就情有可原了。如果李子树上有好的李子，自然会被别人摘光了。

因此，只有通过产权界定，才能使资源得到有效的保护和利用，同时，市场交易行为才能得以延续。市场经济的制度基础是产权明晰，所以，实行市场经济的国家的立法无一不把保护产权作为基本原则。产权之所以重要是因为产权使所有者权责一致，即所有者有权使用自己的资源，获得由这种使用得到的利益，也承担使用不当的责任。在这种情况下，所有者就会最有效地利用自己的资源。

面对目前产权制度缺失的实际情况，我们更应该在实际的经济生活中，注意保护自己的财产权利，在经济活动中要保护好财产获得的法律依据，比如购买房屋的凭证，它是你合法取得房屋的主要凭据，据此你才可以在房产管理部门办理房屋产权登记证，有了这个证件，你的房产才能够被合法地使用、抵押、保险、出租、出售等。

产权是市场交易得以进行的根本前提，如果不能保护个人的产权，市场交易秩序将不能维持，因此，现代法律强调个人的产权保护。

1866年，刚打赢对奥地利战争的普鲁士国王威廉一世，来到他在波茨坦的一座行宫。他兴致勃勃地登高望远，然而，行宫前的一座破旧磨坊却让他大为扫兴。威廉一世让侍从去跟磨坊主交涉，付他一笔钱，让他拆除磨坊。磨坊主不肯，说这是祖业。威廉一世很生气，命令人强行拆除了磨坊。

不久，磨坊主一纸诉状将威廉一世告到法庭。法庭裁定：威廉一世擅用王权，侵犯原告由宪法规定的财产权利，被责成在原址重建一座同样大小的磨坊，并赔偿磨坊主的损失。威廉一世只好派人将磨坊在原地重建了起来。

现在这座磨坊还屹立在波茨坦的土地上，成为著名的游览景点。

国王与磨坊主的故事表明，磨坊属于磨坊主所有，磨坊主作为这一财产的所有者，其财产所有权和产权必须得到国家法律的相应保护。威廉一世的权力再大，也得服从法律。磨坊主的磨坊挡住了国王的视线，但磨坊的产权属于磨坊主，国王无权处置。也就是说，产权是受法律保护的。

可以说，产权制度是市场交易的基础，建立一套完整、有效、可操作性强的产权保护制度，无疑是重要和必要的。

四、现代产权制度

产权制度就是制度化的产权关系或对产权的制度化，是划分、确定、界定、保护和行使产权的一系列规则。"制度化"的含义就是使既有的产权关系明确化，依靠规则使人们承认和尊重，并合理行使产权，如果违背或侵犯它，就要受到相应的制约或制裁。

现代产权制度是权责利高度统一的制度，其基本特征是归属清晰、权责明确、保护严格、流转顺畅。产权主体归属明确和产权收益归属明确是现代产权制度的基础；权责明确、保护严格是现代产权制度的基本要求；流转顺畅、财产权利和利益对称是现代产权制度健全的重要标志。

建立归属清晰、权责明确、保护严格、流转顺畅的现代产权制度，是市场经济存在和发展的基础，是完善基本经济制度的内在要求。当前我国经济社会发展中出现的一些矛盾和问题，都直接或间接地涉及产权问题。建立健全现代产权制度，是实现国民经济持续快速健康发展和社会有序运行的重要制度保障。

市场：买与卖的交易场所

对市场的研究是我们进入经济学殿堂的重要入口。可以说，没有市场，就没有现在高度发达的商业文明。那么，市场是怎样出现的？它的出现给人类社会带来什么变化呢？

远古时期没有商品，也没有市场。人类的祖先以狩猎为生。由于狩猎工具非常原始，捕获的猎物常常不够吃，所以猎物都是由部落统一分配的。后来，部落里有一个聪明的小伙子发明了弓箭，捕获的猎物就多了起来。但是这个做弓箭的人自己亲自参加捕猎所获得的食物却没有他制作一张弓与别人交换得到的食物多，于是他索性不参加狩猎了，一心制作弓箭，然后与别人交换食物。于是，部落里出现了分工和交换。后来，随着分工的扩大，又出现了一些制作别的物品的人，他们也像这位聪明的小伙子一样拿自己制作出来的物品去交换自己所需要的东西。

这是亚当·斯密在《国富论》中讲到的一个故事。我们可以看出随着分工和交换的发展，市场逐渐出现了。

一、市场的意义

1.市场的初始意义

市场起源于古时人类对于固定时段或地点进行交易的场所的称呼，当城市成长并且繁荣起来后，住在城市邻近区域的农夫、工匠、技工们就会开始互相交易并且对城市的经济产生贡献。显而易见的，最好的交易方式就是在城市中有一个集中的地方，像是市场，可以让人们在此提供货物以及买卖服务，方便人们寻找货物及接洽生意。当一个城市的市场变得庞大而且更开放时，城市的经济活力也相对会增长起来。

2.市场的今日意义

今日的市场是商品经济运行的载体或现实表现。商品经济越发达，市场的范围和容量就越扩大。市场具有相互联系的四层含义：一是商品交换场所和领域；二是商品生产者和商品消费者之间各种经济关系的会合和综合；三是有购买力的需求；四是现实顾客和潜在顾客。市场是社会分工和商品经济发展的必然产物。

市场是商品交换顺利进行的条件，是商品流通领域一切商品交换活动的总和。市场体系是由各类专业市场，如商品服务市场、金融市场、劳务市场、技术市场、信息市场、房地产市场、文化市场、旅游市场等组成的完整体系。同时，在市场体系中的各专业市场均有其特殊功能，它们相互依存、相互制约，共同作用于社会经济。

随着市场经济的发展，各类市场都在发展。那么，哪一类市场与我们的生活联系最紧密呢？从现实生活中，我们可以直接感受到，商品服务市场与我们的关系最为密切。商品服务市场遍及我们生活的每一个角落，我们常见的大、小商场，各种各样的理发店、家具店、农贸市场、宾馆饭店等，这些都属于商品服务市场。

随着社会交往的网络虚拟化，市场不一定要有真实的场所和地点，当今许多买卖都是通过计算机网络来实现的，中国最大的电子商务网站淘宝网就是提供交易的虚拟市场。

淘宝网，亚洲第一大网络零售商圈，致力于创造全球首选网络零售商圈，由阿里巴巴集团于2003年5月10日投资创办。淘宝网目前业务跨越C2C（消费者间）、B2C（商家对个人）两大部分。截至2008年，注册用户超过9 800万，交易额为999.6亿元，占网购市场80%的份额。

二、市场的基本特征

市场具有两个突出的特征。

1.平等性

平等性是指相互承认对方是自己产品的所有者，对其所消耗的劳动通过价值形式给予社会承认。市场行为的平等性是以价值规律和等价交换原则为基础的，它不包含任何阶级属性，否定了经济活动中的特权和等级，为社会发展提供了重要的平等条件，促进了商品经济条件下资源的合理流动。

2.竞争性

竞争性是指优胜劣汰，奖优罚劣。市场的竞争性来自要素资源的自由转移与流动，市场竞争有利于提高生产效率和对要素资源进行合理利用。

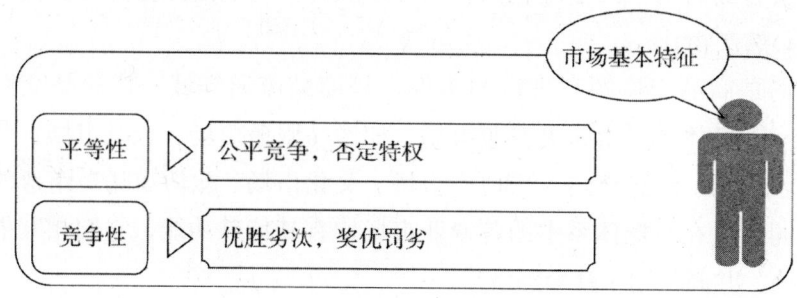

三、买方市场和市场占有率

1.买方市场

买方市场是指交易由买方主导的市场，即市场是在具有压倒优势的买方力量控制下运行的。买方市场在市场经济发达的国家比较普遍。一般情况下，在产品过剩时，买方有更多的机会选择产品。比如，空调大战、VCD大战、彩电大战、微波炉大战，都为买方市场的形成创造了条件。对于卖方来讲，降价、打价格战或者服务战是通常的选择。因此可以说，买方市场是有利于消费者的。

2.市场占有率

市场占有率又称市场份额，是指一家企业销售量在市场销售总量中所占的比例。市场占有率越高，表明企业的竞争能力越强，产品被消费者接受的程度越大，企业销售收入也越多。因此，维持或扩大市场占有率对于任何企业来说都是非常重要的，是一个企业定价的最重要目标之一。

市场原则：自愿、平等、公平、诚实信用

在经济学中，市场往往被称为"看不见的手"。发生在我们身边的很多经济活动都离不开这只"看不见的手"的调节。

正常情况下，市场会以内在的机制维持其健康运行。这些机制就像一只"看不见的手"，在冥冥之中支配着每个人自觉地按照市场规律运行。在看似杂乱无章的市场活动背后，自由市场活动的规则，市场主体都需要遵循市场活动的秩序，否则，就会被市场无情地驱逐出去。

一、自愿原则

自愿原则，是市场交易的基本原则。强买强卖，"搭配"销售，是违反"自愿"的交易原则的。特别是"搭配"销售，是销售者利用某种商品短缺而硬性强迫消费者购买劣次商品的一种销售行为，是变相的"强卖"。

实行自愿原则，就是基于双方是不同的利益主体，出发点和意愿不同，使得任何一桩交易都必须以自愿为原则，交易条件应该为双方所接受，不能使一方屈从于另一方的意愿。

交易双方的出发点不同。卖者出售自己的商品但不愿意做亏本的事，希望在交易中能补偿自己的劳动消耗；买者购买商品但不愿意多花钱，希望交易可以按接受的价格成交以满足自己的消费需要。

交易双方的意愿不同。卖者希望商品卖得快多赚钱；而买者希望少花钱，购买到更多的商品和服务。

二、平等原则

平等，是市场经济的一般特征，也是市场交易的重要原则。平等是指在商品服务市场上，尽管交易双方是以购买者和销售者的不同身份出现，但都是地位平等、机会均等的市场主体。

市场经济是一种平等经济，买卖双方在市场上是一种平等竞争、平等交换关系。任何"势利眼""以貌卖货"，以地位和官职高低卖货的现象都是违反平等交易原则的，是对市场秩序的破坏。

商品是"天生的平等派"，它要求同样的商品卖同样的价钱，实现等价交换；为了实现等价交换，市场不管交易双方的身份和地位如何，要求买卖双方平等地进行交易，不存在谁比谁优越或谁对谁恩赐的问题。

三、公平原则

公平，是市场交易的灵魂，是衡量市场交易活动是否有序、是否规范的试金石。公平的行为是指在交易中明码标价、秤平尺准、童叟无欺；而缺斤少两、坑蒙拐骗、黑市交易等现象，则是违反公平的市场交易原则，消费者的利益就会受到损害，甚至消费者的生命也会受到侵害。公平的市场交易活动一旦遭到破坏，种种矛盾和纠纷就会不断出现。

公平原则是把消费者作为弱者来保护。这是因为，在交易过程中，经营者可以利用所拥有的场所、设备和工具，为自己谋取不正当的利益。尽管交易过程表面看是"自愿"和"平等"的，实际上是不等价交换，构成了对消费者权益的侵害，造成了不公平的后果。

如果一方缺斤短两，一方自愿购买。表面上看，这种市场交易活动似乎是自愿和平等的，实际上，消费者是在不知情的情况下购买这种商品的，并不是真正自愿的行为，真正处在平等的地位。即使说消费者自愿购买，由于消费者的知情权受到侵害，受到坑蒙拐骗，这种交易活动也是不公平的。仅有自愿平等的原则并不能保证市场交易具有公平的结果，实行公平原则是实现市场交易规范有序的灵魂。

四、诚实信用原则

诚实信用，是现代市场交易活动的基本精神。在市场交易中不讲诚实信用，已不仅仅是销售商品的问题，它将带来严重的后果，绝不可等闲视之。

遵守诚实信用的交易原则，在商品服务市场上，不仅仅是销售者的道德，而是销售者和消费者都应具有的道德。

亚当·斯密曾称，总体而言，商人比外交官更加值得信任。他的这一论断基于的是重复交易。实际上，亚当·斯密认为，频繁的生意往来对于商人往往比对外交官更重要。他指出，外交官频繁地违反条约，因为条约并不会被频繁地制定。因此，违约行为的收益往往超过了遵守条约义务的收益。

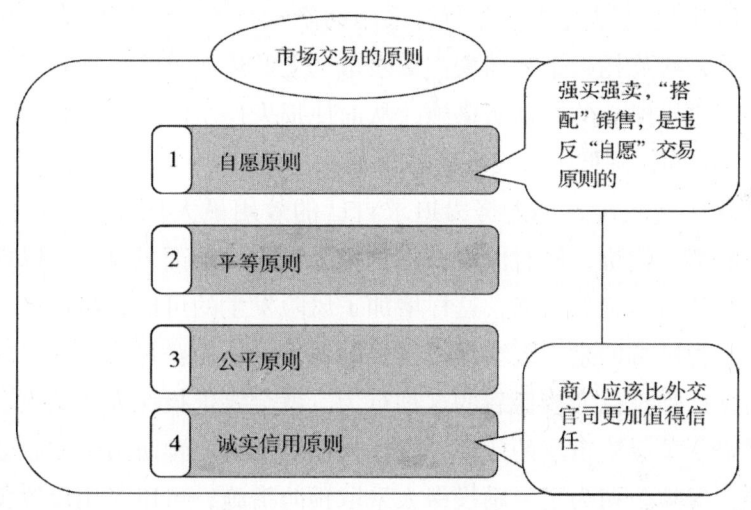

道德风险：自行车被盗的危险

一、道德风险

道德风险是20世纪80年代西方经济学家提出的一个经济哲学范畴的概念，即"从事经济活动的人在最大限度地增进自身效用的同时作出不利于他人的行动"；或者说是：当签约一方不完全承担风险后果时所采取的自身效用最大化的自私行为。道德风险亦称道德危机，但道德风险并不等同于道德败坏。

在经济活动中，道德风险问题相当普遍。获2001年度诺贝尔经济学奖的斯蒂格利茨在研究保险市场时，发现了一个经典的例子：美国一所大学学生自行车被盗比率约为10%，有几个有经营头脑的学生发起了一个对自行车的保险，保费为保险标的的15%。按常理，这几个有经营头脑的学生应获得5%左右的利润。但该保险运作一段时间后，这几个学生发现自行车被盗比率迅速提高到15%以上。何以如此？这是因为自行车投保后学生们对自行车安全防范措施明显减少。在这个例子中，投保的学生由于不完全承担自行车被盗的风险后果，因而采取了对自行车安全防范的不作为行为。而这种不作为的行为，就是道德风险。可以说，只要市场经济存在，道德风险就不可避免。

道德风险是代理人签订合约后采用的隐藏行为，由于代理人和委托人信息不对称，给委托人带来损失。保险市场上的道德风险是指投保人在投保后，降低对所投保标的的预防措施，从而使损失发生的概率上升，给保险公司带来损失的同时降低了保险市场的效率。

基于理性人假设，个人努力追求自己的效用最大化，由于任何预防性措施的采取都有代价，同时保险公司承担了保险的全部风险，所以理性的投保人不会在预防措施上投资，这样增加了风险发生的可能，给保险公司带来了损失。更为极端的是个人会促使损失的发生，从而获得保险公司的理赔。保险公司预计到投保人投保后的这种行为，就会要求投保人交纳更多的保险金，这样降低了保险市场的效率。投保人相对于采取预防措施的收益也会降低。此外，保险公司为了激励投保人采取预防措施，可以采用设置免赔额，并且要求投保者以承担一定比例的损失的方式保护自己的利益。

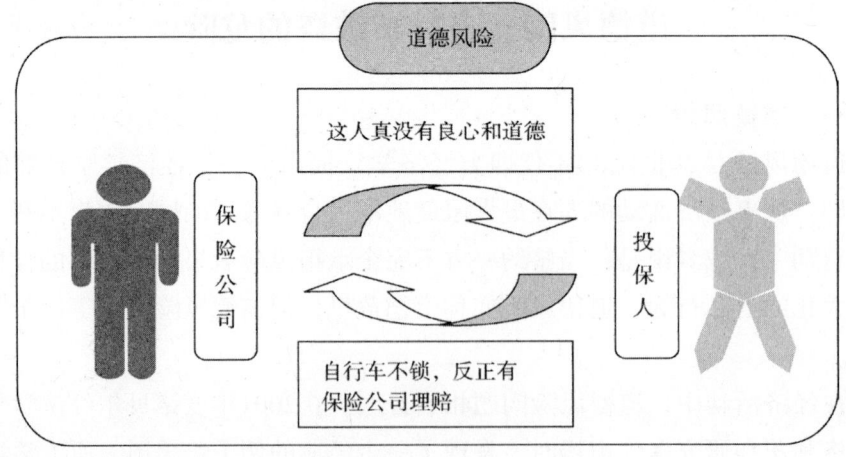

二、道德风险的特点

1.风险的潜在性

很多逃避银行债务的企业，明知还不起也要借。这种高负债造成了企业的低效益，潜在的风险也就与日俱增。

2.风险的长期性

观念的转变是一个长期的、潜移默化的过程，尤其在当前我国从计划经济向市场经济转变的这一过程，将是长久的"阵痛"。切实培养银行与企业之间的"契约"规则，建立有效的信用体系，需要几代人为之付出努力。

3.风险的破坏性

思想道德败坏了，事态就会越变越糟。不良资产形成以后，如果企业本着合作的态度，双方的损失将会减少到最低限度；但许多企业在此情况下，往往会选择不闻不问、能躲则躲的方式，使银行耗费大量的人力、物力、财力，也不能弥补所受的损失。

4.控制的艰难性

当前银行的不良资产处理措施，都具有滞后性，这与银行不良资产的界定有关，同时还与银行信贷风险预测机制、转移机制、控制机制没有完全统一有关。不良资产出现后再采取种种补救措施，结果往往于事无补。

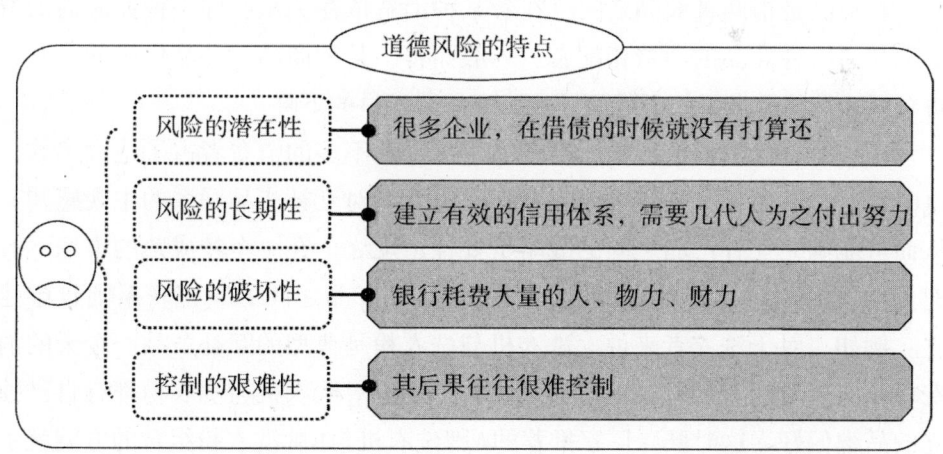

三、道德风险的商业后果

1.不良贷款

一般而言，借款人若拖延还本付息达3个月之久，贷款即会被视为不良贷款。银行在确定不良贷款已无法收回时，应从利润中予以注销。预期贷款无法收回但尚未确定时，则应在账面上提列坏账损失准备。

2.法律风险

企业法律风险是指在法律实施过程中，由于企业外部的法律环境发生变化，或由于企业自身在内的各种问题未按照法律规定或合同约定行使权利、履行义务，而对企业造成负面法律后果的可能性。

3.监管风险

监管风险是指由于法律或监管规定的变化，可能影响商业银行正常运营，或削弱其竞争能力、生存能力的风险。

互补品与独立品：物品之间的替代与并存

一、互补品

互补品是指两种商品之间存在着某种消费依存关系，即一种商品的消费必须与另一种商品的消费相配套。一般而言，某种商品互补品价格的上升，将会因互补品需求量的下降而导致该商品需求量的下降。

在一个不成熟的市场中，对产品信息了解不多的消费者占了绝大多数，这时，企业易通过广告宣传等方式强化消费者对互补产品联系的主观感知，从而可能确立互补产品之间的战略重要性；反之，在一个较成熟的市场，有充分的产品信息的消费者占绝大多数，互补产品之间的紧密联系则较难建立。例如，对于洗衣者来说，洗衣机与洗衣粉是典型的互补产品。今天的消费者倾向于对两者的购买进行独立决策，他们对洗衣机与洗衣粉都有自己独立的品牌偏好。这时候，厂家推荐的A牌洗衣机与B牌洗衣粉组合的方案就不一定能奏效了。

二、独立品

独立品是指一种产品的销售状况不受其他产品销售变化的影响。

假设存在两种产品A和B，那么，A是独立品的情形会有两种：一是A和B完全独立，不存在任何销售方面的相关性，日光灯与空调机之间的关系就属此类；二是尽管A和B从功能上讲是独立的，但是，产品A的销售增长可能会引起产品B的销售增长，而产品B的销售变化绝不会作用于产品A的销售状况。换句话说，A对B的影响关系是单向的，B则不会影响A，那么A相对B而言仍是独立品。应该注意，这里的A和B产品之间并不存在任何因果关系。

20世纪60年代初，柯达公司意欲开辟胶卷市场，他们并不急于动手，因为他们深知要使新开发的胶卷能在市场销售上立竿见影，并非易事。于是他们采用发展互补品的办法，在1963年开发大众化相机，并宣布其他厂家可以仿制，一时出现了自动相机热。相机的暴增，给胶卷带来广阔的市场，胶卷成为独立品，柯达公司乘机迅速推出胶卷，一时销路遍及全球，柯达实现了创造胶卷市场的目标。

三、配套效应

18世纪法国有位哲学家叫丹·狄德罗。有一天，朋友送给他一件质地优良、图案高雅的酒红色睡袍，狄德罗非常喜欢。可他穿上华贵的睡袍在家中寻找感觉，总感到家具的风格不协调，地毯的针线也粗得吓人……于是，为了和睡袍配套，他把旧东西全部更新。书房终于跟上了睡袍的档次，可他仍感到很不舒服，因为"自己居然被一件睡袍胁迫了"。后来，他把这种感觉写成一篇文章，题目为"与旧睡袍离别之后的烦恼"。200年后，美国哈佛大学经济学家朱丽叶·施罗尔在《过度消费的美国人》一书中，把这种现象称做"狄德罗效应"，也称为"配套效应"。

在人们的观念中，高雅的睡袍是富贵的象征，应该与高档的家具、华贵的地毯、豪华的住宅相配套，否则，会使主人感到"很不舒服"，这种"配套效应"在事物的联系中为整个事物的发展提供了动因，从而促进了周围事物的变化、发展和更新。在现实生活中有普遍的指导意义。

四、互补产品的运作方式

1.捆绑式经营

以单一价格将一组不同类型但是互补的产品捆绑在一起出售，仅仅同时出售这一组产品。例如，IBM公司在过去的许多年中，曾将计算机硬件、软件和服务支持捆在一起经营；微软公司将Office系列、IE探索器挂在Windows操作系统上时，采取的就是一种典型的捆绑式经营。捆绑式经营广泛地存在于商业活动中，不过人们并不总能辨识出来。例如，仅仅作为交通工具的汽车与车类的音像设备构成互补产品关系，但消费者往往将它们作为一个整体来看待。

2.交叉补贴

通过有意识地以优惠甚至亏本的价格出售一种产品，而达到促进销售互补产品获取更多的赢利，以求获得最大限度的利润。在"剃须刀与剃须刀片"的这种涉及互补产品的战略中就用到这样的策略。将剃须刀以成本价或接近成本价的价格出售，目的是促使顾客在将来购买更多的、利润更高的替换刀片。

3.提供套餐消费

从客户的实际需要着手，通过降低客户成本，如时间、金钱、精力等，增加客户从消费中获得的价值，将一组互补性的产品组合起来，为顾客提供产品"套餐"，从而达到吸引顾客、增加利润的目的。

4.系统绑定

实施系统绑定战略的重点在于，如何联合互补产品厂商一道锁定客户，并把竞争对手挡在门外，最终达到控制行业标准的最高境界。微软是最典型的例子。80%~90%的PC软件商都是基于微软的操作系统（比如Windows系列）。作为一个客户，如果你想使用大部分的应用软件，你就得购买微软的产品。

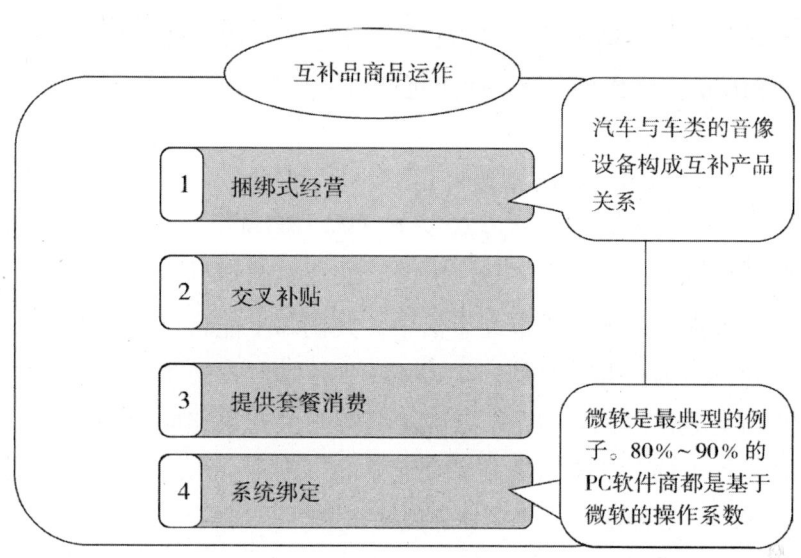

吉芬商品：不遵守供求规律的例外商品

一、吉芬之谜

在经济学上，吉芬商品通常指的是价高质差的产品，也就是一种低档产品。这种产品早在19世纪就出现了，英国统计学家罗伯特·吉芬最早发现。

1845年，爱尔兰发生天灾，让人感到奇怪的是，土豆（在当时，土豆是当地爱尔兰穷人的主要食物）的价格上升，土豆的需求量并没有因此下降，反而增加了。很显然，这类现象明显有悖于经济学中的需求理论。根据需求法则，消费者对商品或劳务的购买数量一般随着价格的上升（下降），市场需求量将减少（增加）。吉芬商品所表现出来的特性显然有悖于一般商品的正常情形。

后来，学者们终于解开了这个难题后的秘密。他们发现，对于当地人来说，土豆是日常生活中最基本的食物。在灾荒的年代，为了生存，人们用于购买土豆的消费支出越来越大，当土豆价格的上涨导致贫困家庭实际收入水平大幅度下降时，大多数的贫困家庭都怕将来土豆继续上涨，于是不得不大量地增加对土豆的购买。所以，它的需求量不但没有随着价格的上涨而下降，却向相反的方向发展，价格也远远超过了平常。

二、既定条件下的合理现象

有经济学家这样形容吉芬商品："它是'唯一'不遵守需求法则的特殊商品。"就像提到的大饼、土豆，以及"非典"时期畅销的板蓝根和一些消费品都是"叛逆"的典型。但在生活中，我们却不能将吉芬商品与某一种商品绑在一起，因为吉芬商品的产生需要一种极端的社会条件，如在贫困、封闭的年代与地域，居民消费量非常大的劣等产品有可能成为吉芬商品。亦如张五常教授指出的：如果市场是完全竞争的，则不会出现吉芬商品。这种现象也只有在既定的条件下，才会是合理的现象。

美国人罗伯特·西奥迪尼写的《影响力》一书中有这样一个故事。

在美国亚利桑那州的一处旅游胜地，新开了一家售卖印第安饰品的珠宝店。由于正值旅游旺季，珠宝店里总是顾客盈门，各种价格高昂的银饰、宝石首饰都卖得很好。唯独一批光泽莹润、价格低廉的绿松石总是无人问津。为了尽快脱手，老板试了很多方法，例如把绿松石摆在最显眼的地方、让店员进行强力推销等。

然而，这一切都徒劳无功。在一次到外地进货之前，不胜其烦的老板决定亏本处理掉这批绿松石。在出行前她给店员留下一张纸条："所有绿松石珠宝，价格乘50%。"等她进货归来，那批绿松石全部售罄。店员兴奋地告诉她，自从提价以后，那批绿松石成了店里的招牌货。"提价？"老板瞪大了眼睛。原来，粗心的店员把纸条中的"乘50%"看成了"乘2"。

经济学家认为，吉芬现象是市场经济中的一种反常现象，是需求规律中的例外，但也是一种客观存在的现象，是人们无法回避的。需求定律的定义是"在其他条件不变时，需求价格与需求量呈反向变动关系"。这里需要指出它的前提，即"其他条件不变"。这个不变其实涵盖了关于需求的许多概念，如"需求弹性"和"供给弹性"。如果天降大雨，地铁口的雨伞尽管价格较平时上涨，但销量还在上升，我们分析关键原因不是价格上涨，而是由于天空突降大雨，即"需求定律"的"其他条件"已经发生变化了。这时"需求弹性"急剧降低，对价格已经不再敏感。在这种情况下，只要价格还不是高得离谱，人们就会购买。试想如果雨并不是很大，人们可以赶到商店再去购买的话，小贩们的高价雨伞自然就无人问津了。这一道理对于爱尔兰的饥民同样适用。土豆价格上涨而需求量反而上升，是因为人们收入所限只能去选择土豆。同时，在饥荒的压迫下，他们预期价格还会再涨，于是就去抢购。从这一点上说，"吉芬现象"并不等于推翻了需求定律。

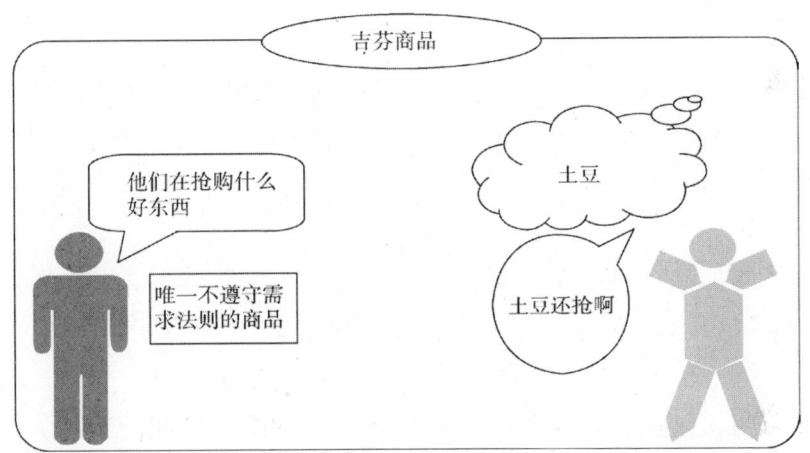

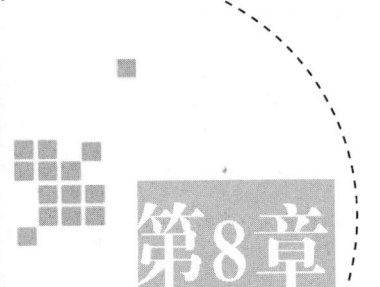

第8章 绝不做亏钱的买卖
——生产与成本

利润最大化：逐利，生产者并非天生勤奋

一、利润是企业家创业的原动力

生产者也称厂商，指能够作出统一的生产决策的单个经济单位。包括个人、合伙和公司性质的经营组织形式。厂商被假定为是合乎理性的经济人，提供产品的目的在于追求最大的利润。

一个有机会开创自己事业的人，他也可以继续为别人工作，领取固定的工资。那么是什么激励他凭借自己的艰苦努力去开创一番事业，并且需要承担企业破产的风险呢？这个激励就是：如果企业经营良好，他就能够获取利润。如果没有潜在利润的刺激，就没有人愿意冒险放弃一份稳定的工作去自立门户。

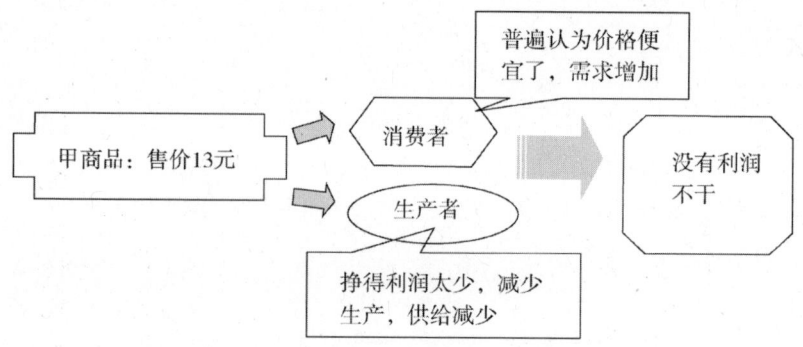

二、为了利润最大化，生产者会不断扩大生产

厂商从事生产或出售商品不仅要求获取利润，而且要求获取最大利润，厂商利润最大化的原则就是产量的边际收益等于边际成本的原则。

边际收益是最后增加一单位销售量所增加的收益，边际成本是最后增加一单位产量所增加的成本。如果最后增加一单位产量的边际收益大于边际成本，就意味着增加产量可以增加总利润，于是厂商会继续增加产量，以实现最大利润的目标。

实际上，经济学家们早已经给出了这一标准，即"边际收益等于边际成本"。边际收益是每多卖出一单位产品所增加的收入，边际成本是每生产一单位产品所增加的工人工资、原材料和燃料等变动成本。需要指出的是，边际成本往往随着企业的生产发生变化。厂商在生产过程中会时刻监督自己的经营状况，如果从某一刻起，再增加一单位产量时，该单位产量的边际收益大于边际成本，就说明增加产量可以增加总利润，于是厂商会继续增加产量；反之，如果增加的这一单位产量的边际收益小于边际成本，就说明增加产量将发生亏损，这时会减少产量。这样，只有在边际收益等于边际成本时，厂商的总利润才能达到极大值。在经济学里，通常用高等数学中的微积分对此加以分析。边际收益用MR表示，边际成本用MC表示，所以，当你看到"MR=MC"这一条件成立时，便说明企业实现了自己梦寐以求的目标，即利润最大化。我们举例加以说明。

假设有一家皮鞋厂，在一个销售期结束后进行盘点。它的总收益便是卖出皮鞋后的全部收入，它的平均收益便是每卖出一双皮鞋所增加的收入，规范地说，就是"出卖每单位产品所得到的收入"。大家不难看出，平均收益其实就是每双皮鞋的价格。假设该鞋厂生产一单位产品，也就是生产一双皮鞋增加的收益为20元（边际收益），而每多生产一双皮鞋的边际成本为15元，那么，企业一定要增加生产以实现利润最大化，把能赚的钱尽量都赚到。但是，如果一双皮鞋的边际收益为20元，而边际成本却变为25元时，鞋厂每生产一单位产品就会赔5元，那么，企业就一定要减少生产，因为它正在"贴钱卖货"。只有当边际收益与边际成本相等（都为20元）时，企业既不会增加产量，也不会减少产量，这时就说明企业实现了利润最大化。

三、一个行业利润率越高，涌入的生产者越多

利润率是一个相对指标，一般是利润总额与同期指数进行比较。

通常来讲，利润率增长幅度越大，效益越好。一个行业的利润率越大，就会吸引越来越多的生产者。截至2006年年底，我国已有300多家上市公司涉足房地产开发领域，有的甚至将主业转型为房地产。雅戈尔公司2006年实现主营业务收入59.76亿元，其中，房地产收入为19.27亿元，远远超出西装和衬

衫业务净利润的总和。红豆集团预计2007年净利润同比增长150%~200%，增长的主要原因是房地产项目竣工交付面积比上年同期有较大增长。

四、企业利润越好，越需要生产者勤奋地工作

利润与销售过程和管理过程关系紧密，企业要获得最大的利润，管理者就必须勤奋工作，加强管理，提高利润率。

企业作为市场中的微观主体，是以盈利为目的的，所以，在研究企业问题时，考虑最多的就是成本问题。在现实当中，许多企业家并不清楚什么是"MR"和"MC"，并没有刻意追求边际收益和边际成本的相等，也照样赚了不少钱。在市场之中，有一些成功的企业家确实如此。但是，规律就是规律，它的特点就是不管人们是否清楚，它总是在起着作用。那些实现了利润最大化的企业，有意也好，无意也罢，必然都遵循了这一规律。反过来，如果企业在生产中能够主动、自觉地按"利润最大化"规律办事，分析企业生产的边际成本和边际效益，就可以有效避免盲目、走弯路所造成的浪费。

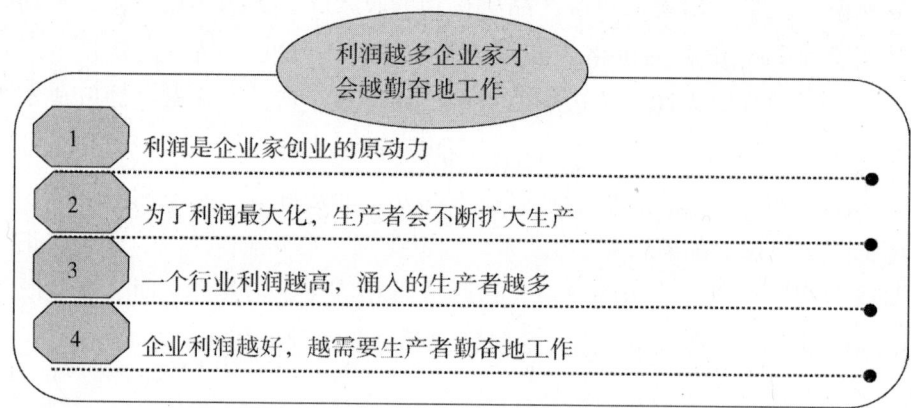

利润越多企业家才会越勤奋地工作

1. 利润是企业家创业的原动力
2. 为了利润最大化，生产者会不断扩大生产
3. 一个行业利润越高，涌入的生产者越多
4. 企业利润越好，越需要生产者勤奋地工作

边际分析法：经营之神的经营之道

一、边际分析法

日常生活中，人们常常会碰到需进行边际分析的问题。例如，你是一家

小百货店的经理，是什么使你决定要营业24小时，而不是早8点到晚9点营业呢？你可能会这样考虑：24小时营业当然要额外（边际）花费一些成本（如水电费、营业员的工资等），但是也会有一定的额外收益（就是多开11小时门的营业收入），只要额外收的钱比额外成本高便可以干。

在经济学上，这"额外"的部分便称为"边际"，而把由某项业务活动引起的边际收入去和它的边际成本（而不是全部成本）相比较的方法，就叫边际分析法。

二、边际分析法的作用

一种产品当产量增加到一定程度时，再继续增加生产就需要增加固定成本。在产量达到设计最大生产能力之前，边际成本变化趋势就从下降转而变成上升了。

边际成本作用就是研究成本变化规律，配合边际收入，计算边际利润。

当边际利润>0时，方案可行。

当边际利润<0时，方案不可行。

在根据边际分析法作出决策时就是要对比边际成本与边际收益。如果边际收益大于边际成本，比如增加一名乘客所增加的收入大于所增加的成本，让这名乘客上车就是合适的，这是理性决策。如果边际收益小于边际成本，让这名乘客上车就要亏损，是非理性决策。

任何增加一个单位产量的收入都不能低于边际成本，否则必然会出现亏损；只要增加一个单位产量的收入能高于边际成本，即使低于总的平均单位成本，也会增加利润或减少亏损。因此计算边际成本对制定产品决策具有重要的作用。微观经济学理论认为，当产量增至边际成本等于边际收入时，能为企业获得最大利润的产量。

王永庆被誉为台湾的"经营之神"，其经营之道备受推崇。20世纪50年代初，王永庆表示要投资塑胶业。当地一个有名的化学家，公然嘲笑王永庆根本不知道塑胶为何物，开办塑胶厂肯定要倾家荡产！其实，王永庆作出这个大胆的决定并不是心血来潮，铤而走险。他认为，烧碱生产地遍布台湾，每年有70%的氯气可以回收利用来制造PVC塑胶粉粒。这是发展塑胶工业可以降低成本的一个大好条件。

1954年，王永庆创办了台湾岛上第一家塑胶公司。3年后建成投产，立刻就遇到了销售问题。首批产品100吨，在台湾只销出了20吨，明显地供大于求。按照生意场上的常规，供过于求时就应该减少生产。可王永庆却反其道而行之，下令扩大生产！

这一来，连他当初争取到的合伙人，也不敢再跟着他冒险了，纷纷要求退出。王永庆决定背水一战，变卖了自己的全部财产，买下了公司的全部产权。王永庆有自己的想法，他相信自己产品销不出去，并不是真的供过于求，而是因为价格太高——要想降低价格，就只有提高产量以降低成本。

第二年，他又投资成立了自己的塑胶产品加工厂——南亚塑胶工厂，直接将一部分塑胶原料加工成成品，供应市场。事情的发展，证明了王永庆的想法是正确的。随着产品价格的降低，销路自然打开了。台塑公司和南亚公司双双大获其利！从那以后，王永庆塑胶粉的产量持续上升，他的公司成了世界上最大的PVC塑胶粉粒生产企业。

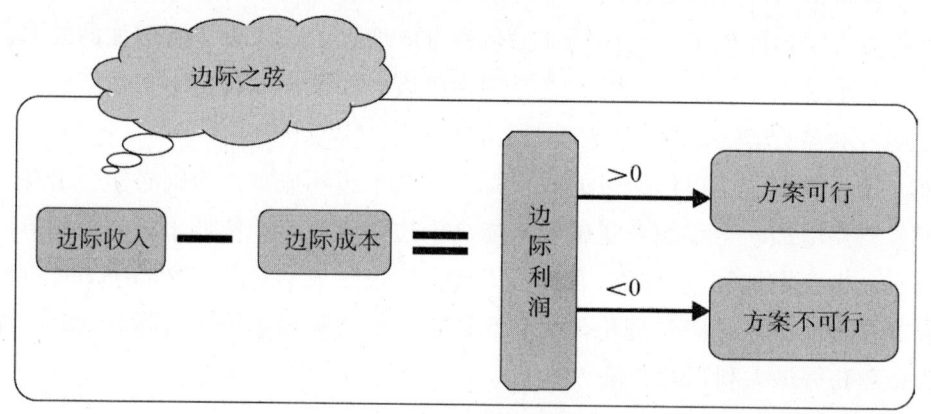

当然，台塑的成功还有其他方面的努力，如内部管理、与政府的良好关系等，但最关键的是台塑通过将自己的产量扩大，从而达到边际成本最低，这是台塑成功的法宝。

160

规模经济：企业的规模并不是越大越好

淝水之战是我国历史上的一次著名战役。

公元383年8月，前秦皇帝苻坚亲率步兵60万人、骑兵27万人、羽林郎（禁卫军）3万人，共90万人的大军从长安南下。近百万行军队伍"前后千里，旗鼓相望。东西万里，水陆齐进"。苻坚骄狂地宣称："以吾之众旅，投鞭于江，足断其流。"这就是成语"投鞭断流"的来历。

东晋在强敌压境，面临生死存亡的危急关头，以丞相谢安为首的主战派决意奋起抵御。经谢安举荐，东晋皇帝任命谢安之弟谢石为征讨大都督，谢安之侄谢玄为先锋，率领经过7年训练、有较强战斗力的北府兵8万人沿淮河西上，迎击秦军主力。

双方在淝水展开战斗。结果，前秦军被歼和逃散的共有70多万人。唯有鲜卑慕容垂部的3万人马完整无损。苻坚统一南北的希望彻底破灭，不仅如此，北方暂时统一的局面也随之解体，再次分裂成更多的地方民族政权。苻坚本人也在两年后被姚苌俘杀，前秦随之灭亡。

前秦的军队规模不可谓不大，但最终打了败仗。看来，"阵容庞大"不一定能产生必然的正面效果。在经济学中，厂商的生产规模越大，不一定能让生产成本降下来。因此，我们有必要了解一下规模经济的概念。

一、规模经济

1.定义

规模经济又称规模利益，是指随生产能力的扩大，使单位成本下降的趋势，即长期费用曲线呈下降趋势。

若厂商的产量扩大1倍，而厂商增加的成本低于1倍，则称厂商的生产存在规模经济，仅生产1辆汽车的成本是极其巨大的，而生产第101辆汽车的成本就低得多，而生产第10 000辆汽车的成本就更低了，这是因为规模经济。

一般来说，随着产量的增加，厂商的生产规模逐渐扩大，最终厂商扩大规模使得生产处于规模经济阶段。

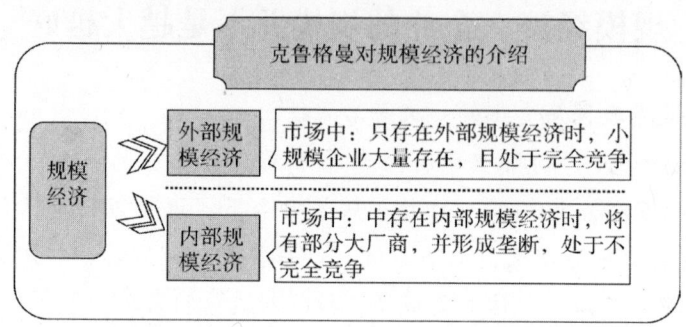

2.规模经济的原因

（1）随着生产规模的扩大，厂商可以使用更加先进的生产技术。在实际生活中，机器、设备往往是有不可分割性，有些设备只有在较大的生产规模下才能得到使用。

（2）规模扩大有利于专业分工。

（3）随着规模扩大，厂商可以更为充分地开发和利用各种生产要素，包括一些副产品。

（4）随着规模扩大，厂商生产要素的购买和产品的销售方面就拥有更多的优势，随着厂商产量的增加，这些优势逐渐凸显出来。

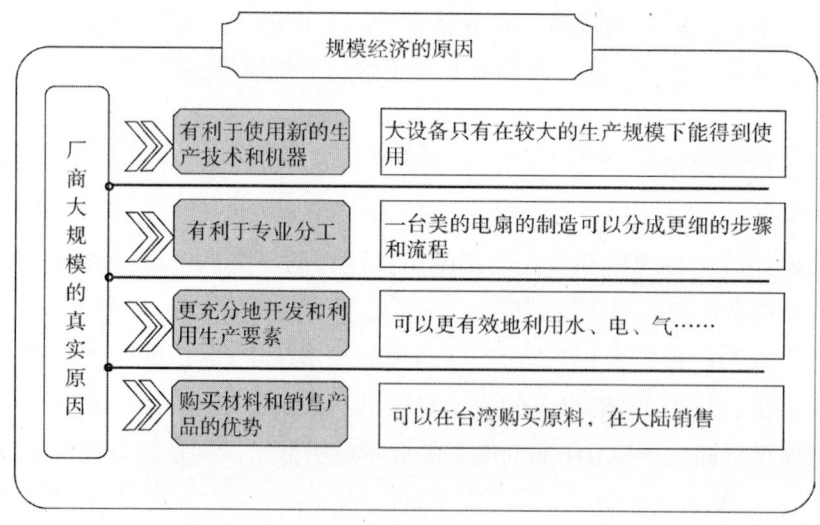

二、总产量、平均产量与边际产量

1.定义

（1）总产量是指在其他条件不变的情况下，某种可变生产要素的投入能够得到的最大产量。

（2）平均产量是指总产量或总产出除以一种投入品的数量所得的值。例如，劳动的平均产量定义为总产量除以劳动的投入量。其他投入品的平均产量以此类推。

（3）边际产量是指在其他生产要素投入不变的情况下，增加一个单位一种生产要素投入所带来的总产量的增加量。又称为边际产品或边际产出。

2.总产量、平均产量和边际产量之间的关系

（1）在其他生产要素不变的情况下，随着一种生产要素的增加，总产量曲线、平均产量曲线和边际产量曲线都是先上升而后下降的。这反映了边际产量递减规律，如图8-1所示。

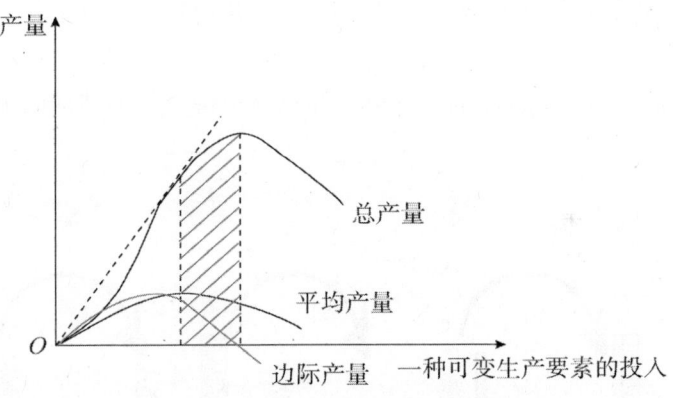

图8-1　总产量、平均产量与边际产量

（2）边际产量曲线与平均产量曲线相交于平均产量曲线的最高点。在相交前，平均产量是递增的，边际产量大于平均产量；在相交后，平均产量是递减的，边际产量小于平均产量；在相交时，平均产量达到最大，边际产量等于平均产量。

（3）当边际产量为零时，总产量达到最大，当边际产量为负数时，总产量就会相对减少。

三、企业盈亏是否取决于规模

安德鲁·卡内基在缔造他的钢铁帝国——卡内基钢铁公司时，领悟道："价格的低廉和生产的规模是成正比的，因此，生产规模越大，成本就越低……降低成本、抢占市场、开足马力，只要控制好成本，利润自然就来了。"

所谓规模，一是指生产的批量规模；二是指企业的规模。很多企业，成本降不下来，效率上不去，一个重要的原因就在于没有实现适度规模。实现适度规模的原则适用于所有行业，不过各个行业实现的方式并不一样。像钢铁、家电、汽车这些行业，生产之间的联系强，因此适于集中生产，即工厂的规模要大，而且集中在同一地区，才能发挥规模经济的优势。另外一些行业如零售商业，采取了集中与分散相结合的方式。集中进货，统一的物流配送，统一的管理制度，保证了成本最低。当企业的运营成本降下来时，消费者才能购买到更便宜的商品。规模能产出比分散生产经营更高的效益。这种效益主要来源于企业规模扩大后，管理人员和工程技术人员的专业化，企业设备和资源的利用率提高，并且使企业更具有挑战性。

规模经济并不是意味着厂商的规模越大越好，对于特定的生产技术，当厂商的规模扩大到一定程度后，边际产量就会下降，从而造成收益下降。

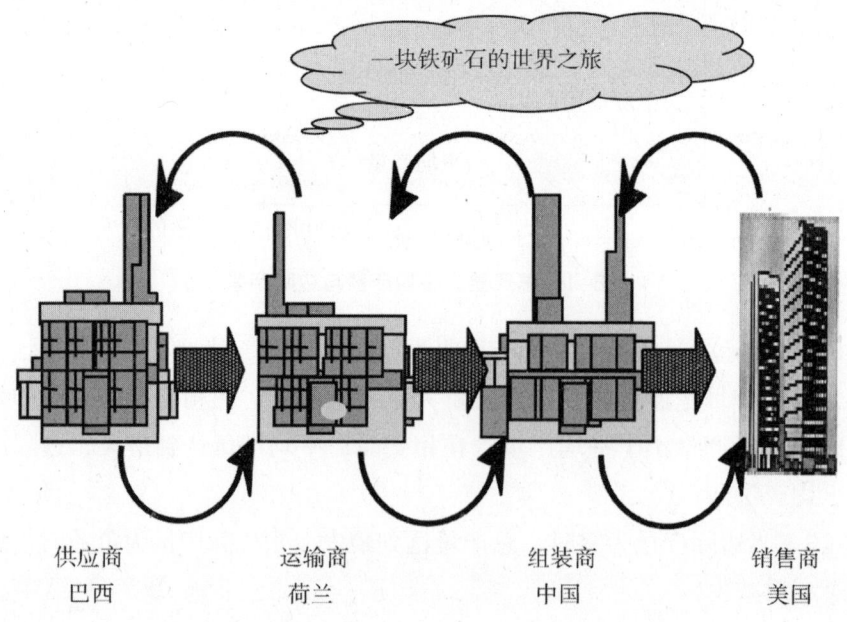

一块铁矿石的世界之旅

供应商　　　运输商　　　组装商　　　销售商
巴西　　　　荷兰　　　　中国　　　　美国

范围经济：巧妙搭配，不让资源闲置

一、范围经济的含义

提起范围经济，很多人以为就是规模经济，其实这是不正确的。范围经济是指由厂商的范围而非规模带来的经济，即同时生产两种产品的费用低于分别生产每种产品时，所存在的状况。只要把两种或更多的产品合并在一起生产比分开来生产的成本要低，就会存在范围经济。范围经济一般指企业通过扩大经营范围，增加产品种类，生产两种或两种以上的产品而引起的单位成本的降低。与规模经济不同，它通常是企业或生产单位从生产或提供某种系列产品（与大量生产同一产品不同）的单位成本中获得节省。而这种节约来自分销、研究与开发和服务中心（像财会、公关）等部门。范围经济一般成为企业采取多样化经营战略的理论依据。范围经济是研究经济组织的生产或经营范围与经济效益关系的一个基本范畴。以下面的火力发电厂为例。

一个火力发电厂在其附近建一砖厂，而生产砖的原材料就是发电过程中产生的煤渣。煤渣对于发电厂完全是废物，原来发电厂还要花专门的资金清理它们，而现在砖厂不仅可以帮助清理掉煤渣，还可以把它们转变为有用的产品，拿到市场上卖钱。发电厂不仅节省了清理煤渣的费用，还通过砖的销售获得额外的收入。总收入的增加使得它相对于同行具有成本优势，即使电的销售价格低于竞争对手，它仍能得到高于对手的利润。

范围经济也并非一定要在一个企业的范围内存在，企业与企业间同样可以形成范围经济。

在上面的例子中，如果砖厂不是发电厂所建，而是由另一个企业所建，就形成了企业间的范围经济。在这样的情况下，发电厂可能把煤渣以很低的价格卖给砖厂，它仍然可以节省清理费用，还能获得销售煤渣的收入。但是我们从砖厂看，因为它的原材料是别的厂商的废料，肯定是成本极低。所以相对于其他的砖厂，它就享受到成本节约的好处，成本的降低使得它可以降低价格获得竞争优势。

二、范围经济的优势

概括来讲，范围经济主要有以下一些优势。

1.成本优势

范围经济可以因扩大生产规模而降低生产成本，主要表现为分摊固定成本、降低变动成本。分摊固定成本主要表现为分摊固定资产的折旧费用，从而降低单位产品的固定成本；降低变动成本主要表现在降低采购成本、提高资源利用率等方面。

2.产品差异化优势

范围经济可以通过产品的多样化取得差异化优势，包括产品的质量、功能、外观、品种、规格及提供的服务等，这种多样性能使消费者认同该产品并区别于其他企业提供的类似产品。

3.营销优势

范围经济所带来的成本优势及产品差异化优势可为企业带来营销优势。市场营销的关键在于正确定位目标市场的需要和欲望，比竞争者更有效地满足目标市场的需求。市场营销强调满足消费者的需要和欲望，从营销理论来说，就是从产品、价格、地点、促销、公共舆论、政治或权力等方面体现企业的竞争能力。而范围经济形成的成本优势和差异化优势，体现了企业在产品、品质和价格方面的竞争能力。同时又能在内部建立的营销平台上，利用原有的渠道销售多种产品，还能更好地利用企业已经形成的品牌优势，为新产品开拓市场，使消费者更容易接受，同时也对跟进者形成巨大的进入障碍。

4.技术创新优势

范围经济有利于技术的引进与革新。首先，对范围经济的理解和受益，使企业管理层对新产品、新工艺的开发更加重视；其次，范围经济利益的驱动可以导致科技创新的良性循环，持续的创新活动将使企业在应用新材料、采用新工艺、培养创新团队、加强市场调研等方面获得突破，最终将形成企业强大的核心竞争优势。

5.抵御风险的优势

范围经济在成本、差异化、市场营销和技术创新等方面获得竞争优势，实际上是增加了企业抵御风险的能力。同时，范围经济还强化了企业的"新陈代谢"和互补性。

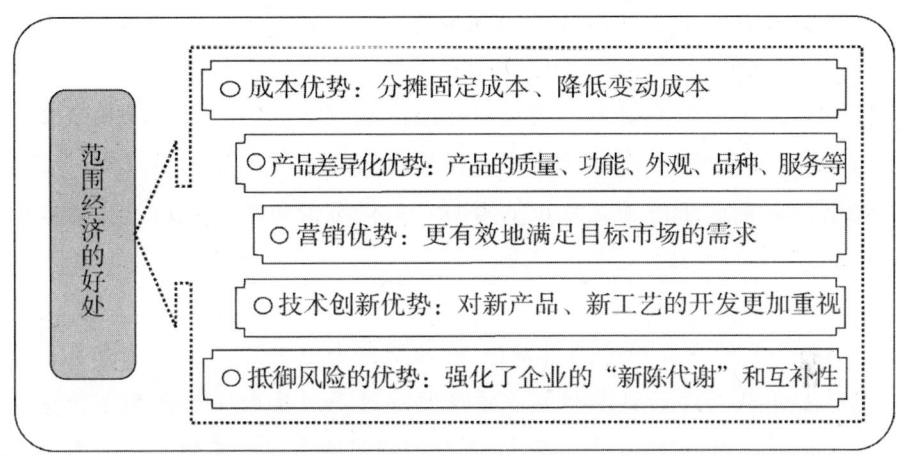

范围经济的好处
- ○ 成本优势：分摊固定成本、降低变动成本
- ○ 产品差异化优势：产品的质量、功能、外观、品种、服务等
- ○ 营销优势：更有效地满足目标市场的需求
- ○ 技术创新优势：对新产品、新工艺的开发更加重视
- ○ 抵御风险的优势：强化了企业的"新陈代谢"和互补性

沉没成本：不可挽回的损失不计较

一、沉没成本

斯蒂格利茨教授曾说："普通人（非经济学家）常常不计算'机会成本'，而经济学家则往往忽略'沉没成本'。"

沉没成本是指已经付出且不可收回的成本。举例来说，当你受诱惑花30元买了张《英雄》的电影票，已经付了票款且假设不能退票。此时你付的30元钱已经不能收回，就算你不看电影钱也收不回来，电影票的钱就是你的沉没成本。

企业的机器、厂房也会随着时间的推移而逐渐丧失其价值，无形之中就会贬值。这源自两方面的原因：一是机器和厂房都有一定的使用年限，超过了这个时间就得报废；二是新的技术和生产手段会大量涌现，机器和厂房会在无形中贬值。

二、如何避免沉没成本

不管怎样，在实现同样战略目的的同时，尽可能减少沉没成本的支出无疑是所有企业都希望的。正如2000年前后，网络公司竞争白热化，比谁"烧钱"最快、最多，这可以说是大多数投资者所不愿意看到的。

1.尽量避免决策失误导致的沉没成本

这要求企业有一套科学的投资决策体系，要求决策者从技术、财务、市场前景和产业发展方向等方面对项目作出准确判断。当然，市场及技术发展瞬息万变，投资决策失误在所难免。在投资失误已经出现的情况下，如何避免将错就错对企业来说才是真正的考验。英特尔公司2000年12月决定取消整个Timna芯片生产线就是这样一个例子。

Timna是英特尔公司专为低端PC设计的整合型芯片。当初在上这个项目的时候，公司认为今后计算机减少成本将通过高度集成（整合型）的设计来实现。可后来，PC市场发生了很大变化，PC制造商通过其他系统成本降低方法，已经达到了目标。英特尔公司看清了这点后，果断决定让项目下线，从而避免更大的支出。

2.通过合资或双边契约减少沉没成本

很多时候，沉没成本并不是由企业自身造成的，而是由合作方或供应链的上、下游中断合作引起的。由于一项用于某一特定交易的耐用性投资往往具有专用性的特征，在这种情况下，如果交易突然终止，则所投入的资产将完全或很大部分会报废，从而产生相当一部分"沉没成本"。因此，通过合资或双边契约确保交易的连续性便显得格外重要，因为契约性或组织性的保障可以大大降低交易费用。

现代企业经营中，技术合作、策略或战略联盟已经成为一个重要的趋势，其内在原因，其实就包含了分散技术开发和市场拓展风险、减少沉没成本方面的考虑。

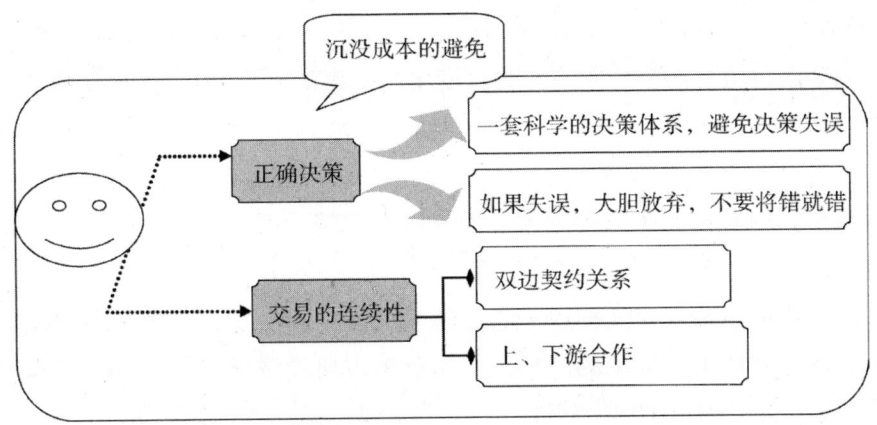

三、沉没成本的门槛效应

对一个行业或产业来说，其沉没成本的高低往往构成了进出壁垒的关键，并最终决定市场结构。贝恩咨询公司早在1956年就指出，若一个产业的固定成本或沉没成本很高，就会形成进入门槛。

那些具有明显规模经济和庞大硬件投入的资本密集型产业，如能源、通信、交通、房地产、集成电路、医药等产业，其超额回报可谓诱人，但其惊人的初始投入和高退出成本则往往使许多市场"准进入者"却步，因为这首先是一场"谁输得起"的比拼。

由于这些高沉没成本的产业往往同时具备低边际成本的特性，"输得起"的一方最终会成为市场的赢家。许多资本实力雄厚的企业正是利用沉没成本来建立自己的竞争优势。小企业通常只能选择沉没成本较低的竞争性行业求得发展。

边际产量递减：为什么员工增加了，产量却在减少

一、边际产量递减的含义

当一种投入如劳动被更多地追加于既定数量的土地、机器和其他投入要素上时，每单位劳动所能发挥作用的对象越来越有限。土地会越来越拥挤，机器会被过度地使用，从而劳动的边际产量会下降，企业增加了投

入，但收入却在递减。

一个面包坊有两个烤炉，作为可变生产要素的工人从1个增加到两个时，面包的边际产量和总产量都会增加。如果增加到3个工人，其中1个工人打杂，尽管这个工人增加的产量不如第二个工人（边际产量递减），但总产量仍增加了。如果增加第四个工人，面包坊内拥挤，工人之间发生矛盾，总产量反而减少了。

边际产量递减规律又称边际收益递减规律，最早是在18世纪由法国重农学派经济学家杜尔阁提出的。19世纪初英国古典经济学家威斯特、李嘉图、马尔萨斯等人也提出了这个规律。

二、两季稻与三季稻

一些地方曾经把传统的两季稻改为三季稻。结果总产量反而减少了。

两季稻是农民长期生产经验的总结，它行之有效，说明在传统农业技术下，土地已经得到了充分利用。改为三季稻之后，土地过度利用引起肥力下降，设备、肥料、水利资源等由两次使用改为三次使用，每次使用的数量不足。这样，三季稻时的总产量就低于两季稻了。四川省把三季稻改为两季稻之后，全省粮食产量反而增加了。江苏省邢江县1980年的试验结果表明，两季稻每亩总产量达2 014斤，而三季稻只有1 510斤。更不用说两季稻还节省了生产成本。群众总结的经验是"三三见九，不如二五一十"。这就是对边际产量递减规律的形象说明。

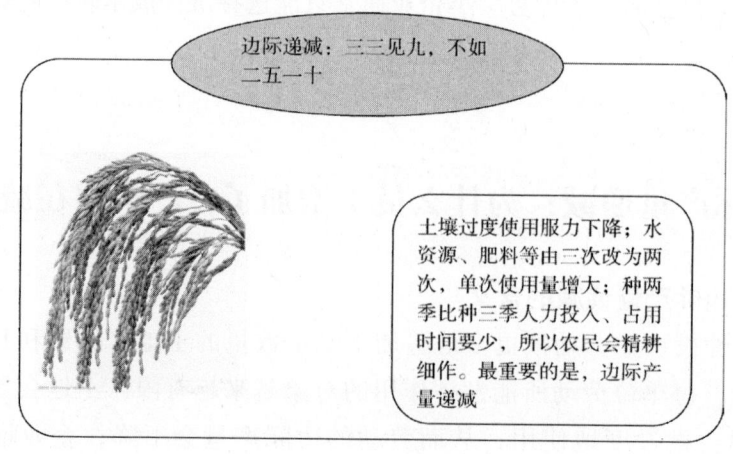

边际递减：三三见九，不如二五一十

土壤过度使用服力下降；水资源、肥料等由三次改为两次，单次使用量增大；种两季比种三季人力投入、占用时间要少，所以农民会精耕细作。最重要的是，边际产量递减

从经济学的角度看，这是因为违背了边际产量递减规律。边际产量递减规律在各部门都存在，所以要防止瞎指挥现象。

生产成本及分类：生产者要考虑哪些成本 "代价"

在市场经济条件下，产品成本是衡量生产消耗的补偿尺度，企业必须以产品销售收入抵补产品生产过程中的各项支出，才能确定盈利，因此在企业中生产成本的控制是一项极其重要的工作。

生产成本能反映企业生产经营工作的效果。企业原材料消耗水平，设备利用好坏，劳动生产率的高低，产品技术水平是否先进等，都会通过生产成本反映出来。

生产成本是指生产单位为生产产品或提供劳务而发生的各项生产费用，即企业为生产产品而发生的成本。

一、标准成本

标准成本包括生产成本中的材料、人工、费用三项。

生产成本由直接材料、直接人工和制造费用三部分组成。直接材料是指在生产过程中的劳动对象，通过加工使之成为半成品或成品，它们的使用价值随之变成了另一种使用价值；直接人工是指生产过程中所耗费的人力资源，可用工资额和福利费等计算；制造费用则是指生产过程中使用的厂房、机器、车辆及设备等设施及机物料和辅料，它们的耗用一部分是通过折旧方式计入成本；另一部分是通过维修、定额费用、机物料耗用和辅料耗用等方式计入成本。

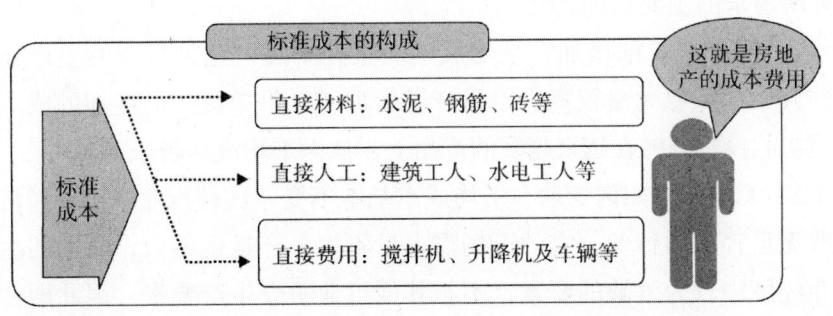

标准成本的构成

这就是房地产的成本费用

标准成本

- 直接材料：水泥、钢筋、砖等
- 直接人工：建筑工人、水电工人等
- 直接费用：搅拌机、升降机及车辆等

二、不变成本和可变成本

不变成本又称固定成本，是指总成本中（短期内）不随产量变动而变动的那些项目，如固定资产折旧、车间经费、企业管理费等，这些项目在产量增大或降低时都不会随之变化，故称不变成本或固定成本，对应的要素称为不变要素。

可变成本又称变动成本，是指在总成本中随产量的变动而变动的成本项目，主要是原材料、燃料、动力等生产要素的价值，当一定期间的产量增大时，原材料、燃料、动力的消耗会按比例相应增多，所发生的成本也会按比例增大，故称为可变成本。

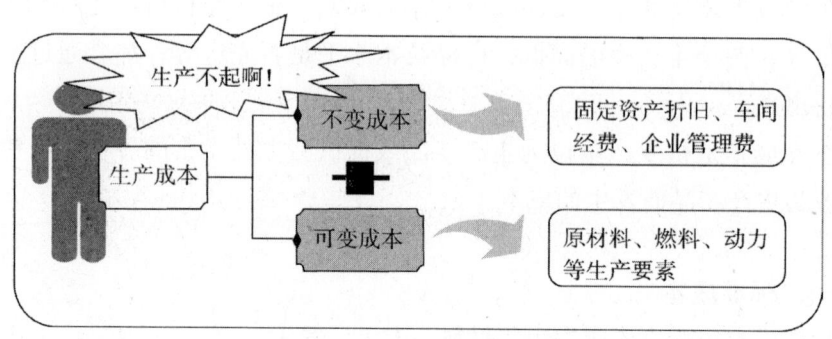

三、平均成本

平均成本是指平均每单位产品所分摊的成本。假设总成本为TC，总产量为Q，则平均成本$AC=TC/Q$。

要谋求成本的有效降低，必须分析影响成本各种因素中最本质的东西，也就是要做到"单位成本"，即平均成本的分析。降低平均成本，一直是每个企业所追求的主要目标。

（1）随着产量的增加，平均成本一直在下降。这种行业的生产技术特点是在开始时需要大量投资，以后产量增加时，每单位产品增加的成本并不多，最初的投资分摊在越来越多的产品上，从而平均成本越来越少。

（2）无论产量如何变动，平均成本基本不变。这种行业一般在经济中都是一些无足轻重的行业，它的市场需求量不大，产量也不大，所用的生产要素并非经济中较为紧缺的要素，不与其他行业争夺生产要素，因此即使产量增加，要素价格不会上升，成本也不会增加。而且初始的投资也不大，例如钢笔等小物品。

（3）随着产量的增加，平均成本先下降。当产量增加到一定数量时，平均成本达到最低。如果产量再增加，平均成本就增加了。也就是说，平均成本先随产量增加而递减，后随产量增加而增加。

成本最小化：控制成本才最具竞争力

一、成本最小化原则

在市场经济中，利润最大化与成本最小化是企业永恒的主题。一个企业要达到利润最大化，就必须对投入要素进行最优组合以使成本最小。因此，我们要想取得最大利润，就要遵循成本最小化原则。

成本，其实是会计学中的一个概念，在经济学的分析中也广泛应用。成本是指为了得到一定的预期结果所付出的代价。成本有不同的分类，包括生产成本、管理成本、交易成本等。

企业是市场中的微观主体，是以盈利为目的的，所以，成本最小化是企业在竞争中取胜的关键战略之一，成本控制是所有企业都必须面对的一个重要管理课题。

企业无论采取何种改革、激励措施都代替不了强化成本管理、降低成本这一工作，它是企业取得成功最重要的原因之一。有效的成本控制管理是每个企业都必须重视的问题，抓住它就可以带动全局。

二、如何控制成本

1.重视技术进步

企业需要的不是单纯的技术而是对经济有帮助作用的技术，从技术与经济相互影响、相互制约的关系出发，重视技术进步，对降低成本有着重要作用。一方面，技术上的新成果只有在经济上需要且有采用条件时，才能在生产中得到广泛应用；另一方面，技术的进步也推动着经济的发展，如新产品开发、质量的提高等，因而能够促进科学技术转化为生产力，同时又通过技术进步对经营管理水平提出更高的要求，从而达到经济和技术的统一。

2.将无效消耗控制到最低点

从获得产品而发生消耗的关系来看，在企业的全部消耗上，有一部分是有效消耗，它是获得社会产品（即合格品）的必要消耗；另一部分是无效消耗，是获得产品不应发生的消耗，如废品消耗、管理不善造成的浪费等。

对于获得一定产品而发生的有效消耗，在一定生产条件下是固定的，是相对不变的；对于获得一定产品而发生的无效消耗，是相对变化的，是普遍存在的。后者是控制的对象，要通过一系列措施对这一消耗进行控制，使其降到最低点。

3.严格支出管理

对于支出管理来说，由于企业可以通过再循环的方式来提高对任何成本支出的控制，分析支出以及制定出最合理的运作流程并制定采购战略则显得尤为重要。除了人员的薪水支出以及投资性支出外，我们要对所有的支出情况进行分析。这样才能找到最适合的方式、途径，包括买什么、从谁那里买、什么时候买等。比如说，是统一采购还是单品采购，或是联合采购。确定了采购方式之后，就要寻找合格的供应商，并进行商务谈判等。接下来就是合同的执行和货款的支付，最后是制定对供应商进行长期有效管理的流程和制度。

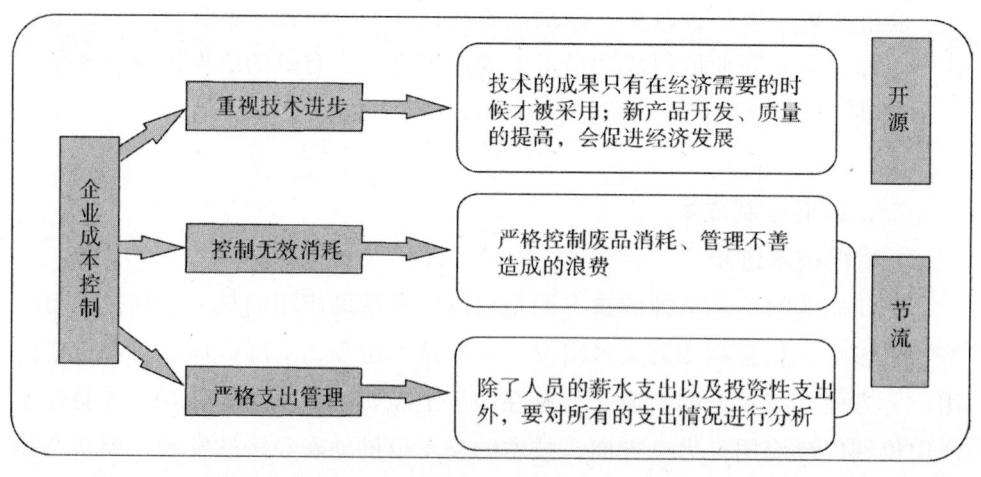

三、成本的阶段控制

企业的成本控制工作，一般是按由低到高、循序渐进的步骤展开。归纳起来可以分为两大阶段：

（1）内涵成本控制阶段。这是初步成本控制阶段，主要包括原材料、生产成本等控制，其主要目的是打好生产基础。

（2）外延成本控制阶段。随着企业外部原材料价格的大幅度上涨、企业增支减利因素不断增加，单纯靠内涵控制已不能适应经济形势发展的要求。这一阶段主要是系统控制，对销售成本、生产成本、行政成本等各个方面进行控制。

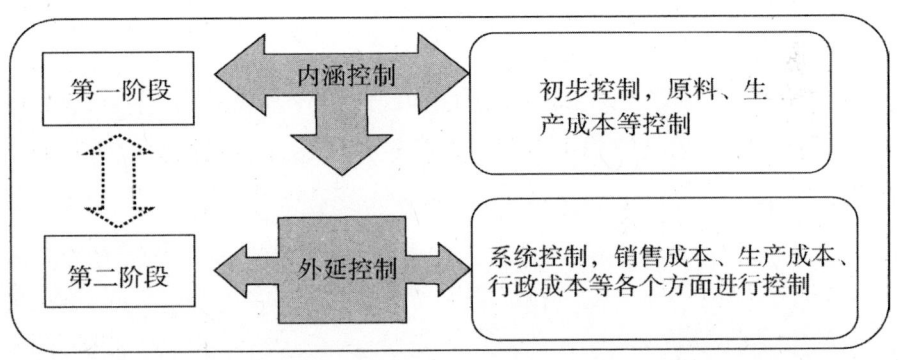

总之，随着市场竞争的日益激烈，降低产品成本、实行低成本战略成为企业获得竞争优势、提高经济效益的重要途径之一。尽量降低成本应该成为企业始终追求的目标。

第9章 经营压力下的商业交锋

——市场竞争

完全竞争：没有干扰的小麦市场

一、完全竞争的含义

完全竞争又称为自由竞争，是指一个市场完全靠一只"看不见的手"，即价格来调节供求。完全竞争具备两个不可缺少的因素：所提供销售的物品是完全相同的，不存在产品差别；买者和卖者都很多且规模相当，以至于没有一个买者或卖者可以影响市场价格。

例如，小麦市场就是一个很典型的完全竞争市场，有成千上万出售小麦的农民和千百万使用小麦和小麦产品的消费者。由于没有一个买者或卖者能影响小麦价格，所以，每个人都把价格作为既定的。

二、完全竞争的特点

（1）生产者所能提供的服务是无差别的。所有商品提供者的服务都是一样的，因而买什么样的商品对于消费者来说是没有差别的。

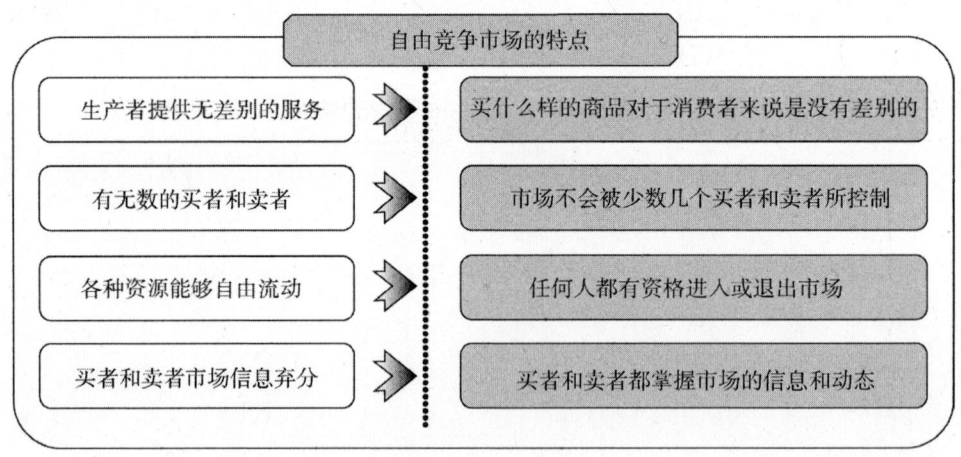

（2）在市场上有无数的买者和卖者。由于买者和卖者很多，大家都购买或出售相同的服务，并且其中任何一个买者或卖者的需求量或供给量都只占总需求或总供给的很小一部分，所以，大家无法左右市场价格，都是既定价

格的接受者，而不是价格的决定者。

（3）在这个市场上，各种资源能够自由流动。也就是说，要想加入这个市场并无任何阻力，任何人都有资格进入该市场。另外，退出这一市场原则上也不存在任何障碍。

（4）在这个市场上，买者和卖者对市场的情况有充分的了解。买者和卖者都掌握市场的信息和动态。

三、自由竞争的好处

在美国的阿拉斯加自然保护区里，人们为了保护鹿，就消灭了狼。鹿没有了天敌，生活很是悠闲，不在四处奔波，便大量繁衍，引起了一系列的生态问题，致使瘟疫在鹿群中蔓延，鹿大量死亡，竟然出现了负增长。

后来护养人员及时引进了狼，狼和鹿之间又展开了血腥的生死竞争。在狼的追赶捕食下，鹿群只得紧张地奔跑以逃命。这样一来，除了那些老弱病残者被狼捕食外，其他鹿的体质日益增强，鹿群恢复了生机。

鹿群的故事表明自由竞争是非常必要的，在人类经济生活中，自由竞争也有着重要的作用。在完全竞争的市场条件下，消费者和生产者都不会有什么不利，因为完全竞争的存在，迫使商品生产者竞相在降低成本、压低售价上做文章，可以使消费者按实际可以达到的最低价格来购买，而生产者按此价格出售也可获得正常利润。

从社会角度来看，完全竞争促使社会资源可以有效地分配到每一个部门，每一种商品的生产上，使之得到充分利用。生产效率低的企业在竞争中逐步被打败，就使得它的资金、劳力、设备等社会资源重新组合到生产效率高的企业中，这是社会的一种进步。就是因为竞争能够促进经济良性循环，刺激生产者的积极性，所以，要大力鼓励竞争，创造公平竞争的环境。

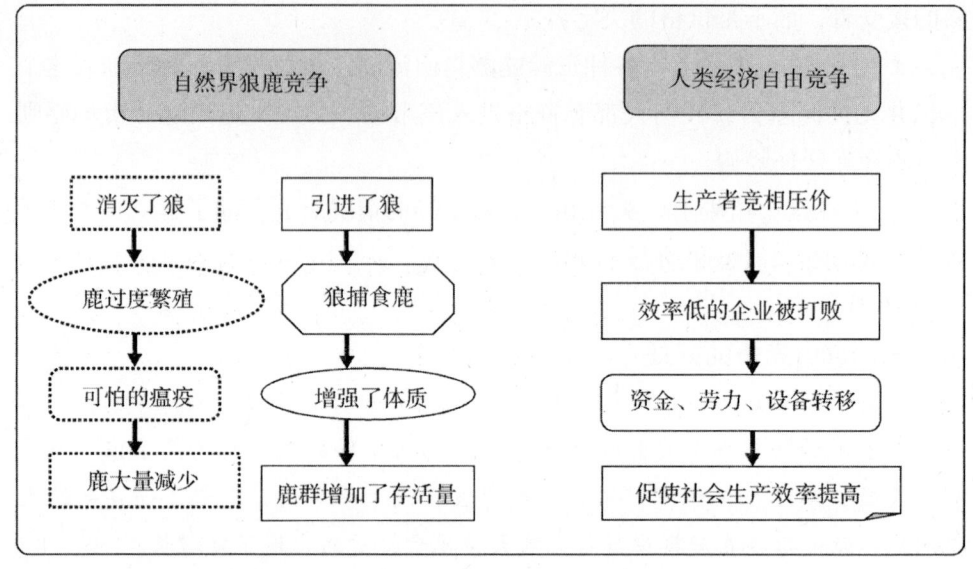

四、难以成立的完全竞争市场

我们知道，完全竞争市场在现实生活前提条件的情况下，其实很难成立。因而，完全竞争市场的效率也必须在具备了严格前提条件的情况下才会出现。而在现实经济实践中，难以全面具备完全竞争市场的所有前提条件。完全竞争市场只是西方经济学家在研究市场经济理论过程中的一种理论假设，是他们进行经济分析的一种手段和方法。最重要的是，完全竞争市场中有关完全信息的假设是不现实的。一般情况下，无论是生产者还是消费者，都只能具有不完整的信息。生产者对其在现实市场中的地位、将来发展的动向及影响市场的各种因素的信息等知识，都不可能完整地掌握。消费者，不可能全面掌握特定市场上全部产品的价格、品质等方面的情况。同时，市场信息也不可能畅通无阻且非常准确。

一般来说，在现实经济生活中，只有农业生产等极少数行业比较接近完全竞争市场。因为在农业生产中农户的数量多而且每个农户的生产规模一般都不大，同时，每个农户生产的农产品产量及其在整个农产品总产量中所占的比例都极小，因而，每个农户的生产和销售行为都无法影响农产品的市场价格，只能接受农产品的市场价格。如果有的农户要提高其农产品的出售价格，农产品的市场价格不会因此而提高，其最终结果只能是自己的产品卖不出去。如果农户要降低自己农产品的出售价格，农产品的市场价格也不会因此而下降，虽然该农户的农产品能以比市场价格更低的价格较快地销售出去。但是，不可避免地要遭受很大的经济损失。这样，农户降低其农产品价格的行为就显得毫无实际意义了。

如果多逛逛农贸市场，你很快就会发现，作为生活必备食品，几乎家家户户都要提个袋子或篮子去买鸡蛋，而且，卖鸡蛋的摊位也实在是很多。如果我们假设一下，认为鸡蛋市场上有无数的买者和卖者。每个摊点的鸡蛋都大同小异，只要不是碎的、坏的，一般没有人去较真，硬要比较不同摊位的鸡蛋有什么区别，否则，那就真成了"鸡蛋里挑骨头"了。所以，可以看作所有的鸡蛋完全同质。至于完全竞争市场的其他两个特征，我们可以看到买方和卖方都能自由选择进入还是退出（也就是鸡蛋买卖完全自由），至于鸡蛋市场的信息，并没有多少值得掌握，所以也可以看作人们全部了解相关信息。在这个鸡蛋市场里，各个摊位的价格都一样，而且是由供需决定的均衡价格。通过鸡蛋市场，我们可以更形象地理解完全竞争市场——实际上，大多数农产品市场基本上都和完全竞争市场近似。

垄断竞争：垄断企业之间的差异生存

一、垄断竞争的含义

20世纪80年代，可口可乐与百事可乐之间竞争十分激烈。可口可乐为了赢得竞争，对20万13～59岁的消费者进行调查，结果表明，55%的被调查者认为可口可乐不够甜。本来不够甜加点糖就可以了，但可口可乐公司花了两年时间耗资4 000万美元，研制出了一种新的更科学、更合理的配方。1985年5月1日，董事长戈苏塔发布消息说，可口可乐将中止使用99年历史的老配方，代之而起的是"新可口可乐"；当时记者招待会上约有200家报纸、杂志和电视台的记者，大家对新可口可乐并不看好。

24小时后，消费者的反应果然印证了记者们的猜测。很多电话打到可口可乐公司，也有很多信件寄到可口可乐公司，人们纷纷表示对这一改动的愤怒，认为它大大伤害了消费者对可口可乐的忠诚和感情。旧金山还成立了一个"全国可口可乐饮用者协会"，举行了抗议新可口可乐的活动，还有一些人倒卖老可口可乐以获利，更有人扬言要改喝茶水。

此时百事可乐火上浇油。百事可乐总裁斯蒂文在报上公开发表了一封致可口可乐的信，声称可口可乐公司正从市场上撤回产品，并改变配方，使其更像百事可乐公司的产品。这是百事可乐的胜利，为庆祝这一胜利，百事可乐公司放假一天。

面对这种形势，可口可乐公司董事长戈苏塔不得不宣布：恢复可口可乐本来面目，更名"古典可口可乐"，并在商标上特别注明"原配方"，与此同时，新配方的可口可乐继续生产。消息传开，可口可乐的股票一下子就飙升了。

这个案例说明，老的可口可乐已在部分消费者中形成了垄断地位，哪怕可口可乐公司总裁也不能动摇这种地位。与此同时，案例也说明在可口可乐、百事可乐、矿泉水以及茶水等饮料之间还是存在竞争的。这种市场就是垄断竞争市场。

垄断竞争是指这样一种市场结构，一个市场中有许多厂商生产和销售有差别的同种产品。垄断竞争在现实中是一种普遍存在的市场结构，在日用品行业中尤为常见。

垄断竞争是与自由竞争相对的概念，是指排斥、限制自由竞争的各种行为的总称。它与不正当竞争同属于竞争法的调整范围，但两者又有本质的差别：不正当竞争并不限制、排斥自由竞争，它是在承认并准许其他竞争对手参与自由竞争的前提下，采用了不正当、不合法的手段从事经营活动；而垄断的本质则是从根本上排斥、限制自由竞争的，与自由竞争不存在相容之处。

二、垄断竞争的条件

（1）生产集团中有大量的企业生产有差别的同种产品，这些产品彼此之间都是非常接近的替代品。例如，牛肉面和鸡丝面。这里的产品差别不仅指同一产品在质量、构造、外观、销售服务方面的差别，还包括商标、广告上的差别和以消费者的想象为基础的虚构的差别。例如，虽然两家饭店出售的同一菜肴（以清蒸鱼为例）在实质上没有差别，但是消费者心理上却认为一家饭店的清蒸鱼比另一家的鲜美，此时存在着虚构的差别。

（2）一个生产集团中的企业数量非常多，以至于每个厂商都认为自己的行为影响很小，不会引起竞争对手的注意和反应，因而自己也不会受到竞争对手报复措施的影响。

（3）厂商的生产规模比较小，因此进入和退出一个生产集团比较容易。在现实生活中，垄断竞争的市场组织在零售业和服务业中是很普遍的，如修理、糖果零售业等。

（4）互不依存。市场上的每个竞争者都自以为可以彼此相互独立行动，互不依存。一个人的决策对其他人的影响不大，不易被察觉，可以不考虑其他人的对抗行动。

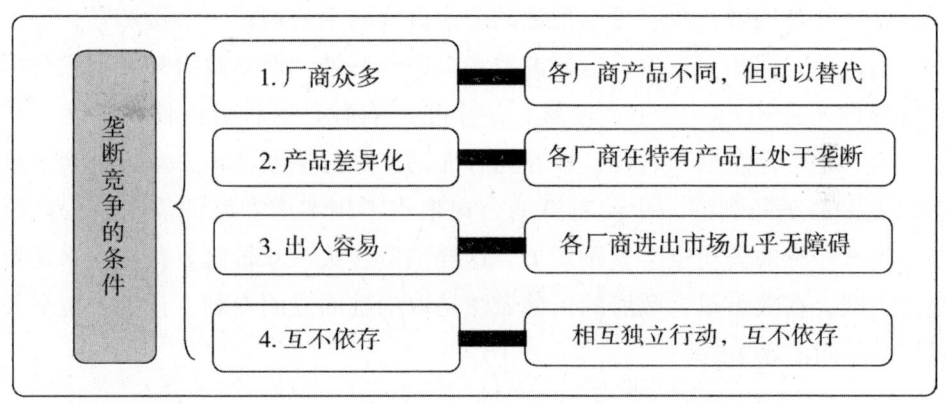

三、消除垄断

美国司法部起诉微软捆绑销售IE浏览器软件，涉嫌违反美国《反垄断法》，要求将它一分为二。有经济学家认为，微软公司无论从结构上（即市场份额）还是从行为上（即捆绑销售）都具备了垄断企业的性质，使更新更先进的技术没有了发展的空间，消费者付出了更高的价格，造成了社会福利的损失。持这种观点的经济学家往往都以美国当年拆分贝尔公司以及近些年香港特区政府允许多家经营电信业务的公司进入市场，都使得电信资费下降和电信事业蓬勃发展为例，说明反垄断的必要性。另一种意见认为，微软是通过正当的市场竞争手段获取的垄断地位，这种垄断有理无错，因为任何一个竞争中的厂商最终无不追求垄断利润，搞捆绑销售只不过是企业营销战略的选择，只要不是政府行为或寻租行为形成的垄断都是可以接受的，将微软分拆无疑会对美国的新经济带来负面影响，因为它改变了创业者的预期，对创业财富的安全性产生了疑虑。经济自由学派的大师们如弗里德曼、张五常都是持第二种观点的。

哈佛大学教授高里·曼昆对分拆微软计划提出了质疑，并且在文章中讲了一个故事：某人发明了第一双鞋，并为此申请了专利，成立了公司。鞋很快卖光了，他成了最富裕的人。但这时他变得贪婪了，把袜子和鞋捆绑销售，还声称这种捆绑销售对消费者有利。于是政府出面说话了，认为他试图把其垄断地位从一个市场扩展到另一个市场。现在关键的问题出现了：政府应该怎么处置他呢？政府可以把他的公司拆成两个公司：一个卖黑鞋，一个卖白鞋，让它们相互竞争，这样消费者会得到好处。但是政府却要把它分拆成这样两个公司：一个生产左鞋，一个生产右鞋，这种分拆使事情变得更糟，因为生产像左鞋和右鞋这样互为补充的产品的垄断公司，双方都会要求得到更多的垄断利润，生产右鞋的公司根本不用考虑左鞋的需求就提高价格，生产左鞋的公司也会紧跟而上，这样消费者买一双鞋就要花比原来还要高的价钱，在故事里，政府的正确做法是取消鞋的发明专利，让别人也来开鞋厂，从而消除垄断。

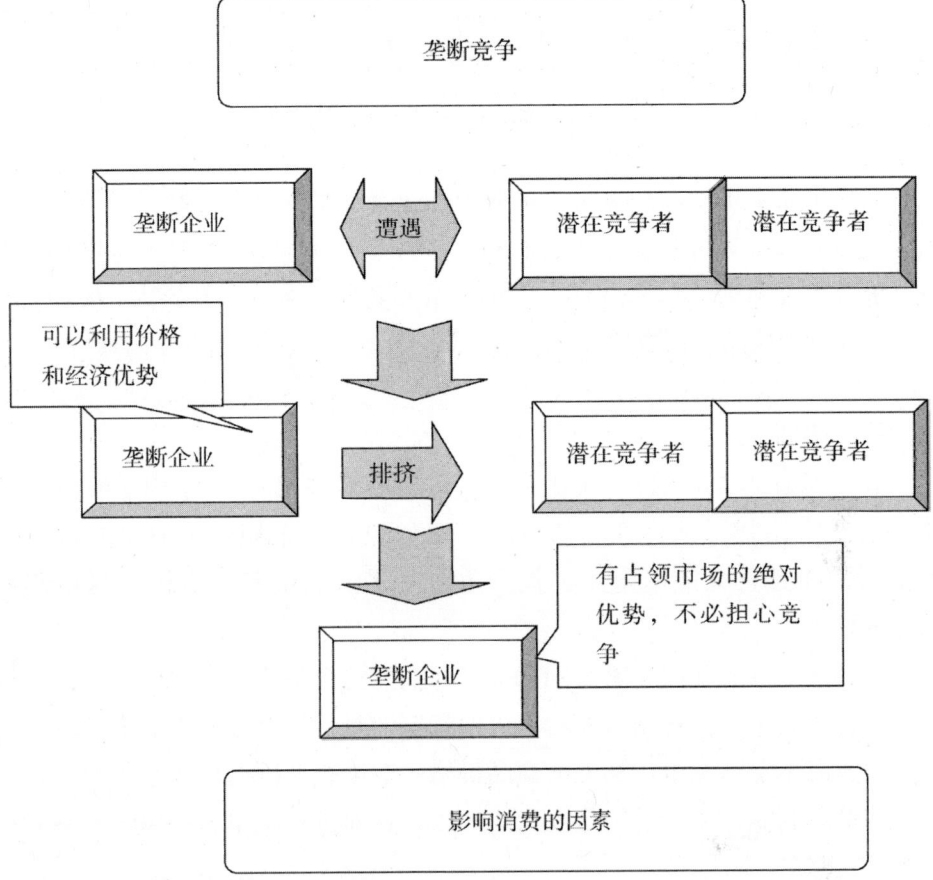

四、垄断竞争不一定是坏事

寡头垄断一般是垄断趋势和竞争趋势联合起作用。最简单的形式是：卖主不多，各个卖主都供应足够大的市场份额，以致其政策有任何变化都将影响所有竞争者的市场份额并引起反应。

从总体上讲，西方经济学家认为，垄断竞争是利大于弊的。垄断竞争市场上的商品价格依然要高于完全竞争市场上的商品价格，而且此时资源的利用也不如完全竞争条件下那样充分。消费者虽然要付出较高的价格，但是他们选择产品的余地加大了；生产者虽然浪费了一定的资源，但是由于竞争的存在，同时，又有垄断的保护，他们还乐意从事技术创新，这对整个社会是有益的。

垄断：谁是油价上涨的推手

不完全竞争市场的特点是，市场中存在着一定程度的垄断，某些个别经济人对商品的市场价格具有一定程度的影响力。按照竞争的强弱程度，不完全竞争市场分为垄断竞争、寡头垄断、完全垄断市场。完全垄断市场是与完全竞争市场相反的一种市场，同完全竞争一样在实际中很少见。

一、垄断

垄断，意思是"唯一的卖主"，它指的是经济中一种特殊的情况，即一家厂商控制了某种产品的市场。比如说，一个城市中只有一家自来水公司，而且它又能够阻止其他竞争对手进入它的势力范围，这就叫做完全垄断。

既然整个行业独此一家，别无分号，显然这个垄断企业便可以成为价格的决定者，而不再为价格所左右。可以肯定的是，完全垄断市场上的商品价格将大大高于完全竞争市场上的商品价格，垄断企业因此可以获得超过正常利润的垄断利润，由于其他企业无法加入该行业进行竞争，所以这种垄断利润将长期存在。

但是，垄断企业是不可能任意地抬高价格的，因为，任何商品都会有一些替代品，如果电费使人负担不起的话，恐怕人们还会用蜡烛来照明。所以，较高的价格必然抑制一部分人的消费，从而需求量降低，不一定能给企业带来最大的利润。

垄断企业成为价格的决定者，也并不意味着垄断企业产品的价格单一。有时候，垄断企业要面对需求状况变动不同的数个消费群体，必须分情况制订出有区别的价格来。对需求价格弹性较大的可采用低价策略，对需求价格弹性较小的可采用高价策略，以便获得较理想的收益。

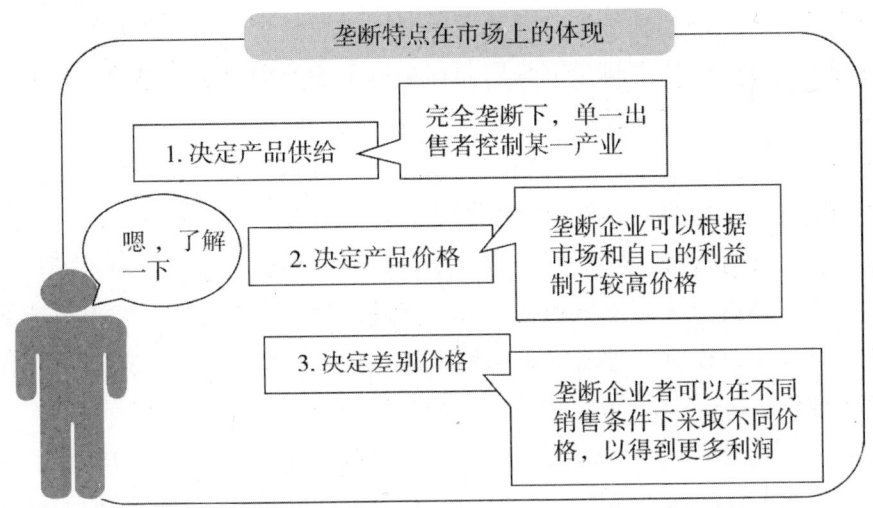

垄断特点在市场上的体现

1.决定产品供给　——　完全垄断下，单一出售者控制某一产业

嗯，了解一下

2.决定产品价格　——　垄断企业可以根据市场和自己的利益制订较高价格

3.决定差别价格　——　垄断企业者可以在不同销售条件下采取不同价格，以得到更多利润

二、寡头垄断

所谓寡头垄断，是垄断的一种，它是指在一个市场上有少数几家企业供给产品，它们各占较大份额，彼此通过协定或默契制订价格。这些企业被称为寡头，所以这种垄断也就叫寡头垄断。

寡头市场是指少数几家厂商控制整个市场的产品的生产和销售的这样一种市场组织。寡头市场被认为是一种较为普遍的市场组织，西方国家中不少行业都表现出寡头垄断的特点，例如，美国的汽车业、电气设备业、罐头行业等，都被几家企业所控制。

形成寡头市场的主要原因有：某些产品的生产必须在相当大的生产规模下进行才能达到最好的经济效益；行业中几家企业对生产所需的基本生产资源的供给的控制；政府的扶植和支持，等等。由此可见，寡头市场的成因和垄断市场是很相似的，只是在程度上有所差别而已。寡头市场是比较接近垄断市场的一种市场组织。

寡头行业可按不同方式分类。根据产品特征，可分为纯粹寡头行业和差别寡头行业两类。还可按厂商的行为方式分为有勾结行为的（即合作的）和独立行为的（即不合作的）不同类型。

寡头厂商的价格和产量的决定是非常复杂的问题。主要原因在于：在寡头市场上，每个寡头的产量都在全行业的总产量中占较大份额，从而每个厂商的产量和价格的变动都会对其他竞争对手以致整个行业的产量和价格产生举足轻重的影响。从而每个寡头厂商在采取某项行动之前，必须首先推测或掌握自己这一行动对其他厂商的影响以及其他厂商可能作出的反应，考虑到这些因素之后，才能采取最有利的行动。所以每个寡头厂商的利润都要受到行业中所有厂商决策的相互作用的影响。一般而言，不知道竞争对手的反应方式，就无法建立寡头厂商的模型。或者说，有多少关于竞争对手的反映方式的假定，就有多少寡头厂商的模型，就可以得到多少不同的结果。因此在西方经济学中，没有一种寡头市场模型能对寡头市场上的价格产量决定作出一般的理论总结。

欧佩克就是一种寡头垄断形式。在欧佩克诸成员国中，沙特阿拉伯是其中最大的或最有影响的成员国。它的产量一般占欧佩克总产量的33%，储油量也占欧佩克总储量的40%。通常都是由沙特阿拉伯先制订价格或与其他成员国协商后制订价格，其他成员国则遵照执行，即使石油销路不好时，他们宁可减少产量也不愿降价，以免引起彼此的纷争，造成两败俱伤。这种寡头垄断我们称为价格领袖式寡头垄断。

三、完全垄断

完全垄断市场须具备以下几个条件：

（1）市场上只有唯一的一个销售者，企业就是行业。

（2）该厂商所售的商品没有任何相近的替代品。

（3）新厂商不能进入该市场。

（4）厂商可以根据获取利润的需要，实行差别价格。

现实中真正满足这几个条件的市场几乎是没有的，因为人们总能找到各种物品的替代品。

然而，要打破垄断绝非易事。通常，完全垄断市场有三座护卫"碉堡"，其一是垄断企业具有规模经济优势，也就是在生产技术水平不变的情况下，垄断企业之所以能打败其他企业，靠的是生产规模大，产量高，从而总平均成本较低的优势；其二是垄断企业控制某种资源。像美国可口可乐公司就是长期控制了制造该饮料的配方而独霸世界的，南非的德比公司也是因为控制了世界约85%的钻石供应而形成垄断的；其三是垄断企业具有法律庇护。例如，许多国家政府对铁路、邮政、供电、供水等公用事业都实行完全垄断，对某些产品的商标、专利权等也会在一定时期内给予法律保护，从而使之形成完全垄断。

通常认为，完全垄断对经济是不利的。因为它会使资源无法自由流通，引起资源浪费，而且消费者也由于商品定价过高而得不到优惠。"孤家寡人"的存在也不利于创造性的发挥，有可能阻碍技术进步。可是话又说回来，这些垄断企业具有雄厚的资金和人力，正是开发高科技新产品必不可少的条件。另外，由政府垄断的某些公用事业，虽免不了因官僚主义而效率低下，但却并不以追求垄断利润为目的，对全社会还是有好处的。

托拉斯：从生产商到销售商的高端垄断联合

一、托拉斯的含义

托拉斯直译为商业信托（Business Trust，原意为托管财产所有权），是垄断组织的高级形式之一，由许多生产同类商品的企业或产品有密切关系的企业合并组成，旨在垄断销售市场、争夺原料产地和投资范围，加强竞争力量，以获取高额垄断利润。参加的企业在生产上、商业上和法律上都丧失独立性。托拉斯的董事会统一经营全部的生产、销售和财务活动，领导权掌握在最大的资本家手中，原企业主成为股东，按其股份分得红利。参加的资本家为分配利润和争夺领导权进行剧烈的竞争。

二、托拉斯的垄断组织形式

托拉斯的垄断组织形式可分为两种：

（1）以金融控制为基础的托拉斯。参加的企业形式上保持独立性，实际上从属于掌管托拉斯股票控制额的总公司，这种总公司是一种持股公司，通过持有其他公司的股票控制额对它们进行金融控制。

（2）以生产同类商品的企业完全合并为基础的托拉斯。这种托拉斯所从属的总公司是一种业务公司，直接经营产销业务。在总公司下按产品类别或工序、工艺设立若干分公司来管理。

三、托拉斯的影响

资本主义托拉斯，一方面可以保障投资者的优厚利润，提高投资者兴趣，刺激投资，促进业务扩充，有利于经济发展；另一方面会减少竞争，阻碍企业技术进步和新兴企业的发展，影响中小企业的生存，增加消费者的负担。

现在许多国家都先后出台了《反垄断法》，并且在各国该法案中都对这一垄断形式进行了限制，禁止了过于庞大的托拉斯垄断。作为经济行为的托拉斯目前并未完全禁止，一些被认定为并未过度庞大的托拉斯的存在还属于法律允许范围之内。关于判断其是否过度庞大，各国各个时期的判别标准也不尽相同。

由于一些托拉斯形态在一些国家目前已被宣布为违法，因此一般上对于托拉斯的介绍，基本上都使用了企业垄断市场的形态之一的说法。另外，由于一些国家在法规上对于各种托拉斯都进行了各种各样的限制，对于一些以成立托拉斯为目的的企业合并行为，在成立时并不会公开发表其成立托拉斯的目的。目前对于一些同行业企业合并，以及同行业企业收购等行为，很多国家也在探讨其是否属于变相的托拉斯而触犯反垄断法。

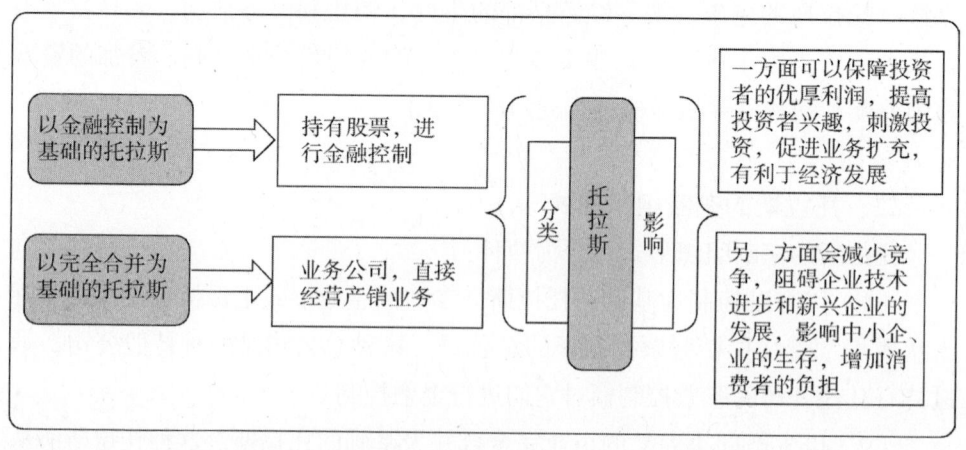

卡特尔：同类企业瓜分市场的阴谋

一、卡特尔

卡特尔为法语"Cartel"的音译，原意为协定或同盟。卡特尔能使一个竞争性市场变成一个垄断市场，属于寡头市场的一个特例。卡特尔以扩大整体利益作为主要目标，为了达到这一目的，在卡特尔内部将订立一系列的协议，来确定整个卡特尔的产量、产品价格，指定各企业的销售额及销售区域等。

卡特尔常常是国际性的。例如，欧佩克就是产油国政府间的一个国际协定，它在十多年间成功地将世界石油价格提高到远远高于本来会有的水平。

二、卡特尔的类型

（1）价格卡特尔。这是最常见和最基本的卡特尔形式。卡特尔维持某一特定价格：垄断高价、在不景气时的稳定价格或者降价以排挤非卡特尔企业的价格。

（2）数量卡特尔。卡特尔对生产量和销售量进行控制，以降低市场供给，最终使价格上升。

（3）销售条件卡特尔。对销售条件如回扣、支付条件、售后服务等在协定中进行规定的卡特尔。

（4）技术卡特尔。典型形式是专利联营，即企业成员相互提供专利、相互自由使用专利，但不允许非企业成员使用这些专利的卡特尔。

（5）辛迪加。一种特殊的统一销售卡特尔，指企业成员共同出资设立销售公司，实行统一销售，或者卡特尔将所有企业成员的产品都买下，然后统一销售。比如，德贝尔钻石卡特尔。

三、卡特尔的形成条件

要在某个市场上形成卡特尔，至少需要以下三个条件：

（1）卡特尔必须具有提高行业价格的能力。只有在预计卡特尔会提高价格并将其维持在高水平的情况下，企业才会有加入的积极性。这种能力的大小，与卡特尔面临的需求价格弹性有关，弹性越小，卡特尔提价的能力越强。

（2）卡特尔成员被政府惩罚的预期较低。只有当成员预期不会被政府抓住并遭到严厉惩罚时，卡特尔才会形成，因为巨额预期罚金将使得卡特尔的预期价值下降。

（3）设定和执行卡特尔协定的组织成本必须较低。使组织成本保持在低水平的因素有：

①涉及的厂商数目较少。

②行业高度集中。

③所有的厂商生产几乎完全相同的产品。

④行业协会的存在。

上述因素①、②降低了卡特尔的谈判和协调成本，同时，高度集中使少数几家厂商就能控制整个市场，从而才能使价格保持较高水平。因素④行业协会的作用主要是为市场上主要厂商的会面、协调、谈判提供更多的合法机会。为什么需要有因素③即产品同质呢？如果卡特尔成员产品之间差异较大，那么为了反映这种差异，价格必然会有所差异，这样使成员之间为达成统一价格增加了障碍；而且即使达成协定，成员厂商的欺骗行为也不易察觉，因为成员厂商可以把自己的降价归因于自己的产品与其他产品的差异上，或者提高产品差别，虽仍保持价格不变，但实际上吸引了更多顾客是一种变相降价；反之，如果产品几乎同质，厂商之间就很容易形成一个单一价格，而且成员的欺骗行为也较容易察觉。

四、卡特尔的不稳定性

（1）潜在进入者的威胁。一旦卡特尔把价格维持到较高水平，那么就会吸引新企业进入这个市场，而新企业进入后，可以通过降价扩大市场份额，此时卡特尔要想继续维持原来的高价就很不容易了。

（2）卡特尔内部成员所具有的欺骗动机。这是一个典型的"囚徒困境"，假设其他企业的生产数量和价格都不变，那么一个企业成员偷偷地增加产量将会获得额外的巨大好处，这会激励企业成员偷偷增加产量，如果每个企业成员都偷偷增加产量，显然市场总供给大量增加，市场价格必然下降，卡特尔限产提价的努力将瓦解。如果卡特尔不能有效解决这个问题，最终将导致卡特尔的解体。事实上，经济学家研究得出，世界上卡特尔的平均存续期间约为6.6年，最短的两年就瓦解了。

（3）由于企业成员之间的经济实力对比会因经济发展而变化，卡特尔的垄断联合缺乏稳定性和持久性，经常需要重新签订协议，甚至会因企业成员在争取销售市场和扩大产销限额的竞争中违反协议而瓦解。

此外，随着各国政府《反垄断法》的实施，卡特尔也可能因为违反了政府法律而被迫解体，也正因为如此，许多卡特尔都是国际性卡特尔，以规避国内的《反垄断法》。

差别定价：同机不同价的歧视

一、差别定价的含义

三位乘客乘飞机从北京回大连，在飞机上闲聊，结果发现他们的机票价格各不相同。第一位乘客通过旅行社订机票去大连旅游，票价340元；第二位乘客提前1个月预订机票，票价580元；第三位乘客去大连有急事，临时买的机票，票价740元。在市场经济条件下，商品的交换在价值规律的作用下进行，实行等价交换，体现公平原则，怎么这里会出现同物不同价呢？

这里涉及一个商业用语——差别定价，差别定价是企业以两种或两种以上反映不同成本费用的比例差异的价格来销售一种产品或服务，即价格的不同并不是基于成本的不同，而是企业为满足不同消费层次的要求而构建的价格结构。

二、差别定价的原因

航空公司较好地运用了差别定价的原理，实现了利润最大化。第一位乘客对机票的需求弹性最大，因为是去旅游，什么时候去怎么去比较灵活，所以去旅行社订机票很便宜。由于旅行社和航空公司有长期合作的关系，且购票数量大而稳定，所以会享受到很低的价格。第二位乘客弹性需求居中。提前订票会给航空公司留出时间做合理的飞行安排，所以航空公司给出比较合适的折扣。第三位乘客需求弹性最小，因为有急事，只有乘飞机最快，这类乘客无论机票有没有折扣都要走，所以不会给第三位乘客优惠。

三、差别定价的方法

价格歧视的前提是市场分割。如果生产者不能分割市场，就只能实行一个价格。如果生产者能够分割市场，区别顾客，而且要分割的不同市场具有明显不同的支付能力。这样企业就可以对不同的群体实行不同的商品价格，尽最大的可能实现企业较高的商业利润。

1.顾客细分定价

企业把同一种商品或服务按照不同的价格卖给不同的顾客。例如，公园、旅游景点、博物馆将顾客分为学生、年长者和一般顾客，对学生和年长者收取较低的费用；铁路公司对学生、军人售票的价格往往低于一般乘客；自来水公司根据需要把用水分为生活用水、生产用水，并收取不同的费用；电力公司将电分为居民用电、商业用电、工业用电，对不同的用电收取不同的电费。

2.产品形式差别定价

企业按产品的不同型号、不同式样，制订不同的价格，但不同型号或式样的产品其价格之间的差额和成本之间的差额是不成比例的。比如，33寸彩电比29寸彩电的价格高出一大截，可其成本差额远没有这么大；一条裙子70元，成本50元，可是在裙子上绣一组花，追加成本5元，但价格却可定到100元。

3.形象差别定价

有些企业根据形象差别对同一产品制订不同的价格。这时，企业可以对同一产品采取不同的包装或商标，塑造不同的形象，以此来消除或缩小消费者认识到不同细分市场上的商品实质上是同一商品的信息来源。例如，香水商可将香水加入一只普通瓶中，赋予某一品牌和形象，售价为200元；而同时用更华丽的瓶子装同样的香水，赋予不同的名称、品牌和形象，定价为2 000元。企业也可用不同的销售渠道、销售环境来实施这种差别定价。例如，某商品在廉价商店低价销售，但同样的商品在豪华的精品店可高价销售，辅以针对个人的服务和良好的售货环境。

4.地点差别定价

企业对处于不同位置或不同地点的产品和服务制定不同的价格，即使每个地点的产品或服务的成本是相同的。例如，奥运期间，同一个奥运场馆，不同座位的成本费用相同，却按不同的座位收取不同的票价。

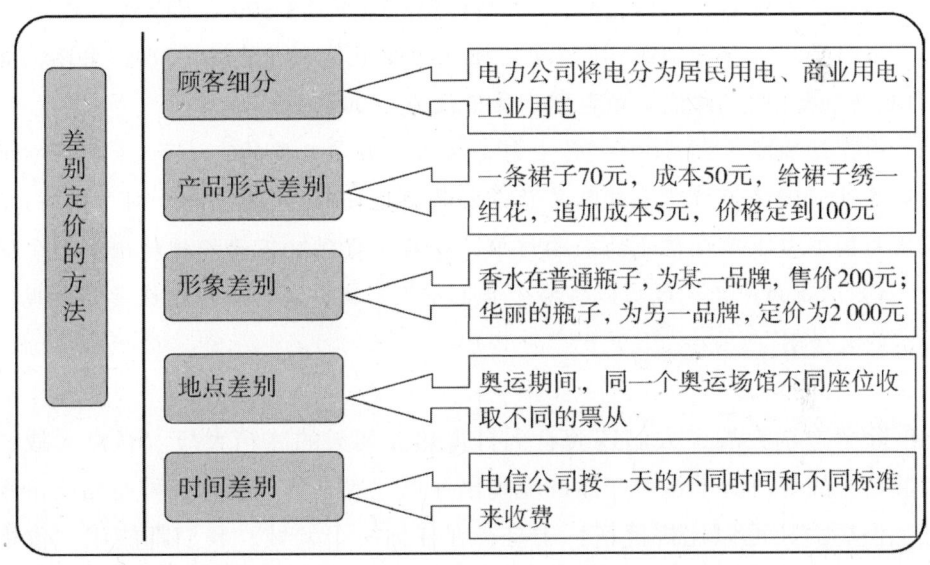

5.时间差别定价

价格随着季节、日期甚至钟点的变化而变化。一些公用事业公司，对于用户按一天的不同时间、周末和平常日子的不同标准来收费。长途电信公司制定的晚上、清晨的电话费用可能只有白天的一半；航空公司或旅游公司在淡季的价格便宜，而旺季一到价格立即上涨。这样可以促使消费需求均匀化，避免企业资源的闲置或超负荷运转。

价格战争：厂商"厮杀"，消费者吃亏

一、价格战是一场没有硝烟的战争

价格战是指生产者为了达到倾销商品、占领市场的目的，而采用降价销售的策略。

2009年，格力主推的"清凉之夏"变频空调进行了较大的价格调动，1匹机型售价2 599元，1.5匹机型售价3 599元，比年初价格下降1 000元以上。美的也猛推变频空调，其银河M180机型标价从原来的3 599元下降到不足3 000元。海尔空调1匹和1.5匹的挂机以及2匹柜机的优惠幅度也高达30%～40%，其中1款海尔大1.5匹3级能效省电空调售价仅为2 699元。

由于这次降价，2009年2月中旬，格力、海尔、美的、三菱4家大的空调厂商陆续同国美签订了采购订单总金额将高达100亿元的采购合同。仅海尔1家便与国美签下了16亿元的采购订单，向后者提供50万台畅销特价机型。同时，4大厂商的产品也成功地挤垮了其他空调厂商，成为市场上极具销售规模的"四大金刚"。

除了空调大战，人们还会看到打得热火朝天的冰箱大战、彩电大战、微波炉大战等，似乎每种产品都能闹出一点"战火"。就算各种商品质量相似，但厂商还可以比拼价格！于是，在任何一个领域，我们都能用"价格战"来描述中国公司之间的竞争。甚至有人说，"很难想象，如果没有价格的竞争手段，许多中国企业还能依靠什么在市场竞争中取得优势。"

当今社会，市场经济发达、生产规模扩大，市面上逐渐出现了产品过剩的局面，也就是"商品丰富，货源充沛"。这一消息，对消费者来说，等于在挑选产品时有了更多的机会；对于经营者来说，则是在提醒他们不得不在产品的品种、服务、价格等方面展开激烈竞争。很快，市面上硝烟四起，各式各样的无声"战争"爆发，其中尤以价格战最为残酷，最为直接有效，最能彻底摧毁对手。于是，降价、打价格战，成为很多品牌产品占据市场的最佳选择。

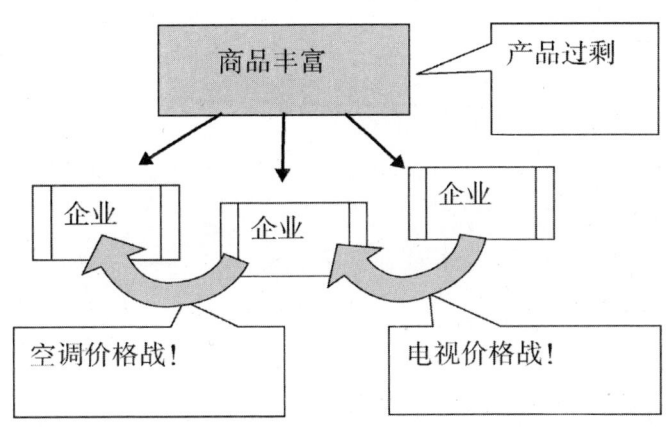

二、价格垄断

每当看到一种家电产品的价格大战，百姓都会"没事儿偷着乐"。在这里，我们可以解释厂家价格大战的结局也是一个"纳什均衡"，而且价格战的结果是谁都没钱赚。因为博弈双方的利润正好是零。竞争的结果是稳定的，即是一个"纳什均衡"。这个结果可能对消费者是有利的，但对一些厂商而言是灾难性的。所以，价格战对一些厂商而言意味着自杀。

等一个或者几个商家合力占领了市场，"战争"的烽火不再，我们会面临什么？根据美国的多年经验，消费者将会迎来一个或几个独裁者的时代——在这种时代下，占领市场的那几个商家将慢慢提高价格，狠宰消费者。

也就是说，现在，格力、海尔、美的、三菱大打价格战，可是将来一旦这市场"大一统"，不再打价格战了，我们的日子也未必会好过。

没有价格战，商品物价高，不好；有了价格战，一路打下去，形成了垄断也不好。道理都被说尽了，问题该怎么解决呢？

正是看到这点，各国才颁布了《反垄断法》，让市场上的竞争者仍大量存在，甚至扶植部分中小企业，让价格战就这样没有结束地打下去，使消费者真正受益。

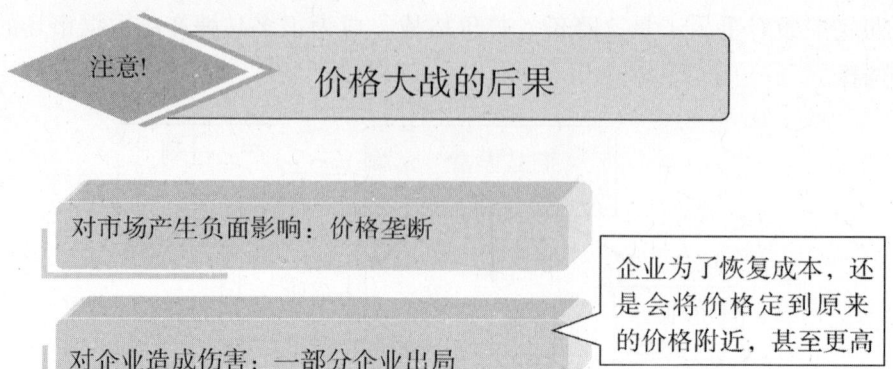

注意!

价格大战的后果

对市场产生负面影响：价格垄断

企业为了恢复成本，还是会将价格定到原来的价格附近，甚至更高

对企业造成伤害：一部分企业出局

三、价格联盟

价格联盟是指两个或两个以上具有竞争关系的经营者，以合同、协议或其他方式，共同商定商品或服务价格，以限制市场竞争，谋取超额利润所实施的垄断联合。价格联盟的明显特征是：它是两个或两个以上的经营者自愿采取的联合行动；是处于同一经营层次或环节上的竞争者之间的联合行动；联合行动是通过合同、协议或其他方式进行的；协议的内容是固定价格或限定价格；其共同目的是通过限制竞争以获取高额利润。

"价格联盟"一词对于我们而言，并不陌生。早在几年前，国内九大彩电企业结盟深圳，以同行议价形式共同提高彩电零售价格，并迫使彩管供应商降价。以钢铁、彩电为发端，其后又有空调联盟、民航机票价格联盟、电脑价格联盟，近一些的还有券商们的佣金价格联盟等，一时间甚嚣尘上。然而，这些价格同盟都无一例外地摆脱不了短命而亡的宿命。

由于行业协会制定的是行业自律价格，即使没有强制效力，行业协会也不可能对"违反"自律价格的商家进行处罚，因此这个自律价格其实只是一个空架子，没有什么实际意义。在利益面前，这种基于行业压力及商家道德的"盟誓"究竟有着多少约束力可想而知。

价格联盟被称为"卡特尔"，任何价格卡特尔一经形成必然走向它的反面。联盟一经形成，价格便富有极大的弹性，只要其中的某一个成员降低价格，必将从中获利。为追逐利益，联盟成员之间的价格争斗不可避免，这就必然导致卡特尔机制的瓦解。

即使价格联盟在短期内取得一定成效，缓解了联盟企业的燃眉之急，但其潜在和长期的危害却不可忽视。首先，制约了企业竞争，自由竞争是市场经济的基本属性，离开了竞争，市场就成为死水一潭。由于不同企业经营成本不同，却执行相同的价格，形成大家平均瓜分市场份额的局面，无形中保护了落后，鼓励不思进取，严重挫伤了企业发展的积极性；其次，损害了消费者的知情权和选择权，伤害了消费者的利益，并且不利于培养消费者成熟的消费理念。俗话说，没有成熟的消费者就不会有成熟的市场，因此，最终结果还是会连累整个行业的长期发展。

在拉封丹的寓言《鼠盟》里，有一只自称"既不怕公猫也不怕母猫，既不怕牙咬也不怕爪挠"的鼠爷，在它的带领下，老鼠们签订协议，组成了对抗老猫联盟，去救一只小耗子。结果，面对老猫，"首鼠两端不敢再大吵大闹，个个望风而逃，躲进洞里把小命保，谁要不知趣，当心老雄猫。"鼠盟就这样瓦解了，协议变成了一纸空文。

寓言故事中使鼠盟难以形成的原因是猫的强大无比；使价格同盟难以实现的原因是市场供求力量强大无比，不可抗拒。在市场经济中，决定价格的最基本因素是供求关系。供小于求，价格上升；供大于求，价格下降，这是什么力量也抗拒不了的。在不完全竞争的市场（垄断竞争、寡头、垄断）里，企业只能通过控制供给来影响价格，想把自己硬性决定的价格强加给市场是行不通的。在汽车、民航这类寡头市场里，每个企业所考虑的只能是自己的短期利益，而不是整个行业的长期利益，因此，当整个行业供大于求时，不要寄希望于每个企业减少产量来维持一定的价格。

国内企业各种各样的"联盟"声不绝于耳，并且屡战屡败，而后又屡败屡战，很多企业乐此不疲。企业搞联盟是想在市场的海洋中寻求一个救生圈，而结果则不然，每次联盟均告失败的事实说明：这种被不少企业看作制胜"法宝"的价格联盟是靠不住的。

我国如今的经济时代好像成了"联盟时代"，在种种共同利益的驱动下，一些企业动不动就扛起"联盟"大旗，或是抬价压价，或是限产保价，或是联合起来一致对外。仔细分析，这些企业联盟形式大致逃脱不了两种模式：一是企业之间自愿建立的松散联盟；二是主管部门主导、企业参加的联盟。

早在18世纪初，亚当·斯密就说过这样一句话：同业中的人即使为了娱乐和消遣也很少聚在一起，但他们的对话通常不是对付公众的阴谋，便是抬高价格的计划。事实也一再证明，这种非寡头垄断同盟缺乏有效的约束机制，具有相当的不确定性。

其实，企业之间的竞争还可进行一些非价格的竞争，如企业在提高产品质量、增加技术含量上下工夫，向品牌、技术竞争过渡；优势企业兼并劣势企业；劣势企业主动从行业中退出；再就是从国际市场上寻找出路。因此，中国的企业家们应该尽快地从联盟的阴影中走出来，以一种更加成熟的心态去谋求发展。

在激烈的市场竞争中谋求立足之地，完全不必去组织什么价格联盟，不如革新技术，提升自己的市场竞争力。

兼并：企业扩张的快捷方式

一、兼并的含义

企业兼并在当今社会已经屡见不鲜。当优势企业兼并了劣势企业，后者的资源便可以向前者集中，这样一来就会提高资源的利用率，优化产业结构，进而显著提高企业规模、经济效益和市场竞争力。

对于一个国家而言，企业兼并有利于其调整产业结构，在宏观上提高资源的利用效率。兼并一直是经济学家研究的重点课题。不过，在此需要指出，人们提起兼并的时候，往往会把这样几个词混淆："兼并""合并"与"收购"。

它们的共同点在于：这三种行为都是企业产权的有偿转让，即都是企业的买卖，都是企业为了谋求发展而采取的外部扩张措施。但具体来说，合并是指两家以上的公司归并为一个公司。兼并是指把其他企业并入本企业里，被兼并的企业将失去法人资格或改变法人实体。收购在操作程序上与合并相比要相对简单，只要收购到目标公司一定比例的股权，进行董事会、监事会改组就可以达到目的。因此，一般情况下，可以这样认为：收购是兼并中的一种形式，即控股式兼并，而兼并又包含在广义的合并概念中，它是合并中的一种形式，即吸收合并。

二、企业兼并的主要形式

（1）购买兼并，即兼并方通过对被兼并方所有债权债务的清理和清产核资，协商作价，支付产权转让费，取得被兼并方的产权。

（2）接收兼并，这种兼并方式是以兼并方承担被兼并方的所有债权、债务、人员安排以及退休人员的工资等为代价，全面接收被兼并企业，取得对被兼并方资产的产权。

（3）控股兼并，即两个或两个以上的企业在共同的生产经营过程中，某一企业以其在股份比例上的优势，吸收其他企业的股份份额形成事实上的控制关系，从而达到兼并的目的。

（4）行政合并，即通过国家行政干预将经营不善、亏损严重的企业，划归给本系统内或行政地域管辖内最有经营优势的企业，不过这种兼并形式不具备严格法律意义上的企业兼并。

（5）企业兼并，是企业经营管理体制改革的重大进展，对促进企业加强经营管理，提高经济效益，有效配置社会资源具有重要意义。当今世界上，任何一个发达国家在其经济发展过程中，都经历过多次企业兼并的浪潮。以美国为例，在历史上就曾发生过五次大规模企业兼并。其中发生于19世纪末20世纪初的第一次兼并浪潮便充分发挥了优化资源配置，在微观和宏观"双管齐下"的巨大威力，不仅使得企业走上了腾飞之路，更是基本塑造了美国现代工业的结构雏形。

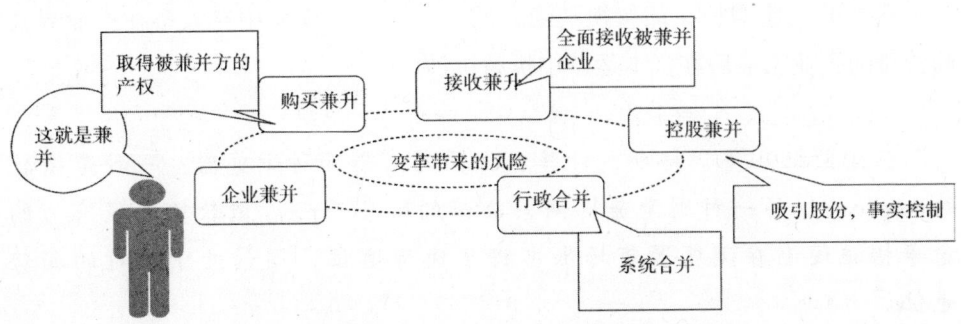

当今世界航空制造业排行第一的美国波音公司有过多次兼并其他企业的案例，其中最著名的就是兼并美国麦道公司。在1996年，"麦道"在航空制造业排行世界第三，仅次于"波音"和欧洲的"空中客车"。该年"波音"以130亿美元的巨资兼并"麦道"，使得世界航空制造业由原来"波音""麦道"和"空中客车"三家共同垄断的局面，变为"波音"和"空中客车"两家之间的超级竞争。新的波音公司在资源、研究与开发等方面的实力急剧膨胀，其资产总额达500多亿美元，员工总数达20万人，成为世界上最大的民用和军用飞机制造企业。这对于"空中客车"来说构成了极为严重的威胁，以至于两家公司发生了激烈的争执。在经过艰苦的协商、谈判后，波音公司最终被迫放弃了已经和美国几十家航空公司签订的垄断性供货合同，以换取欧洲人对这一超级兼并的认可。但是不管怎样，前无古人的空中"巨无霸"由此诞生，并对世界航空业产生了巨大影响。

由于兼并涉及两家以上企业的合组，其操作将是一个非常复杂的系统工程。成功的企业兼并要符合这样几个基本原则：合法、合理、可操作性强、产业导向正确以及产品具有竞争能力。同时，企业兼并还要处理好"沟通"环节，包括企业之间技术的沟通，以及人与人的交流。只有这样，才能使企业兼并发挥它的优势，否则将会适得其反，在未能达到兼并目的的同时反受其害。有统计表明，全球一半以上的企业兼并行为都没有达到预期的目标——从表面上看，企业规模是扩大了，但却没有创造出经济效益，更有甚者，因为兼并使得企业失去了市场竞争力。

产业经营是做"加法"，企业兼并是做"乘法"。很多企业家看到了"乘法"的高速增长，却忽视其隐藏的巨大风险，现实中有太多在产业界长袖善舞的企业家最后在资本运营中折戟沉沙。

在20世纪90年代初期，计算机上同时有着两种浏览器：一种是微软的Explore，另一种则是美国网景公司的Netscape。微软凭借强有力的竞争措施逐渐在浏览器市场上占据了优势地位，网景处于相对的弱势地位。

1998年，美国在线（AOL）以42亿美元的价格收购了Netscape。当时，Netscape在微软所提供的免费浏览器面前已经显得非常渺小，但美国在线却对其前景颇为看好。在他们看来，美国在线的雄厚财力和技术优势，可以使得Netscape重新焕发活力，成为与微软竞争的对手。然而，无情的事实证明这是一项失败的兼并。首先，该次合并在一开始就受到很多人的质疑，这些人认为两个公司在程序设计上，技术差异太大，难以兼容；其次，美国在线急于求成，于2000年直接跳过Netscape5，推出基于一项新技术Mozilla0.6原始码的Netscape6。但是，由于Mozilla0.6并不稳定，结果Netscape6进一步失去了自己原有的用户。这两大失误使得美国在线不得不于2008年3月1日起，停止开发网景浏览器，作为一款曾经改变互联网、有着辉煌历史的浏览器，Netscape彻底退出了历史舞台。

三、跨国并购

如今在全球一体化的经济背景下，跨国生产经营已经成为一种新的经营战略和资源配置模式。生产经营的跨国化是生产领域中最显著的国际现象，也是国际经济关系向紧密方向发展得更深刻的表现。跨国公司在全球范围组织生产过程，民族、国家的市场障碍不断被跨国公司的全球战略所冲破。

2010年3月28日晚9时，吉利正式与美国福特汽车公司达成协议，以18亿美元收购福特旗下的沃尔沃轿车，获得沃尔沃轿车公司100%的股权以及相关资产（包括知识产权）。专家指出，正处于往高端汽车转型时期的吉利抓住金融危机的机遇，成功收购沃尔沃，这是中国民营汽车企业走向国际化道路上取得成功的标志性事件，而浙江吉利控股集团董事长李书福成为了人们眼中最幸福的中国人。

吉利收购沃尔沃是国内汽车企业首次完全收购一家具有近百年历史的全球性著名汽车品牌，并首次实现了一家中国企业对一家外国企业的全股权收购、全品牌收购和全体系收购。

吉利收购沃尔沃并非一蹴而就。早在2002年，李书福就动了收购沃尔沃的念头，对其研究已有8年之多，首次正式跟福特进行沟通距今也将近3年。

在李书福看来，吉利对沃尔沃及汽车行业的理解，以及对于福特的理解等，都是福特选择吉利作为沃尔沃新东家非常重要的元素。

"并不是有钱就能买到全球三大名车之一的沃尔沃，反过来讲，也并不是说钱不多就买不到。"李书福认为，中国在采购与研发方面所蕴含的成本优势，必将增强未来沃尔沃轿车的全球竞争力。

对这起并购事件，商务部对外投资和经济合作司李明光处长对《中国经济周刊》表示，国内整车制造企业去收购境外整车制造企业，吉利虽然不是第一例（2004年上汽收购韩国双龙），但影响却很大。在李明光看来，中国巨大的市场份额也是吸引沃尔沃的主要因素之一。

"尽管吉利的技术实力不如沃尔沃，但是我们有巨大的国内市场作为支撑，对重振沃尔沃品牌有好处。"李明光说。他认为，这起并购案对中国制造业的振兴会起到示范带动作用。"中国的民营企业已经具有开展跨国经营的视野和能力，我们不能忽视民营企业在'走出去'当中的地位和作用。"

跨国并购是更多生产要素的国际流动，包括管理、技术、信息和市场等。跨国并购在最终产品上减少了国际贸易，同时又在中间产品上通过市场内部化而增加了国际贸易。

在跨国公司的全球生产部署下，产品及其零部件的生产选址主要取决于生产要素的优化配置，国家的差别正在日益淡化。在跨国公司的全球拓展中，产业分布越来越多地成为跨国公司全球战略的结果，而越来越少地继续作为本国产业政策的体现。在从本国经济条件上形成比较优势的基础上，产品的交换是基本的和首要的形式。要素的国际流动是比商品的国际流动更高级的形式，它可以形成新的比较优势和更优化的资源配置，这就是跨国并购的经济意义。

第10章 社会财富的再分配

——税收

社会再分配：最正当的"劫富济贫"计划

一、再分配的原因

再分配也称社会转移分配，是指在初次分配结果的基础上各收入主体之间通过各种渠道实现现金或实物转移的一种收入再次分配过程，也是政府对要素收入进行再次调节的过程。

1.满足非物质生产部门发展的需要

在国民收入初次分配过程中，只有物质生产部门的劳动者获得了原始收入，而非物质生产部门要获得收入，必须通过对国民收入的再分配解决。通过对国民收入的再分配，把物质生产部门创造的一部分原始收入，转给不创造国民收入的非物质生产部门，形成"派生收入"，以满足文化教育、医疗卫生、国家行政和国防安全等部门发展的需要和支付这些部门劳动者的劳动报酬。

2.加强重点建设和保证国民经济按比例协调发展的需要

国民经济各部门、各地区、各企业的发展往往是不平衡的，它们的发展速度、生产增长规模、技术结构等互不相同，不可避免地会出现某些比例不协调现象和薄弱环节。同时，各物质生产部门、各地区、各企业从国民收入初次分配中得到的收入份额，往往同它们各自的经济文化发展的需要不相一致。因此，社会主义国家必须从宏观调控的全局出发，有计划地将国家集中的纯收入，通过再分配，在不同部门、地区和企业之间调节使用，以加强重点建设，克服薄弱环节，保证国民经济按比例协调发展。

3.建立社会保障基金的需要

劳动者的养老、医疗、失业等保证基金，以及社会救济、社会福利、优抚安置等基金，除企业、个人负担外，有一部分也需要通过国民收入的再分配，建立社会保证基金来解决。这是建立社会保障体系的一项重要内容。

4.建立社会后备基金的需要

为了应付各种突发事故和自然灾害等，需要通过国民收入的再分配，建立社会后备基金，来满足这些临时性的应急需要。

二、再分配的手段

1.收入税

居民和企业等各收入主体当期得到的初次分配收入应依法支付所得税、利润税、资本收益税和定期支付的其他经常收入税。政府以此对企业和个人的初次分配收入进行调节。

2.财产税

居民等财产拥有者，根据现有财产状况，依法缴纳的动产税和不动产税，如房产税、遗产税等，政府以此对居民收入进行的调节属于存量调节。

3.社会缴费

居民为维持当前和未来的福利，保证在未来各个时期能获得社会福利金，而对政府组织的社会保险计划或各个单位建立的基金所缴纳的款项，如失业保险、退休保险、医疗保险计划等。

4.社会福利

社会福利是指居民从政府获取的、维持最基本生活的收入，主要包括社会保险福利金（如失业金、退休金、抚恤金、医疗保险金等）和社会救济金（如生活困难补助、救济金）。

5.其他转移收支

其他转移收支包括政府内部转移收支；本国政府与外国政府、国际组织之间的援助、捐赠、会费缴纳等，对私人非营利性机构的捐赠、赞助等转移收支；居民之间的内部转移收支，如城镇居民对农村居民的转移收支。再分配主要由政府调控机制起作用，政府进行必要的宏观管理和收入调节，是保持社会稳定、维护社会公正的基本机制。

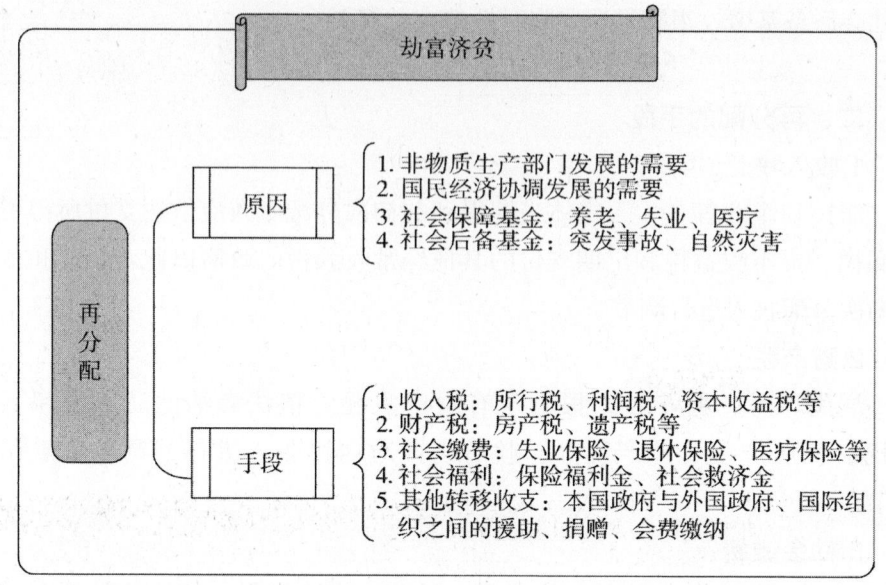

税收：个人收入与社会公平的调节器

一、税收的概念

税收是国家为了实现其职能，按照法定标准，无偿取得财政收入的一种手段，是国家凭借政治权力参与国民收入分配和再分配而形成的一种特定分配关系。

税收这一概念的要点可以表述为五点：

（1）税收是财政收入的主要形式。

（2）税收分配的依据是国家的政治权力。

（3）税收是用法律建立起来的分配关系。

（4）税收采取实物或货币两种征收形式。

（5）税收具备强制性、无偿性和固定性三个基本特征。

二、税收的基本特性

1.税收的强制性

税收的强制性是指税收是国家以社会管理者的身份，凭借政权力量，依据政治权力，通过颁布法律或政令来进行强制征收。负有纳税义务的社会集团和社会成员，都必须遵守国家强制性的税收法令，在国家税法规定的限度内，纳税人必须依法纳税，否则就要受到法律的制裁。

2.税收的无偿性

税收的无偿性是指通过征税，社会集团和社会成员的一部分收入转归国家所有，国家不向纳税人支付任何报酬或代价。无偿性体现在两个方面：一方面是指政府获得税收收入后无须向纳税人直接支付任何报酬；另一方面是指政府征得的税收收入不再直接返还给纳税人。

3.税收的固定性

税收的固定性是指税收是按照国家法令规定的标准征收的，即纳税人、课税对象、税目、税率、计价办法和期限等，都是税收法令预先规定了的，有一个比较稳定的课征时间，是一种固定的连续收入。对于税收预先规定的标准，征税和纳税双方都必须共同遵守，非经国家法令修订或调整，征纳双方都不得违背或改变这个固定的比例或数额以及其他制度规定。

税收的三个基本特征是统一的整体。其中，强制性是实现税收无偿征收的强有力保证，无偿性是税收本质的体现，固定性是强制性和无偿性的必然要求。

三、税率与边际税率

税率是指税额与课税对象之间的数量关系或比例关系，是指课税的尺度。边际税率是指征税对象数额的增量中税额所占的比率。

个人所得税超额累进税率表中的每一级税率实际上就是相应级距所得额的边际税率。

边际税率的高低会对经济产生不同的影响。边际税率越高，纳税人增加的可支配的收入就越少，虽然税收收入的作用增强，但却会产生某种程度的替代效应，如当工作的边际收入减少时，人们就会以闲暇去替代部分工作时间，从而妨碍人们努力工作。因此，累进税率中的边际税率要适度。

四、几种基本的税收

1.流转税

流转税是以商品生产流转额和非生产流转额为课税对象征收的一类税。

流转税是我国税制结构中的主体税类，包括增值税、消费税、营业税和关税等税种。

2.所得税

所得税也称收益税，是指以各种所得额为课税对象的一类税。所得税也是我国税制结构中的主体税类，目前包括企业所得税、个人所得税等税种。目前内外资企业所得税率统一为25%。

《企业所得税法》自2008年1月1日起施行。1991年4月9日第七届全国人民代表大会第四次会议通过的《中华人民共和国外商投资企业和外国企业所得税法》和1993年12月13日国务院发布的《中华人民共和国企业所得税暂行条例》同时废止。

另外，国家给予了两档优惠税率：一是符合条件的小型微利企业，减按20%的税率征收；二是国家需要重点扶持的高新技术企业，减按15%的税率征收。

3.财产税

财产税是指以纳税人所拥有或支配的财产为课税对象的一类税，包括遗产税、房产税、契税、车辆购置税和车船税等。

4.行为税

行为税是指以纳税人的某些特定行为为课税对象的一类税。我国现行税制中的城市维护建设税、固定资产投资方向调节税、印花税、筵席税都属于行为税。

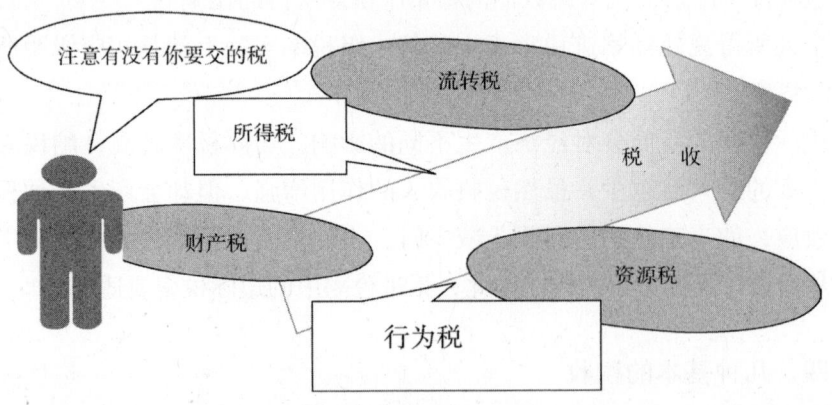

5.资源税

资源税是指对在我国境内从事资源开发的单位和个人征收的一类税。我国现行税制中资源税、土地增值税、耕地占用税和城镇土地使用税都属于资源税。

累进税：越富的人交税越多

一、累进税论

1.交换说的累进税论

以交换说为理论依据而主张实行累进税制的观点。这种观点认为，所得和财富多的人，其享受国家保护和国家提供的各种服务的利益，比所得和财富少的人要多，因而就应多纳税。只有采用累进税，才能达到这一目的。这种观点符合受益多多纳税、受益少少纳税的税负公平原则。

但是上述这种观点存在的问题是，每个人的各种收入和所拥有的财产中究竟各享受了多少国家提供的利益，往往是无法确定的，从而累进税率也难以确定。因此，多数学者主张实行比例税或者以能力说作为依据实行累进税。

2.补偿说的累进税论

早期西方学者从税收公平原则出发，主张实行累进税的观点。补偿说认为实行累进税，可以解决社会财富分配的不公平。这种观点认为，一方面，由习惯、经济及历史等原因，社会的财富和收入分配上存在着不均和不平等，政府应对此予以调节，采用累进税来矫正分配不公，以达到补偿的效果。另一方面，从税收参与分配的环节来看，以前环节征收的消费税是不公平的，消费税对一般消费品征税。这使穷人负担较重而富人负担较轻，因而在对所得征税的环节就应实行累进税，使富人负担较重，穷人负担相对较轻，从而实现补偿，以达到公平。

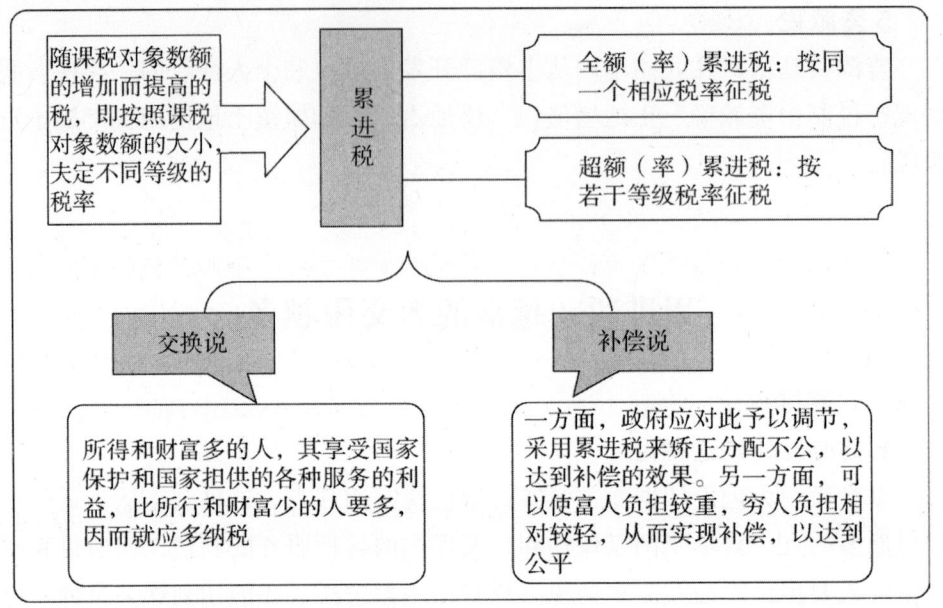

二、累进税率

税收的一个重要功能就是调节收入差距。其原则是从富人那里多征一点，用于帮助低收入阶层的教育、医疗、市内交通等开支。一般所采取的办法是累进税。即按照课税对象数额的大小，规定不同等级的税率。课税对象数额越大，税率越高；课税对象数额越小，税率越低。通俗地讲，就是谁收入越高，谁交的税就越多。比如，王先生和李先生是某公司的职员，王先生是普通销售员，每月实发工资3 500元。李先生是销售经理，每月实发工资5 000元。李先生就要比王先生多交个人所得税。

累进税率的形式有全额累进税率和超额累进税率。

1. 全额累进税率

全额累进税率简称全累税率，即征税对象的全部数量都按其相应等级的累进税率计算征税。金额累进税率实际上是按照征税对象数额大小、分等级规定的一种差别比例税率，它的名义税率与实际税率一般相等。

全额累进税率在调节收入方面，较之比例税率要合理。但是采用全额累进税率，在两个级距的临界处会出现税负增加不合理的情况。

2.超额累进税率

超额累进税率简称超累税率，是把征税对象的数额划分为若干等级；对每个等级部分的数额分别规定相应税率，分别计算税额，各级税额之和为应纳税额，超累税率的"超"字，是指征税对象数额超过某一等级时，仅就超过部分，按高一级税率计算征税。

一般认为，税收是调节社会收入分配的重要手段。中国社科院金融研究所的易宪容研究员认为之所以会在短时间内出现众多巨富，关键在于由于种种原因，社会民众的大量财富被轻易地转移到少数人手中，易宪容将其称为"掠夺式经济"。以房地产业为例，开发商往往借助权力以低价从普通市民或农民手中占得土地，"开发"了之后再以超高的价格卖给消费者，房地产业就是通过这种掠夺式的方式发展起来并让整个社会财富聚集到少数人手中的。

三、富人是否应该累进征税？

那么，从经济学的角度看，对富人征收"累进税"应不应该呢？完全应该。经济学上有一条税收原理叫"支付能力原则"。这一原则认为，人们纳税的多少应该与他们的收入、财富或支付税收的能力相关联，其目的在于符合社会合适的和公正的收入分配。简单点说，当一个社会的基尼系数突破了0.4的警戒线时，这种分配格局就被认为是"不合适和不公正"的，政府就应该加大对富人的税收征管力度，以调节分配差距。

需要强调的是，对富人征收"累进税"，并非对他们不公平。因为即便是不考虑掠夺的因素，富人之所以富，也是因为包括穷人在内的全社会给予了合作的结果，并不见得就是因为他们多么能干。"带血的煤"和煤炭富翁们的豪宅之间的内在联系，不是一目了然吗？哪怕是在那些普通的公司里，白领、蓝领们的兢兢业业、加班加点，不也是老板们财源广进的基本前提吗？所以，富人有义务多交一点税，然后由国家通过各种社会保障制度转移给穷人。此外，从长远的角度看，如果贫富差距能够被有效抑制，社会稳定得到了保证，富人将成为他们所交纳的"累进税"的最大受益者，因为他们避免了在社会失序的情况下被清算的命运。

　　总之，在中国目前的情况下，通过征收"累进税"来调节贫富差距是合理的，同时也是非常温和的社会政策，其社会后果是真正意义上的"帕累托改进"，即所有的社会阶层都将从这一措施中受益。

增值税：我国第一大税种

　　四川新一康公司从事药品经营业务，具有医疗器械、药品及保健品的零售、批发和进出口经营权。从2005—2006年，为了获取不法利益，该公司利用所取得的经营药品资质和增值税一般纳税人资格，在无真实货物交易的情况下，以"管理费"名义按照开票金额的4%~8%收取开票费，向多家单位虚开增值税专用发票，虚开税款500万余元，受票单位拿着这些发票向所在地的税务机关申报抵扣税款。

　　为他人虚开高额的增值税发票，不管买卖是否虚构，开出的票却是真实的，据此，新一康公司就应按开票额的17.5%交纳税金。他们在无真实货物交易的情况下，以支付面额4%开票费为条件，从别处为新一康公司虚开了上海、深圳、天津海关的海关票。新一康公司财务部门负责人堂而皇之地将上述取得的海关票，向税务局申报抵扣了海关票的进项税款3 187万余元。

　　为他人虚开增值税发票，向他人购买虚开的海关票以抵扣税款，都是虚的，并无实际交易，然而就在这以虚对虚的一进一出中，新一康的"商机"就出现了。公司收开票费约6%，支付进项票4%，中间的差额就成为了公司的利润来源。

　　当然，这种行为最终受到法律的严惩。

　　要了解税务的有关情况，就必须首先了解增值税。因为增值税不仅是我国的第一大税种，更是和我们的生活息息相关。

一、增值税

　　增值税是以增值额为课税对象，对我国境内销售货物或者提供加工、修理修配劳务及进口货物征收的一种税。按照马克思的劳动价值论，增值额就是人类通过劳动新创造的价值额。通俗地说，增值额是企业和个人从事生产经营，或者提供劳务新创造的价值额。

增值税于1954年产生于法国，它是法国为适应经济发展和财政需要，对原来征收的营业税加以改进而演变出来的。原来法国的营业税制和世界各国传统的流转税制一样，是按照每个生产经营者的生产经营销售收入全额征税的，具有多环节阶梯课税特征。

举个例子，一件衬衣的税收的营业税税率为5%，生产环节的销售收入为60元，应纳税额为60×5%=3（元）；批发环节销售收入为80元，应纳税额为80×5%=4（元）；零售环节销售收入为100元，应纳税额为100×5%=5（元）。则衬衣的整体税负在生产、批发、零售三个环节分别为5%、8.75%、12%，呈阶梯式递增。

传统流转税的这种课税制与现代化大生产和财政需要相矛盾，严重阻碍了专业化协作生产经营。法国政府对营业税制进行改革，并逐步演变为现代的增值税制。而现代的增值税制，则可以克服传统流转税的弊端。仍以上例说明，生产环节的增值额为60元，应纳税额为60×5%=3（元）；批发环节增值额为80-60=20（元），应纳税额为20×5%=1（元）；零售环节增值额为100-80=20（元），应纳税额为20×5%=1（元）。则衬衣的整体税负为5元，各个环节的税负之和等于整体税负。

同样是一件商品，不论生产经营环节增加或减少，只要其最后售价相同，其整体税负必然相等，这样税收收入就不受生产经营环节变化的影响而保持稳定，并有利于专业化协作生产经营。

二、增值税的征收办法

从理论上来说，增值税是对商品和服务的增值部分所征的税。但是在现实的经济运行中，商品和服务的增值部分往往是难以计算的，如果我们没有一种简便的增值税的征收办法，增值税就不可能真正地推行开来。那么在现实中，政府是如何简便而有效地征收增值税呢？这就必须先了解一下进项税额和销项税额。进项税额的计算公式为：

进项税额 = 所购货物或应税劳务的买价 × 税率

而销项税额的计算公式为：

销项税额 = 销售额 × 税率

对于一般纳税人，其应纳增值税税额为当期销项税额减去当期进项税额。用公式表示为：

当期应纳税额 = 当期销项税额 — 当期进项税额

我们举一个简单的例子。比如，汽车厂商A决定向钢材厂商B购买1 000吨优质钢材，用于生产汽车底盘。B厂的优质钢材出厂价为每吨3 000元，那么这1 000吨优质钢材的出厂价总共为300万元。但是A若是想取得这一批钢材，却必须向B支付351万元，其中300万元为销售额，51万元（300×17%）为增值税税额。对A厂来说，这51万元为进项税额；对B厂来说，这51万元为销项税额。

假设A销售汽车100辆，总销售额为1 000万元，其向顾客收取的价款为1 170万元。对A来说，这170万元就是增值税销项税额，那么A应纳的增值税税额为销项税额减去当期进项税额，即119万元（170–51）。

在实际征收过程中，现代增值税制一般是实行"凭发票注明税款扣税法"，不仅简化了征收管理手续，而且形成了各个生产经营环节之间的勾稽关系，有效地防止了偷税逃税。

由于增值税上述税收负担的合理性和征收管理上的先进性，在法国取得成功后，各国政府相继仿效，在不到半个世纪的时间里，发展成为一个国际性税种，并且成为我国的第一大税种。

所得税：财富分割的利器

公元8年，王莽自己登上皇帝宝座，把国号改为"新"，次年改元为"始建国"。

始建国元年，即公元9年，王莽开始推行他的经济改革措施，设立了对工商业者的纯经营利润额征收的税种"贡"。《汉书·食货志》中记载："诸取众物鸟兽鱼鳖百虫于山林水泽及畜牧者，嫔妇桑蚕织纴绩补缝，工匠医巫卜视及它方技商贩贾人，货肆列里区调舍，皆多自占所为于其所在之其官，除其本、计其得，十一分之，而以其一为贡，敢不自占，自占不以实者，尽没入所采取，而作县官一岁。"其大意是凡是从事采集、狩猎、捕捞、畜牧、养蚕、纺织、缝纫、织补、医疗、卜卦算命之人及其他艺人，还有商贾经营者，都要从其经营收入中扣除成本，算出纯利，按纯利额的十分之一纳税，自由申报，官吏核实，如有不报或不实者，没收全部收入，并拘捕违犯之人，罚服劳役苦工一年。

从税收制度的构成要素来说，王莽的"贡"已具备所得税的特征，其征税对象为纯盈利额；以从事多种经营活动取得纯收入的人为纳税人；税率为10%；纳税人自行申报，官吏核实；对违法者有处罚措施。但由于王莽的"贡"征收范围广，征收方法繁，不仅技术操作上不可行，而且引起了人民的群起反抗，到公元22年王莽不得不下旨免税，但为时已晚。两年后，王莽便国破身死。但是王莽首创的"无所得税之名，而有所得税之实"的"贡"，其实质就是现今的"所得税"。

一、所得税的含义

所得税又称所得课税、收益税，是指国家对法人、自然人和其他经济组织在一定时期内的各种所得征收的一类税收。一般所得税可划分为个人所得税和企业所得税两大类。

"所得"是税收上一个很重要的概念。由于认识角度的不同，人们对"所得"也有着不同的理解。从经济学的角度来看，所得是指人们在两个时间点之间以货币表示的经济能力的净增加值。因此，所得就应该包括工资、利润、租金、利息等要素所得和赠与、遗产、财产增值等财产所得。

通过所得税的征收，更可影响各方面的利益分配格局，客观上也影响纳税人的行为，从而达到一定的调节目的，导致社会财富的再分配。尤其对社会分配不公、收入相差悬殊的现象，所得税更能扮演财富分配"利器"的重要角色。

近代以来，征收个人所得税的历史要从民国算起。民国时期，曾开征薪给报酬所得税、证券存款利息所得税。1950年7月，政务院公布的《税政实施要则》中，就曾列举有对个人所得课税的税种，当时定名为"薪给报酬所得税"。但由于我国生产力和人均收入水平低，实行低工资制，虽然设立了税种，却一直没有开征。1980年9月10日由第五届全国人民代表大会第三次会议通过了《中华人民共和国个人所得税法》。1980年以后，为了适应我国对内搞活、对外开放的政策，我国才相继制定了《中华人民共和国个人所得税法》《中华人民共和国城乡个体工商业户所得税暂行条例》以及《中华人民共和国个人收入调节税暂行条例》。上述三个税收法规发布实施以后，对于调节个人收入水平、增加国家财政收入、促进对外经济技术合作与交流起到了积极作用，但也暴露出一些问题，主要是按内外个人分设两套税制、税政不统一、税负不够合理。

　　而个人所得税更是与我们的生活紧密相关，我们有必要重点了解一下个人所得税及其征收的办法。个人所得税在名义上一般累进征收，即税率随个人收入增加而递增，低收入者使用低边际税率，而高收入者使用高边际税率；又实行标准扣除和单项扣除，扣除随个人收入增加而递减，低收入者扣除占收入比例高，高收入者扣除占收入比例低。这样通过累进税率和标准扣除，达到累进征收缩小个人税后收入差距的目的。

二、所得税税率

1.工资、薪金所得

　　工资、薪金所得，适用超额累进税率。该税率按个人月工资、薪金应税所得额划分级距。

2.5级超额累进税率

　　5级超额累进税率，适用按年计算、分月预缴税款的个体工商户的生产、经营所得和对企事业单位的承包经营、承租经营的全年应纳税所得额划分级距。

3.比例税率

　　对个人的稿酬所得，劳务报酬所得，特许权使用费所得，利息、股息、红利所得，财产租赁所得，财产转让所得，偶然所得和其他所得，按次计算征收个人所得税，适用20%的比例税率。其中，对稿酬所得适用20%的比例税率，并按应纳税额减征30%；对劳务报酬所得一次性收入奇高的、特高的，除按20%征税外，还可以实行加成征收，以保护合理的收入和限制不合理的收入。

例如，王教授出版一部专著，一次性获得稿酬20 000元，那么他应纳税为：

应纳税所得额=20 000元×（1—20%）=16 000元

应纳税额=16 000元×（1—30%）×20%=2 240元

庇古税：谁污染，谁治理

一、庇古税的由来

根据污染所造成的危害程度对排污者征税，用税收来弥补排污者生产的私人成本和社会成本之间的差距，使两者相等。由英国经济学家庇古最先提出，这种税被称为"庇古税"。

按照庇古的观点，导致市场配置资源失效的原因是经济当事人的私人成本与社会成本不相一致，从而私人的最优导致社会的非最优。因此，纠正外部性的方案是政府通过征税或者补贴来矫正经济当事人的私人成本。只要政府采取措施使得私人成本和私人利益与相应的社会成本和社会利益相等，则资源配置就可以达到帕累托最优状态。这种纠正外在性的方法也称为"庇古税"方案。

二、庇古税的应用

在基础设施建设领域采用的"谁受益，谁投资"的政策、环境保护领域采用的"谁污染，谁治理"的政策，都是庇古理论的具体应用。

西方发达国家利用税收政策来加强环境保护始于20世纪70年代。许多国家的探索和实践证明，利用税收手段治理环境已经取得了明显的社会效果，环境污染得到有效控制，环境质量有了进一步的改善。

美国在20世纪70年代就开始征收碳税，从征收方法上看，一般根据主要能源产品的含硫量或排放量计算征收。碳税最早由芬兰于1990年开征，碳税一般是对煤、石油、天然气等化石燃料按其含碳量设计定额税率来征收的。经济合作与发展组织（OECD）成员国在环境政策中应用经济手段取得了可喜的成果。在这方面，丹麦堪称"楷模"。推行生态税收制度不仅有效地保护了丹麦的环境，而且为符合环保要求的企业发展积累了资金，产生了明显的经济效益，使丹麦在欧盟国家中成为经济增长率最高的国家。

三、庇古税的作用

（1）利用征收资源税节约能源的使用，提高资源的利用效率，限制高能耗产品的使用，一定程度上抑制了资源的浪费和过度消耗。

开采税是美国对自然资源主要是石油的开采征收的一种税。开采税可以通过影响资源开采的速度和数量来影响环境，它会抑制处于边际上的资源的开采和经营活动，促使减少资源的开采。荷兰的土壤保护税是由省级部门对抽取地下水的单位和个人以及从土壤保护中直接获益的单位或个人征收的一种税。其目的是为保护土壤提供资金。瑞典的一般能源税是对石油、煤炭和天然气征收的一种税。

（2）在开展资源综合利用，减少废弃物的排放方面发挥一定的作用。

在丹麦，对废物收税已经使垃圾填埋成本翻倍，使垃圾焚烧费用增加70%。从最近的统计数字来看，家庭垃圾减少了16%，建筑垃圾减少了64%，其他方面的废物也平均减少了22%。废物回收率也大幅度增加，纸类增加77%，玻璃增加50%。在美国，37个州中大约3 400个地方社区对家庭垃圾征税，征税依据是家庭垃圾丢弃量，结果垃圾丢弃量明显降低，回收率明显提高。

拉弗曲线：里根减税的经济学道理

一、拉弗曲线

"拉弗曲线"是由20世纪70年代中后期活跃于经济学界的"供给学派"提出的一个关于税收的理论，其代表人物是阿瑟·拉弗，这一理论就以其名字命名。

一般情况下，税率越高，政府的税收就越多，但税率的提高超过一定的限度时，企业的经营成本提高，投资减少，收入减少，即税基减小，反而导致政府的税收减少，描绘这种税收与税率关系的曲线叫做拉弗曲线（如图10-1所示）。"拉弗曲线"理论在美国里根政府时期特别流行，"供给学派"也由此在经济学界名噪一时。

卢周来先生在《游戏着经济学》一书中这样阐述：税率越高，不一定意味着税收会越多；相反，还将使可能征取的税收数量下降。他认为，在一定范围内对征税对象多赚到的收入提高税率，国家的确可以多征到税；但税率提高一旦突破某个限度后，人们工作的积极性下降，加之主动纳税的热情不高；相反，偷税漏税动机增强，国家能征到的税下降；如果国家将税率提高到更高的程度，企业将因为利润下降而出现投资积极性下降，甚至可能因为不堪重负而倒闭，税基进一步下降，从而国家可能征到的税也进一步下降。

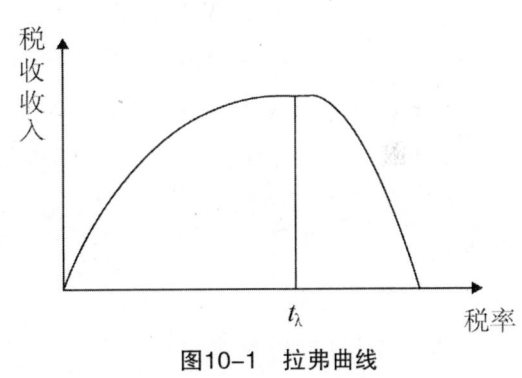

图10-1 拉弗曲线

二、荒年减税

《论语》里面记载了哀公与有若的一段有趣的对话，译成现代汉语，即：

哀公："今年荒年收成不大好，国库又不足，该怎么办呢？"

有若："能否将老百姓的赋税从20%减到10%呢？"

哀公："收20%的税，国库里的钱都不够，如果减到10%，岂不是更糟吗？"

有若："如果百姓手中没有钱，国库里又怎么能有钱呢？如果老百姓手中有了足够的钱，你又何必为国库里没有钱发愁呢？"

这则对话无非反映了儒家思想主张对百姓实施仁政，实现轻徭薄役，坚持藏富于民。其实若从公共经济学看，这则对话隐含着一个十分重要的关于税收的理论——"拉弗曲线"。《论语》中劝哀公减税的有若，他的想法是：荒年农民收入本来就不好，如果国家想通过提高税率的办法充实国库，无异于杀鸡取卵，最后的结果只会使农民更加贫困，而且农民想着一年到头干得那么辛苦，却都在给国家干，谁还愿意干活呢？这样下去，国库将因无税可征更加空虚。如果此时减税，表面上看，国家能征到的税少了，但农民却因此而休养生息了。一旦农民重新缓过气，整个国家重新富裕起来，税基扩大了，即使税率低一点，国家照样能征到更多的税，还会发愁国库里没有钱吗？

由此看来，有若的想法其实与"拉弗曲线"理论不谋而合。而不同的是，有若是在两千多年前的古代中国就提出了这样的想法，而拉弗是在晚于有若逾两千年后的美国才提出这样的理论。因此，中国古人体现出的经济学智慧的确值得我们骄傲。

三、里根减税

1980年1月，里根刚竞选上总统，其竞选班子特别安排了一些经济学家来为里根"上课"，让他学习一些治理国家必备的经济学知识。第一位给他上课的就是拉弗。拉弗正好利用这个机会好好地向里根推销了一通他的关于税收的"拉弗曲线"理论。当拉弗说到"税率高于某一值，人们就不愿意工作"时，里根兴奋地站起来说："对！就是这样。'二战'期间，我正在大钱币公司当电影演员，当时的战时收入附加税曾高达90%。我们只要拍四部电影就达到了这一税率范围。如果我们再拍第五部，那么第五部电影赚来的钱将有90%给国家交税了，我们几乎赚不到钱。于是，拍完了四部电影后我们就不工作了，到国外旅游去了。"

正因为里根本人的经历与"供给学派"提供给他的理论如此契合，所以，他一主政，就大力推行减税政策。里根执政期间先后实行了以下措施：降低所得税率，简化税制，注意保护税收中性原则，减少对私人经济的干扰。从1983年开始，美国经济戏剧性地开始强劲复苏，显示了减税计划对刺激社会产出增加有短时而迅猛的效果。

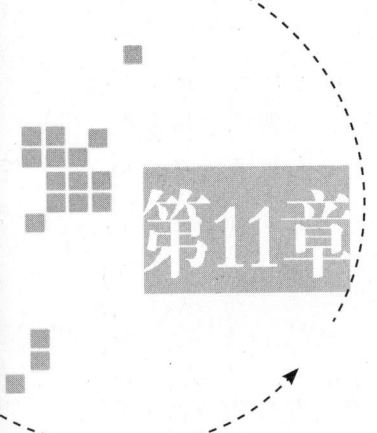

第11章

宏观经济调控的左手

——财政政策

政府预算：政府的预算报告

一、财政预算的含义和来历

政府预算是按法定程序编制、审查和批准的国家年度财政收支计划，它是国家为实现其职能而有计划地筹集和分配财政资金的主要工具，是国家的基本财政计划。国家预算由中央预算和地方预算组成，中央预算占主导地位。

财政预算制度最早出现于英国，在14~15世纪，新兴资产阶级的力量逐步壮大，他们充分利用议会同封建统治者争夺财政支配权。他们要求政府的各项收支必须事先作计划，经议会审查通过后才能执行，财政资金的使用要受议会监督，以此限制封建君主的财政权。

二、财政预算的功能

（1）反应政府部门活动或工作状况。财政预算反映了政府部门计划开支项目和资金的拟用情况。

（2）监督政府部门收支运作情况。量入为出的财政原则，财政预算要求收支保持平衡。

（3）控制政府部门支出。通过预算，可以规范政府行为，避免无计划性、盲目性等投入。

三、财政预算的原则

1.年度原则

年度原则指政府必须按照法定的预算年度编制国家预算，这一预算要反映全年的财政收支活动，同时不允许将不属于本年度财政收支的内容列入本年度的国家预算之中。任何一个政府预算的编制和实现，都要有时间上的界定。

预算年度是指预算收支起讫的有效期限，通常为1年。目前世界各国普遍采用的预算年度有两种：一是历年制预算年度，即从每年1月1日起至同年12月31日止，我国实行历年制预算年度；二是跨年制预算年度，即从每年某月某日开始至次年某月某日止，中间历经12个月，但却跨越了两个年度，如美国的预算年度是从每年的10月1日开始，到次年的9月30日止。

2.公开原则

政府预算反映政府活动的范围、方向和政策，与全体公民的切身利益息息相关，因此政府预算及其执行情况必须采取一定的形式公诸于人民，让人民了解财政收支状况，并置于人民的监督之下。

3.可靠原则

每一收支项目的数字指标必须运用科学的方法，依据充分确实的资料，并总结出规律性，进行计算，不能任意编造。

4.法律原则

政府预算与一般财政经济计划不同，它必须经过规定的合法程序，并最终成为一项法律性文件。政府预算的法律性是指政府预算的成立和执行结果都要经过立法机关审查批准。政府预算按照一定的立法程序审批之后就形成反映国家集中性财政资金来源规模、去向用途的法律性规范。

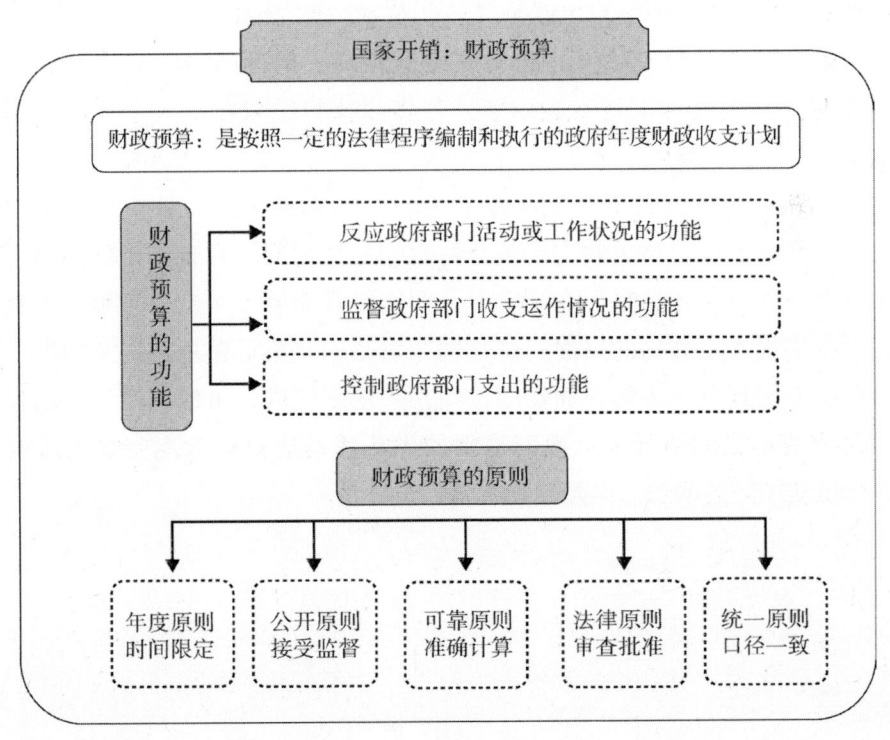

国家开销：财政预算

财政预算：是按照一定的法律程序编制和执行的政府年度财政收支计划

财政预算的功能
- 反应政府部门活动或工作状况的功能
- 监督政府部门收支运作情况的功能
- 控制政府部门支出的功能

财政预算的原则
- 年度原则　时间限定
- 公开原则　接受监督
- 可靠原则　准确计算
- 法律原则　审查批准
- 统一原则　口径一致

5.统一原则

尽管各级政府都设有该级财政部门，也有相应的预算，但这些预算都是政府预算的组成部分，所有的地方政府预算连同中央政府预算一起共同组成统一的政府预算。这就要求统一的预算科目，每个科目都要严格按统一的口径、程序计算和填列。

财政赤字：资不抵债的政府

一、财政赤字的含义

财政赤字是财政支出大于财政收入而形成的差额。了解会计常识的人都知道，这种差额在进行会计处理时，需用红字书写，这也正是"赤字"的由来。赤字的出现有两种情况：一是有意安排，被称为"赤字财政"或"赤字预算"，它属于财政政策的一种；另一种情况，即预算并没有设计赤字，但执行到最后却出现了赤字，也就是"财政赤字"或"预算赤字"。

财政赤字即预算赤字，是指一国政府在每一财政年度开始之初，在编制预算时在收支安排上就有的赤字。若实际执行结果收入大于支出，为财政盈余。

财政赤字是财政收支未能实现平衡的一种表现，是一种世界性的财政现象。从理论上说，财政收支平衡是财政的最佳情况，在现实中就是财政收支相抵或略有节余。但是，在现实中，国家经常需要大量的财富解决大批的问题，会出现入不敷出的局面。这是现在财政赤字不可避免的一个原因。不过，财政赤字具有一定的正面作用，即在一定限度内，可以刺激经济增长。当居民消费不足的情况下，政府通常的做法就是通过财政赤字加大政府投资，以拉动经济的增长，但是这绝不是长久之计。

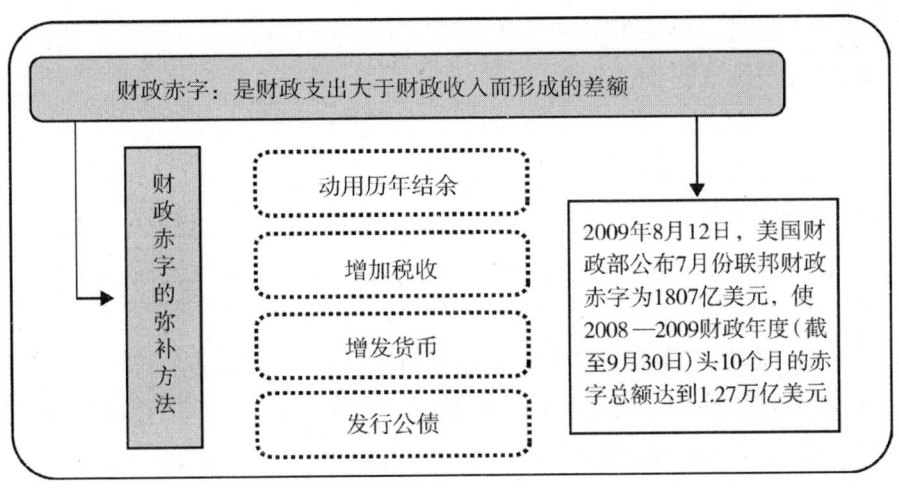

二、财政赤字的弥补方法

（1）动用历年结余，就是使用以前年度财政收入大于支出形成的结余来弥补财政赤字。

（2）增加税收，包括开增新税、扩大税基和提高税率。

（3）增发货币，这是弥补财政赤字的一个方法，至今许多发展中国家仍采用这种方法。

（4）发行公债，通过发行公债来弥补财政赤字是世界各国通行的做法。

三、我国的财政赤字

2009年2月1日，我国财政部发布的2008年财政收支情况显示，财政收入增速为19.5%，2008年财政赤字1 110.13亿元。专家认为相比西方国家赤字率，我国依然较低。

财政政策：宏观经济刺激与调控的政策

一、财政政策的含义

财政政策是国家整个经济政策的组成部分。财政政策是指国家根据一定时期政治、经济、社会发展的任务而规定的财政工作的指导原则，通过财政支出与税收政策来调节总需求。

增加政府财政支出，可以刺激总需求，从而增加国民收入；反之，则抑制总需求，减少国民收入。

税收对国民收入是一种收缩性力量，因此，增加政府税收，可以抑制总需求从而减少国民收入；反之，则刺激总需求，增加国民收入。

二、扩张性、紧缩性和中性财政政策

根据财政政策调节国民经济总量和结构中的不同功能将财政政策划分为扩张性财政政策、紧缩性财政政策和中性财政政策。

（1）扩张性财政政策又称积极的财政政策，是指通过财政分配活动来增加和刺激社会的总需求。

（2）紧缩性财政政策又称稳健的财政政策，是指通过财政分配活动来减少和抑制总需求。

（3）中性财政政策是指财政的分配活动对社会总需求的影响保持中性。

三、财政政策的手段

（1）国家预算。主要通过预算收支规模及平衡状态的确定、收支结构的安排和调整来实现财政政策目标。

（2）税收。主要通过税种、税率来确定和保证国家财政收入，调节社会经济的分配关系，以满足国家履行政治经济职能的财力需要，促进经济稳定协调发展和社会的公平分配。

（3）财政投资。通过国家预算拨款和引导预算外资金的流向、流量，以实现巩固和壮大社会主义经济基础，调节产业结构的目的。

（4）财政补贴。它是国家根据经济发展规律的客观要求和一定时期的政策需要，通过财政转移的形式直接或间接地对农民、企业、职工和城镇居民实行财政补助，以达到经济稳定协调发展和社会安定的目的。

（5）财政信用。国家按照有偿原则，筹集和使用财政资金的一种再分配手段，包括在国内发行公债和专项债券，在国外发行政府债券，向外国政府或国际金融组织借款，以及对预算内资金实行周转有偿使用等形式。

（6）财政立法和执法。国家通过立法形式对财政政策予以法律认定，并对各种违反财政法规的行为（如违反税法的偷税抗税行为等）诉诸司法机关，按照法律条文的规定予以审理和制裁，以保证财政政策目标的实现。

（7）财政监察。这是政府实现财政政策目标的重要行政手段。即国家通过财政部门对国有企业事业单位、国家机关团体及其工作人员执行财政政策和财政纪律的情况进行检查和监督。

四、我国不同时期的财政政策

1993—1997年间，为应对经济过热和通货膨胀，我国实施了适度从紧的财政政策，并与适度从紧的货币政策相配合，促使国民经济成功地实现了"软着陆"，形成"高增长、低通胀"的良好局面。

1998年，由于受到亚洲金融危机的影响，我国国内出现了有效需求不足和通货紧缩趋势明显的问题。在这种情况下，我国政府果断决定实施积极的财政政策，不仅有效抵御了亚洲金融危机的冲击，而且推动了经济结构调整和持续快速增长。

2004年以来，我国经济开始走出通货紧缩的阴影，呈现出加速发展的态势。但也出现了部分行业和地区投资增长过快，通胀压力不断加大等问题，在这种情况下，从2005年起我国将积极的财政政策转向稳健的财政政策。

2008年金融危机以前，我国宏观调控的重要任务是促进经济平稳较快发展，防止经济增长由偏快转向过热，防止物价由结构性增长转变为明显的通货膨胀。同时，着力优化经济结构和提高经济增长质量。因此，我国的财政政策采取"有保有压"，实行稳健的财政政策，控制财政支出从而促进经济协调健康发展。

金融危机发生后，我国为了应对国际金融危机，保持经济平稳较快发展，从2008年11月起对财政政策作出重大调整，实行积极的财政政策。这是1998年亚洲经济危机后再次转向实施积极的财政政策。

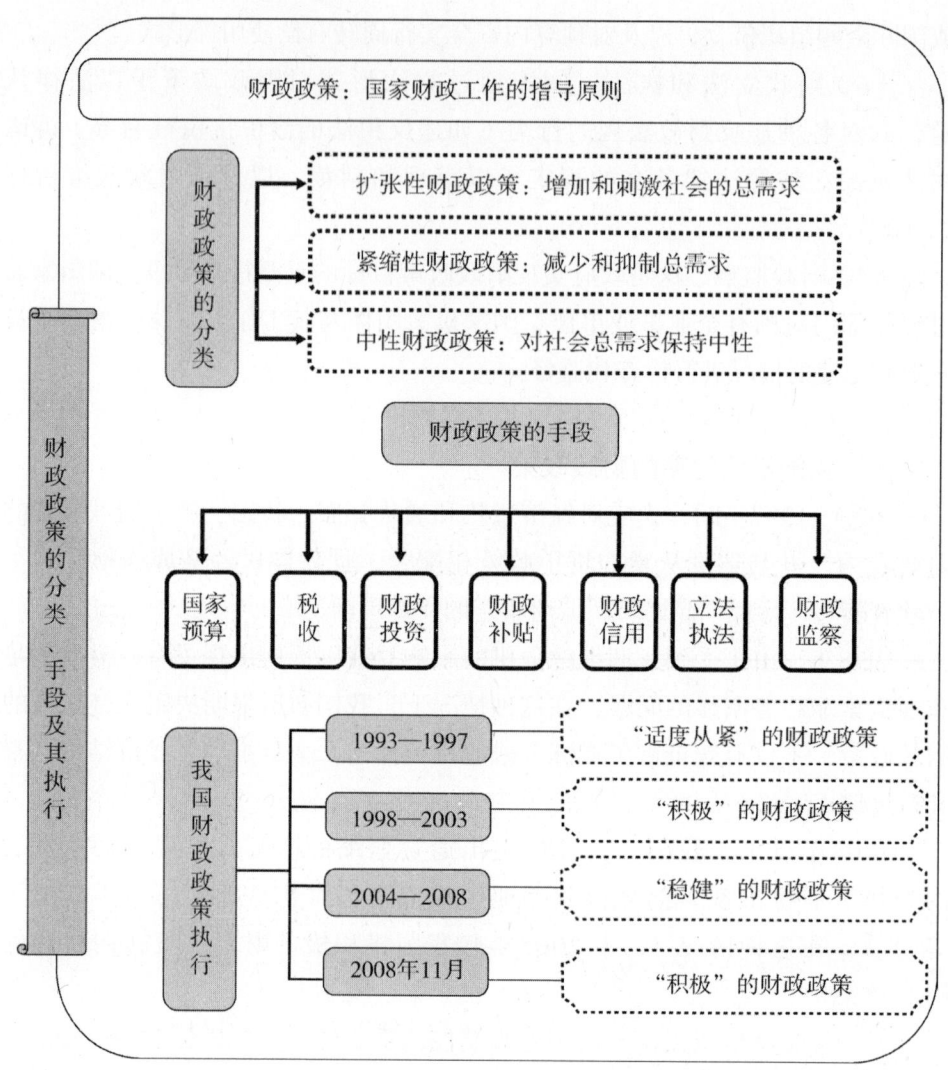

减税：刺激经济增长的特殊方法

一、税率

税率是指税额与征税对象之间的数量关系或比例关系，是指征税的尺度。税率一般包括如下几种。

1.比例税率

实行比例税率，对同一征税对象不论数额大小，都按同一比例征税。比例税率在具体运用上可分为以下几种：行业比例税率、产品比例税率、地区差别比例税率和幅度比例税率。

2.定额税率

定额税率是税率的一种特殊形式。它不是按照征税对象规定征收比例，而是按照征税对象的计量单位规定固定税额，所以又称为固定税额。定额税率有四种表现形式：地区差别税额，幅度税额，分类分级税额，地区差别、分类分极和幅度相结合的税额。

3.累进税率

累进税率是指按征税对象数额的大小，划分若干等级，每个等级由低到高规定相应的税率，征税对象数额越大税率越高，数额越小税率越低。累进税率又分为全额累进税率、全率累进税率、超额累进税率、超率累进税率。

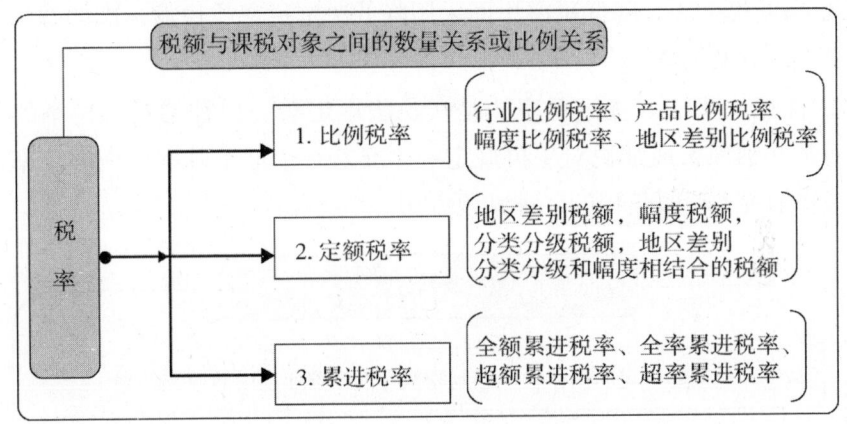

二、减、免税

减、免税的目的是为了减轻生产者和消费者的负担，刺激生产者投资，刺激消费者消费，以促进经济的发展。

2009年1月14日，国务院通过汽车和钢铁产业调整振兴规划。决定从2009年1月20日至12月31日，对1.6升及以下排量乘用车的购置税从10%减到5%。

2009年1~7月，国产汽车销量达到718万辆，同比增长23.38%。

1.减税

（1）减税的含义。减税又称税收减征，是按照税收法律、法规减除纳税义务人一部分应纳税款。它是对某些纳税人、征税对象进行扶持、鼓励或照顾，以减轻其税收负担的一种特殊规定。减税是税收的严肃性与灵活性结合制定的政策措施，是普遍采取的税收优惠方式。由于减税与免税在税法中经常结合使用，人们习惯上统称为减免税。减税一般分为法定减税、特定减税和临时减税。

（2）减税的具体办法。

① 税额比例减征法。税额比例减征法即对按照税收法律、法规的规定计算出来的应纳税额减征一定比例，以减少纳税人应纳税额的一种方法。

② 税率比例减征法。税率比例减征法即按照税法规定的法定税率或法定税额标准减征一定比例，计算出减征税额的一种方法。

③ 降低税率法。降低税率法即采用降低法定税率或税额标准的方法来减少纳税人的应纳税额。

④ 优惠税率法。优惠税率法是在税法规定某一税种的基本税率的基础上，对某些纳税人或征税对象再规定一个或若干个低于基本税率的税率，以此来减轻纳税人税收负担的一种减税方法。

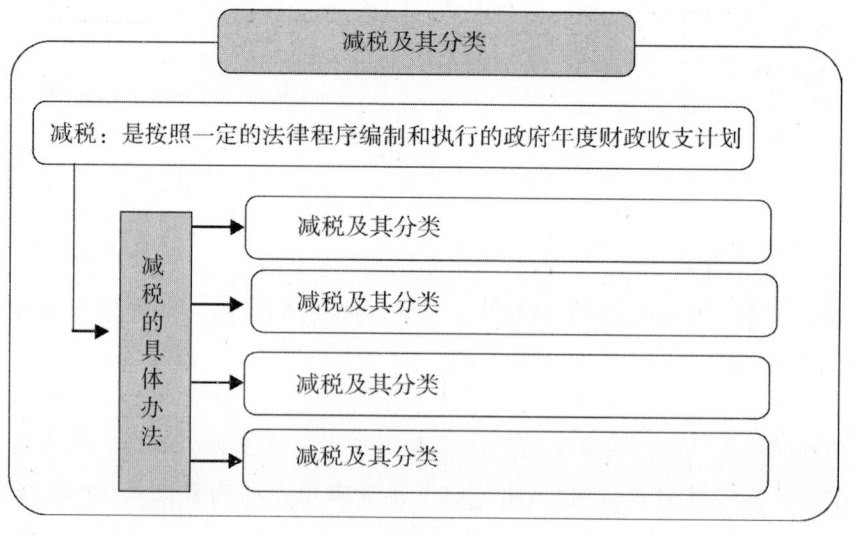

2.免税

（1）免税的含义。免税是指按照税法规定免除全部应纳税款，是对某些纳税人或征税对象给予鼓励、扶持或照顾的特殊规定，是世界各国及各个税种普遍采用的一种税收优惠方式。

（2）免税的种类。

① 法定免税。这类免税主要是从国家（或地区）国民经济宏观发展及产业规划的大局出发，对一些需要鼓励发展的项目或关系社会稳定的行业领域，给予的税收扶持或照顾，具有长期的适用性和较强的政策性。

② 特定免税。特定免税是根据政治、经济情况发生变化和贯彻税收政策的需要，对个别、特殊的情况专案规定的免税条款。

③ 临时免税。临时免税是对个别纳税人因遭受特殊困难而无力履行纳税义务，或因特殊原因要求减除纳税义务的，对其应履行的纳税义务给予豁免的特殊规定。

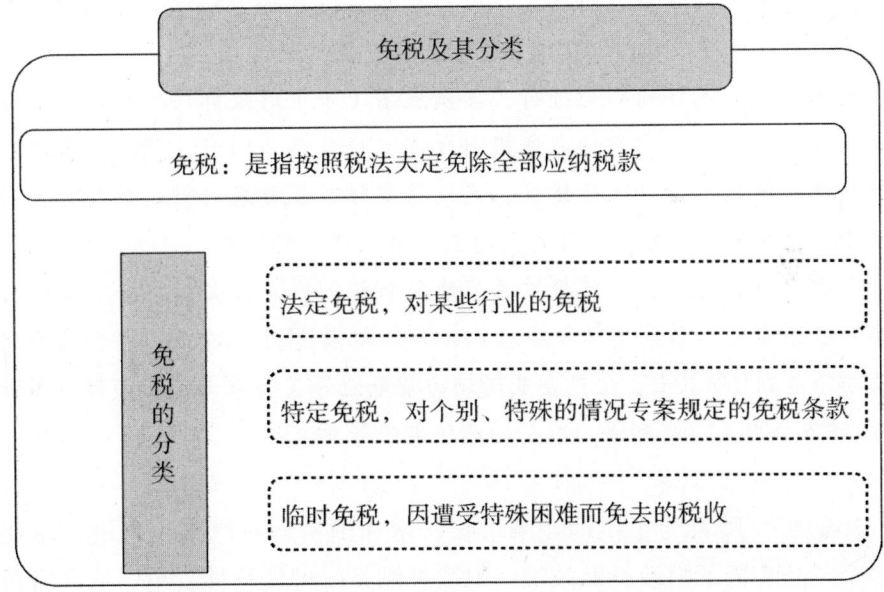

财政补贴：财政安排的专项援助

一、财政补贴

2009年2月5日，财政部公布了由该部和科技部出台的《节能与新能源汽车示范推广财政补助资金管理暂行办法》（以下简称《办法》）。

《办法》决定，在北京、上海、重庆、长春、大连、杭州、济南、武汉、深圳、合肥、长沙、昆明和南昌13个城市开展节能与新能源汽车示范推广试点工作，以财政政策鼓励在公交、出租、公务、环卫和邮政等公共服务领域率先推广使用节能与新能源汽车，对推广使用单位购买节能与新能源汽车给予补助。

其中，中央财政重点对购置节能与新能源汽车给予补助，地方财政重点对相关配套设施建设及维护保养给予补助。

为保证试点工作的顺利进行，各试点省（市）财政部门要抓紧制定节能与新能源汽车示范推广实施方案报财政部、科技部。同时，试点城市要跟踪节能与新能源汽车示范运行情况，定期将实际节能效果、财政补助资金安排使用情况以及试点工作中发现的问题函告财政部、科技部。

《办法》还规定，示范推广的节能与新能源汽车，必须符合混合动力乘用车和轻型商务车与同类传统车型相比节油率须达到5%以上，混合动力客车节油率须达到10%以上；生产企业对动力蓄电池等关键零部件必须提供不低于3年或15万公里（以先到者为准）的质保期限等要求。

2009年，国家为了拉动经济增长，增加消费，对汽车、彩电、摩托车等多个产品实行了财政补贴政策。财政补贴是一种转移性支出。从政府角度看，支付是无偿的；从领取补贴者角度看，意味着实际收入的增加，经济状况较之前有所改善。财政补贴总是与相对价格的变动联系在一起，它具有改变资源配置结构、供给结构、需求结构的作用。我们可以把财政补贴定义为一种影响相对价格结构，从而可以改变资源配置结构、供给结构和需求结构的政府无偿支出。

财政补贴是指用国家财政资金直接资助企业或居民的国民收入再分配形式。国家为了实现特定的政治经济目标，由财政安排专项基金向国有企业或劳动者个人提供的一种资助。

中国现行的财政补贴主要包括价格补贴、企业亏损补贴等。补贴的对象是国有企业和居民等。补贴的范围涉及工业、农业、商业、交通运输业、建筑业、外贸等国民经济各部门和生产、流通、消费各环节及居民生活等各个方面。

从补贴的主体划分，财政补贴分为中央财政补贴和地方财政补贴。

中央财政补贴列入中央财政预算。中央财政负责对中央所属国有企业由于政策原因发生的亏损予以补贴，同时对一部分主要农副产品和工业品的销售价格低于购价或成本价的部分予以补贴。

地方财政补贴列入地方财政预算。地方财政负责对地方所属的国有企业由于政策原因而发生的亏损予以补贴，也对一部分农副产品销售价格低于购价或成本价的部分予以补贴。

二、财政补贴的作用

财政补贴是在特定的条件下，为了发展社会主义经济和保障劳动者的福利而采取的一项财政措施。它具有双重作用：一方面，财政补贴是国家调节国民经济和社会生活的重要杠杆。运用财政补贴特别是价格补贴，能够保持市场销售价格的基本稳定，保证城乡居民的基本生活水平，有利于合理分配国民收入，有利于合理利用和开发资源。另一方面，补贴范围过广，项目过多也会扭曲比价关系，削弱价格作为经济杠杆的作用，妨碍正确核算成本和效益，掩盖企业的经营性亏损，不利于促使企业改善经营管理；如果补贴数额过大，超越国家财力所能，就会成为国家财政的沉重负担，影响经济建设规模，阻滞经济发展速度。

转移支付：财政资金的无偿转移

一、转移支付

转移支付又称无偿支出，它主要是指各级政府之间为解决财政失衡而通过一定的形式和途径转移财政资金的活动，是用于补充公共物品而提供的一种无偿支出，是政府财政资金的单方面无偿转移，体现的是非市场性的分配关系。

转移支付的模式主要有三种：一是自上而下的纵向转移；二是横向转移；三是纵向与横向转移的混合。规范转移支付制度的原则是：公平原则、效率原则和法治原则。

在1994年实行分税制体制改革前，我国做了大量的财政转移支付的前期工作，1994年实行分税制体制改革后才从西方引进了转移支付的概念。中央财政从1995年开始正式实施过渡期转移支付办法。根据国际货币基金组织《政府财政统计手册》中的支出分析框架，政府转移支付有两个层次：一是国际间的转移支付，包括对外捐赠、对外提供商品和劳务、向跨国组织交纳会费；二是国内的转移支付，既有政府对家庭的转移支付如养老金、住房补贴等，又有政府对国有企业提供的补贴，还有政府间的财政资金的转移。我们一般意义上称的财政转移支付，是指政府间的财政资金转移，是中央政府支出的一个重要部分，也是地方政府重要的预算收入。

在西方国家，财政支出主要分为购买支出和转移支出。我国的财政转移支付制度是在1994年分税制的基础上建立起来的，是一套由税收返还、财力性转移支付和专项转移支付三部分构成的，以中央对地方的转移支付为主的且具有中国特色的转移支付制度。

转移支付包括政府的转移支付、企业的转移支付和政府间的转移支付。

（1）政府的转移支付。这类大都具有福利支出的性质，如社会保险福利津贴、抚恤金、养老金、失业补助、救济金以及各种补助费等，农产品价格补贴也是政府的转移支付之一。由于政府的转移支付实际上是把国家的财政收入还给个人，所以有的西方经济学家称为负税收。

（2）企业的转移支付。通常是指企业对非营利组织的赠款或捐款，以及非企业雇员的人身伤害赔偿等。转移支付在客观上缩小了收入差距，对保持总需求水平稳定，减轻总需求摆动的幅度和强度，稳定社会经济有积极的作用。通常在经济萧条来临时，总收入下降，失业人数增加，政府拨付的社会福利支出也必然增加。这样，可以增强购买力，提高有效需求水平，从而可以抑制或缓解经济萧条。当经济中出现过度需求时，政府减少转移支付量，可以抑制总需求水平的升高。

（3）政府间的转移支付。一般是上一级政府对下级政府的补助。确定转移支付的数额，通常是根据一些社会经济指标，如人口、面积等，以及一些由政府承担的社会经济活动，如教育、治安等的统一单位开支标准计算的。政府间的转移支付主要是为了平衡各地区由于地理环境不同或经济发展水平不同而产生的政府收入的差距，以保证各地区的政府能够有效地按照国家统一的标准为社会提供服务。

二、我国的转移支付类型

我国虽未出台转移支付法，但已有转移支付的实践，我国政府间的转移支付形式包括以下几类：

（1）一般转移支付。又称体制转移支付，是在现行财政体制之下所实施的转移支付。它是最基本、最主要的支付形式。

（2）专项转移支付。即为实现某种特定的政策经济目标或专项任务，由上级财政提供的专项补助。

（3）特殊转移支付。在发生不可抗力或国家进行重大政策调整时，由上级政府支付的特殊补助。

（4）税收返还。中央基于宏观调控的需要，将集中的部分税收收入返还给地方。

第12章 经济运行的润滑剂

——货币和商业银行

货币：不仅仅是钱那么简单

一、货币不仅仅是钱

在太平洋某些岛屿和若干非洲民族中，以1种贝壳——"加马里"货币来交税，600个"加马里"可换一整匹棉花。再如，美拉尼西亚群岛的居民普遍养狗，所以就以狗牙作货币，1颗狗牙大约可买100个椰子，而娶1位新娘，必须给她几百颗狗牙作礼金！

在太平洋加罗林群岛中的雅浦岛，这里的居民使用石头货币。这里每一枚货币叫做"一分"，但这样的"一分"，绝不可以携带在身上。因为它是1个"庞然大物"的圆形石头，中心还有1个圆窟。按照当地人的规定，"分"的体积和直径越大，价值就越高。因此有的价值高的"分"的直径大到5米。这种货币是用石灰岩的矿物——文石刻成的，但雅浦岛上没有文石，当地人要远航到几百里外的帕拉乌岛把大石打下，装在木筏上运回。单是海上那惊险百出的航程，就要历时几个星期。

巨大的石头货币，有优点也有缺点，优点是不怕盗窃，不怕火烧水浸，经久耐磨，缺点是不易搬运，携带不得。所以用这种货币去购物时，必须要把货主带到石头货币旁边察看成色，然后讲价。

由于搬运艰难，人们卖掉货物换来的石头货币，只好打上印戳，让它留在原地，作为自己的一笔"不动产"。

为什么狗牙和石头也能成为货币？货币为什么能买到任何东西？要解开货币的有关疑问，就必须了解货币是怎么来的。

货币的前身就是普普通通的商品，它是在交换过程中逐渐演变成一般等价物的。货币是商品，但又不是普通商品，而是特殊商品。货币出现后，整个商品世界就分裂成为两极，一极是特殊商品——货币，另一极是所有的普通商品。普通商品是以各种各样的使用价值的形式出现，而货币则是以价值的体化物或尺度出现，普通商品只有通过与货币的比较，其价值才能得到体现，所有商品的价值只有通过与货币的比较之后，相互之间才可以比较。

货币就是钱，由各国的中央银行发行，政府以法律形式保证它在市场上流通。宏观经济学中所说的货币是比日常生活中的"钱"要更为广义的概念。

萨缪尔森在其名著《经济学》有关货币的章节中，引用了哈伯特的一句名言："在一万人中只有一人懂得通货问题，而我们每天都碰到它。"由此看来，货币貌似简单，实际上极其复杂。

货币的本质问题是最复杂的问题，19世纪中叶英国有一位议员格莱顿曾经说过这样一句话，就是"在研究货币本质中受到欺骗的人，比谈恋爱受欺骗的人还要多"。真的是这个样子，直到今天不论是马克思也好，西方经济学的学者们也好，关于货币的本质仍然存在大量的争论。

二、货币的历史

货币的发展一共经历了如下几个阶段。

1.物物交换

人类使用货币的历史产生于物物交换的时代。在原始社会，人们使用以物易物的方式，交换自己所需要的物资，比如1头羊换1把石斧。但是有时候受到用于交换的物质种类的限制，不得不寻找1种能够为交换双方都接受的物品。这种物品就是最原始的货币。牲畜、盐、稀有的贝壳、珍稀鸟类羽毛、宝石、沙金、石头等不容易大量获取的物品都曾经被作为货币使用过。

在人类早期历史上，"贝"因为其不易获得，充当了一般等价物的功能，"贝"因此成为最原始的货币之一。今天的汉字如"赚""赔""财"等，都有"贝"字旁，就是当初贝壳作为货币流通的印迹。

2.金属货币

经过长年的自然淘汰，在绝大多数社会里，作为货币使用的物品逐渐被金属所取代。使用金属货币的好处是它的制造需要人工，无法从自然界大量获取，同时还易储存。数量稀少的金、银和冶炼困难的铜逐渐成为主要的货币金属。某些国家和地区还使用过铁质货币。

　　早期的金属货币是块状的，使用时需要先用试金石测试其成色，同时还要称重量。随着人类文明的发展，逐渐建立了更加复杂而先进的货币制度。古希腊、罗马和波斯的人们铸造重量、成色统一的硬币。这样，在使用硬币的时候，既不需要称重量，也不需要测试成色，无疑方便得多。这些硬币上面带有国王或皇帝的头像、复杂的纹章和印玺图案，以免伪造。

　　中国最早的金属货币是商朝的铜贝。商代在我国历史上也称青铜器时代，当时相当发达的青铜冶炼业促进了生产的发展和交易活动的增加。于是，在当时最广泛流通的贝币由于来源的不稳定而使交易发生不便，人们便寻找更适宜的货币材料，自然而然集中到青铜上，青铜币应运而生。但这种用青铜制作的金属货币在工艺上很粗糙，设计简单，形状不固定，没有使用单位，在市场上也未达到广泛使用的程度。由于其外形很像作为货币的贝币，因此人们大都将其称为铜贝。

　　铜贝产生以后，是与贝币同时流通的，铜贝发展到春秋中期，又出现了新的货币形式，即包金铜贝，它是在普通铜币的外表包一层铂金，既华贵又耐磨。铜贝不仅是我国最早的金属货币，也是世界上最早的金属货币。

3.金银

　　西方国家的主币为金币和银币，辅币以铜、铜合金制造。随着欧洲社会经济的发展，商品交易量逐渐增大，到15世纪时，经济发达的佛兰德斯和意大利北部各邦国出现了通货紧缩的恐慌。从16世纪开始，大量来自美洲的黄金和白银通过西班牙流入欧洲，挽救了欧洲的货币制度，并为其后欧洲的资本主义经济发展创造了起步的条件。

4.纸币

　　随着经济的进一步发展，金属货币同样显示出使用上的不便。在大额交易中需要使用大量的金属硬币，其重量和体积都令人感到烦恼。金属货币使用中还会出现磨损的问题，据不完全统计，自从人类使用黄金作为货币以来，已经有超过两万吨的黄金在铸币厂里，或者在人们的手中、钱袋中和衣物口袋中磨损掉。于是作为金属货币的象征符号的纸币出现了。世界上最早的纸币是我国北宋时四川地区出现的交子。

　　目前世界上共有200多种货币，流通于世界190多个独立国家和其他地区。作为各国货币主币的纸币，精美、多侧面地反映了该国历史文化的横断面，沟通了世界各国人民的经济交往。世界上比较重要的纸币包括美元、欧元、人民币、日元和英镑等。

随着信用制度的发展，存款货币和电子货币对于我们已经并不陌生，但新的货币形式还将不断出现。货币如同魔术师的神秘魔术，它神奇地吸引着人们的注意力，调动着人们的欲望，渗透到每一个角落，用一种看不见的强大力量牵引着人们的行为。我们要正确认识货币，更要正确使用货币。

三、货币层次划分的标准和意义

通过对货币概念的界定，按照货币形态流动性的高低，将其划分为不同的货币层次，随着流动性的降低，货币层次呈递增的趋势。就出现了M_0、M_1、M_2、M_3、M_4…边界不同的货币层次。

M_0 = 现金（纸币和硬币）

M_1 = M_0+所有金融机构的活期存款

M_2 = M_1+商业银行的定期存款和储蓄存款

M_3 = M_2+其他金融机构的定期存款和储蓄存款

M_4 = M_3+其他短期流动资产

M_0是边界最窄的货币界定，由流通中的纸币和硬币组成，通常称为现金。现金在流通过程中，无须办理手续，也无须时间的准备，就能完成商品的交易，因此，它具有很高的流动性。

M_1是由现金和活期存款组成的。这里的活期存款实际上指的是支票账户，是存款人的活期存款和其他可开支票的存款。虽然支票账户不能直接作为购买手段，但在需要的时候，可以很容易转化为现金执行购买手段的职能。不过，支票账户毕竟不同于现金，其流动性要低于现金，因此，M_1的流动性也就低于M_0。

通常把M_0和M_1称为狭义货币，或称为交易货币，即主要是为交易目的而持有的货币。狭义货币是现实经济活动中购买能力或支付能力的代表。狭义货币作为现实经济活动中购买能力或支付能力的载体，体现着货币作为交换媒介的作用，因此，流通中的狭义货币的数量，直接影响着社会的货币供给量，进而对整个宏观经济运行也具有很大的影响。

通常把M_2、M_3、M_4等称为广义货币，是对货币外延的扩大。广义货币除了包括狭义货币之外，还包括一些金融资产和可以代替现金或支票的替代物。广义货币与狭义货币的差别是非本质的差别，它们的差别主要体现在流动性的程度上，随着货币层次的提高，其流动性呈递减态势。在一定条件下，广义货币可以转化为狭义货币，通常被称为一种潜在的购买能力或支付能力，需要经过一定时期（变现过程）才会对经济运行产生影响。

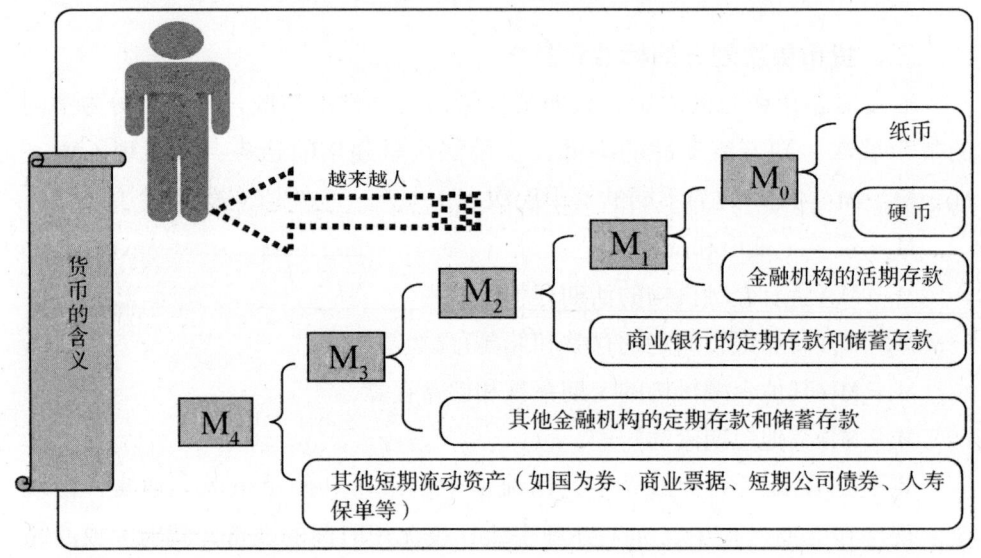

四、货币的职能

1.货币是交换媒介

在物物交易制度下，人们要花费很多时间去寻找交易伙伴。在现代经济中，通过货币这种交易媒介，人们在寻找交易伙伴方面所花费的成本被降到最小限度。

在商品交换过程中，商品出卖者把商品转化为货币，然后再用货币去购买商品。在这里，货币发挥交换媒介的作用，执行流通手段的职能。

在货币出现以前，商品交换是直接的物物交换。货币出现以后，它在商品交换关系中则起到媒介作用。以货币为媒介的商品交换就是商品流通，它由商品变为货币（W—G）和由货币变为商品（G—W）两个过程组成。由于货币在商品流通中作为交换的媒介，它打破了直接物物交换和地方的限制，扩大了商品交换的品种、数量和地域范围，从而促进了商品交换和商品生产的发展。

由于货币充当流通手段的职能，使商品的买和卖打破了时间上的限制，一个商品所有者在出卖商品之后，不一定马上就买；也打破了买和卖空间上的限制，一个商品所有者在出卖商品以后，可以就地购买其他商品，也可以在别的地方购买任何其他商品。

2.货币是财富储藏

由于货币被社会普遍接受，人们可以随时用货币交换其他商品和劳务，所以，人们就可以用持有货币的方法来储藏财富。

货币作为储藏手段，是随着商品生产和商品流通的发展而不断发展的。在商品流通的初期，有些人就把多余的产品换成货币保存起来，储藏金银被看成是富裕的表现，这是一种朴素的货币储藏形式。随着商品生产的连续进行，商品生产者要不断地买进生产资料和生活资料，但他生产和出卖自己的商品要花费时间，并且能否卖掉也没有把握。这样，他为了能够不断地买进，就必须把前次出卖商品所得的货币储藏起来，这是商品生产者的货币储藏。随着商品流通的扩展，货币的权力日益增大，一切东西都可以用货币来买卖，货币交换扩展到一切领域。谁占有更多的货币，谁的权力就更大，储藏货币的欲望也就变得更加强烈，这是一种社会权力的货币储藏。货币作为储藏手段，可以自发地调节货币流通量，起着蓄水池的作用。

3.货币是核算单位

任何商品和劳务的价值都可以用货币来衡量，因此人们才可以对各种不同的商品和劳务的价值进行比较。

在商品交换过程中，货币成为一般等价物，可以表现出任何商品的价值，衡量一切商品的价值量。货币在执行价值尺度的职能时，并不需要有现实的货币，只需要观念上的货币。例如，1辆自行车价值200元人民币，只要贴上标签就可以了。当人们在做这种价值估量的时候，只要他的头脑中有多少钱的观念就行了。用来衡量商品价值的货币虽然只是观念上的货币，但是这种观念上的货币仍然要以实在的货币为基础。人们不能随意给商品定价，因为，货币的价值同其他商品之间存在着客观的比例，这一比例的现实基础就是生产者所耗费的社会必要劳动量。

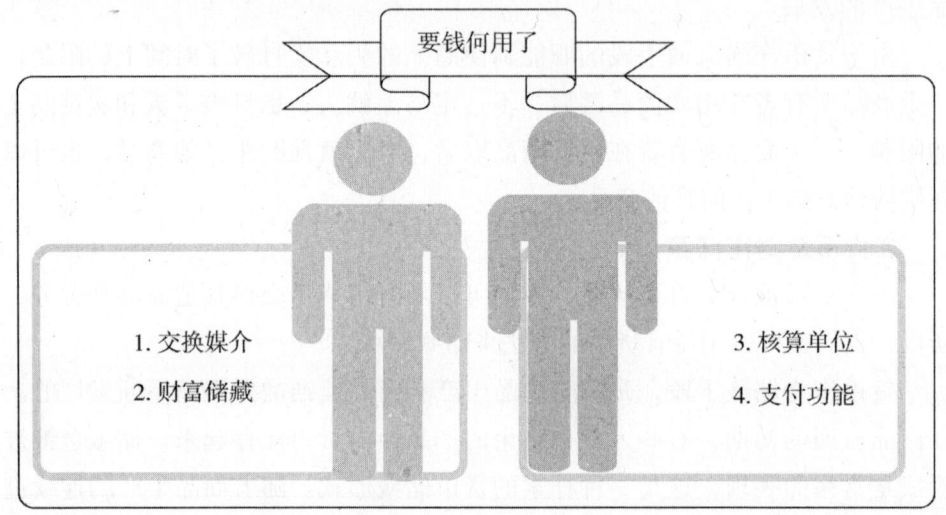

要钱何用了

1. 交换媒介
2. 财富储藏
3. 核算单位
4. 支付功能

商品的价值用一定数量的货币表现出来，就是商品的价格。价值是价格的基础，价格是价值的货币表现。货币作为价值尺度的职能，就是根据各种商品的价值大小，把它表现为各种各样的价格。例如，1头牛值2两黄金，在这里2两黄金就是1头牛的价格。

4.货币的支付功能

人们可以用货币来偿还债务，包括债务的本金和利息。

货币流通：央行究竟要发行多少钱

一、货币流通

货币流通是指货币表现为一个不断重复的、不断地作为购买手段在买者和卖者之间交换位置的运动。货币流通以商品流通为基础，并且服务于商品流通。流通中的货币量必须满足商品流通的需要，货币流通必须同商品流通相适应，这个规律称为货币流通规律。

二、货币流通量

银行提供的利率越高，大众也就越愿意牺牲更多的流通性，即把更多的货币存入银行；反之，当利率太低时，大众就会觉得它不足以补偿其牺牲流通性的便利，所以宁愿持有更多的货币。因而大众对货币的需求与利率的高低成反比关系。从这个意义上来说，利率实际上是货币的价格。当然利率并不是用来"买"货币，而只是买通货的流通性而已。

货币流通同时也受收入水平的影响。在日常生活中，我们可以观察到高收入的富人一般要花更多的钱，因为他们有更多的开销要支付。对于一个国家的整个国民经济来说也是这样，国民总收入的提高就意味着大众需要花费更多货币去支付增加的消费或投资。一般来说，经济运行过热时货币需求量大，而经济衰退阶段的货币需求量小。所以我们可以说，货币的需求与国民总收入水平成正比关系。

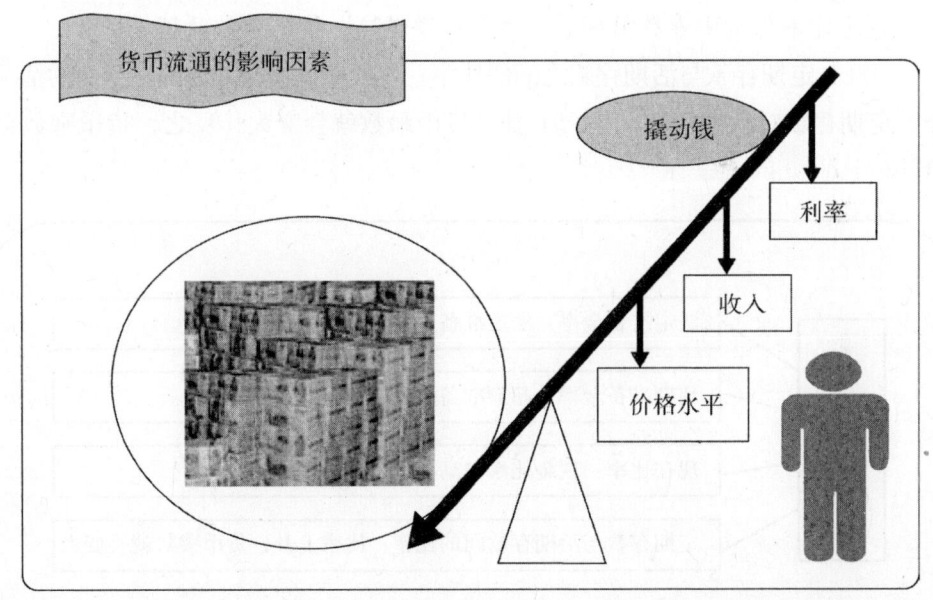

货币需求量与价格水平也密切相关。在其他条件给定的情况下，价格水平越高，大众越需要更多的货币去支付其正常开销。因而货币需求与价格水平成正比关系。

三、货币乘数

所谓货币乘数，是指在货币供给的过程中，中央银行的初始货币供给与最终形成的社会货币流通量之间存在着倍数扩张或收缩关系，这就是通常所说的乘数效应。

货币乘数的大小决定了货币供给扩张能力的大小。而货币乘数的大小又由以下四个因素决定：

（1）法定准备金率。定期存款与活期存款的法定准备金率均由中央银行直接决定。通常，法定准备金率越高，货币乘数越小；反之，货币乘数越大。

（2）超额准备金率。商业银行保有的超过法定准备金的准备金与存款总额之比，称为超额准备金率。超额准备金的存在相应减少了银行创造派生存款的能力，因此超额准备金率越高，货币乘数越小；反之，货币乘数就越大。

（3）现金比率。现金比率是指流通中的现金与商业银行活期存款的比率。现金比率与货币乘数负相关，现金比率越高，货币乘数就越小。

（4）定期存款与活期存款之间的比率。一般来说，在其他因素不变的情况下，定期存款对活期存款比率会上升，货币乘数就会变大；反之，货币乘数会变小。

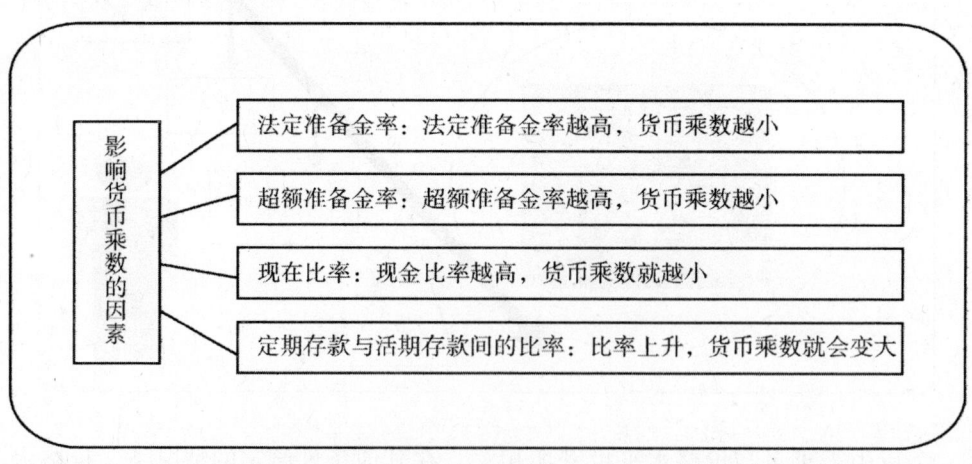

影响货币乘数的因素

- 法定准备金率：法定准备金率越高，货币乘数越小
- 超额准备金率：超额准备金率越高，货币乘数越小
- 现在比率：现金比率越高，货币乘数就越小
- 定期存款与活期存款间的比率：比率上升，货币乘数就会变大

货币制度：没有规矩，不成方圆

一、货币制度的含义

没有规矩，不成方圆，货币也有货币的规矩——货币制度。货币制度是国家对货币的有关要素、货币流通的组织与管理等加以规定所形成的制度，完善的货币制度能够保证货币和货币流通的稳定，保障货币正常发挥各项职能。货币制度是国家以法律的形式规定下来的。一国的货币制度至少要明确以下几个问题。

1.规定货币材料

规定货币材料就是规定币材的性质，确定不同的货币材料就形成不同的货币制度。比如，货币是用贝壳还是铜铁？是用金银还是纸张？但是哪种物品可以作为货币材料不是国家随心所欲指定的，而是对已经形成的客观现实在法律上加以肯定。目前，各国都实行不兑现的信用货币制度，对货币材料不再作明确规定。

2.规定货币单位

货币单位是货币本身的计量单位，规定货币单位包括两点：一是规定货币单位的名称；二是规定货币单位的值。比如，过去铜钱的单位是"文""贯"，金银的单位是"克"，人民币的单位是"元"。在金属货币制度条件下，货币单位的值是每个货币单位包含的货币金属重量和成色；在信用货币尚未脱离金属货币制度条件下，货币单位的值是每个货币单位的含金量；在黄金非货币化后，确定货币单位的值表现为确定或维持本币的汇率。

3.规定流通中货币的种类

规定流通中货币的种类主要指规定主币和辅币，主币是一国的基本通货和法定价格标准，辅币是主币的等分，是小面额货币，主要用于小额交易支付。金属货币制度下主币是用国家规定的货币材料按照国家规定的货币单位铸造的货币，辅币用贱金属并由国家垄断铸造；信用货币制度下，主币和辅币的发行权都集中于中央银行或政府指定机构。

4.规定货币法定支付偿还能力

货币法定支付偿还能力分为无限法偿和有限法偿。无限法偿指不论用于何种支付，不论支付数额有多大，对方均不得拒绝接受；有限法偿即在一次支付中有法定支付限额的限制，若超过限额，对方可以拒绝接受。金属货币制度下，一般而言主币具有无限法偿能力，辅币则是有限法偿。

5.规定货币铸造发行的流通程序

货币铸造发行的流通程序主要分为金属货币的自由铸造与限制铸造、信用货币的分散发行与集中垄断发行。自由铸造指公民有权用国家规定的货币材料，按照国家规定的货币单位在国家造币厂铸造货币，一般而言主币可以自由铸造；限制铸造指只能由国家铸造，辅币为限制铸造。信用货币分散发行指各商业银行可以自主发行，早期信用货币是分散发行，目前各国信用货币的发行权都集中于中央银行或指定机构。

6.规定货币发行准备制度

货币发行准备制度是为约束货币发行规模维护货币信用而制定的，要求货币发行者在发行货币时必须以某种金属或资产作为发行准备。在金属货币制度下，货币发行以法律规定的贵金属作为发行准备，在现代信用货币制度下，各国货币发行准备制度的内容比较复杂，一般包括现金准备和证券准备两大类。

二、货币制度的演变

1.金本位制度

由于黄金长期扮演着货币的角色，后来产生了以黄金为本位币的货币制度，即金本位制度。在金本位制度下，每单位的货币价值等同于若干重量的黄金（即货币含金量）；当不同国家使用金本位时，国家之间的汇率由它们各自货币的含金量之比——铸币平价来决定。金本位制于19世纪中期开始盛行。正如格林斯潘指出的那样，金本位牢牢地遏制了通货膨胀的泛滥势头，但金本位制度本身的局限性，也决定了它必然随着历史的发展而被淘汰。

1914年，第一次世界大战爆发后，英国为了筹措军费大量发行纸币，同时从美国购买军用物资支付了大量的黄金。纸币发行量剧增，黄金储备量急剧下降，原先纸币和黄金的比价无法维持。英国不得不在战时停止英镑兑换黄金，暂时放弃金本位制。在1929—1933年世界经济大危机中，英国的金本位制彻底崩溃。

随后，各国纷纷发行不兑现的纸币，禁止黄金自由输出，金本位制随之告终。随着美元的渐渐崛起，布雷顿森林体系时代开始到来。

2.布雷顿森林体系

1944年，来自44个盟约国家的730多位代表齐聚在美国新罕布什尔州布雷顿森林郡的华盛顿山度假宾馆，足足开了20天的会议，终于争吵出一个结果，那就是著名的布雷顿森林体系——世界上第一个全球性的金融货币体制协议，就是在此时诞生的。《布雷顿森林协定》规定以黄金为基础，以美元作为最主要的国际储备货币。美元直接与黄金挂钩，各国货币则与美元挂钩，并可按35美元1盎司的官价向美国兑换黄金。美元可以兑换黄金和各国实行可调节的钉住汇率制，是构成这一货币体系的两大支柱。这就是布雷顿森林体系。

《布雷顿森林协定》还成立了国际货币基金组织（Internationol Monetary Fund，IMF），它是维持这一体系正常运转的中心机构，它有监督国际汇率、提供国际信贷、协调国际货币关系三大职能。同时，世界银行也随之产生，它的主要职责是提供长期贷款，帮助发展中国家提供实物资本。这些贷款的资金主要来源于世界银行在发达国家的资本市场上发行的债券。

布雷顿森林体系的形成，暂时结束了"战前"货币金融领域的混乱局面，维持了"战后"世界货币体系的正常运转。固定汇率制是布雷顿森林体系的支柱之一，但它不同于金本位下汇率的相对稳定。布雷顿森林体系的形成，在相对稳定的情况下扩大了世界贸易。美国通过赠与、信贷、购买外国商品和劳务等形式，向世界散发了大量美元，客观上起到扩大世界购买力的作用。同时，固定汇率制在很大程度上消除了由于汇率波动而引起的动荡，在一定程度上稳定了主要国家的货币汇率，有利于国际贸易的发展。

布雷顿森林体系的一个重要特征是，美国被确立为储备货币国。这与美国经济实力的雄厚是分不开的，这也给布雷顿森林体系的解体埋下了隐患。

因为布雷顿森林体系的基础是美国经济。假若美国国际收支持续性逆差，美元对外价值长期不稳，美元则会丧失其中心地位。另外，美国要履行35美元兑换1盎司黄金的义务，必须拥有充足的黄金储备。如果美国黄金储备流失过多，储备不足，就难以履行兑换义务，并且无力进行市场操作和平抑金价，美元比价下降，国际货币制度的基础随之动摇。布雷顿森林体系还规定了汇率浮动幅度需保持在1%以内，导致汇率缺乏弹性，限制了汇率对国际收支的调节作用。随着历史的发展，布雷顿森林体系的弊端逐渐暴露。

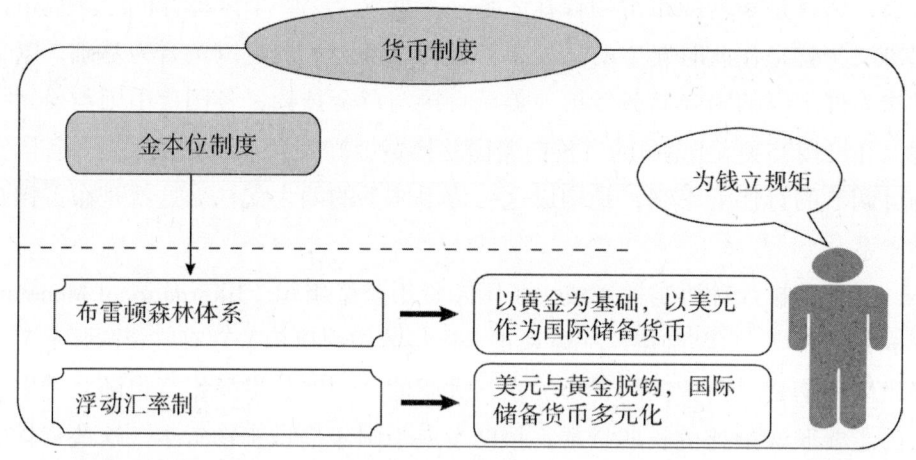

3.浮动汇率

1971年7月第七次美元危机爆发，尼克松政府于8月15日宣布实行"新经济政策"，停止履行外国政府或中央银行可用美元向美国兑换黄金的义务。这意味着美元与黄金脱钩，支撑国际货币制度的两大支柱有一根已倒塌。1973年3月，西欧又出现抛售美元，抢购黄金和马克的风潮。3月16日，欧共体在巴黎举行会议并达成协议，联邦德国、法国等国家对美元实行"联合浮动"，彼此之间实行固定汇率。

至此，"战后"支撑国际货币制度的另一支柱，即固定汇率制度也完全垮台。这宣告了布雷顿森林体系的最终解体。随着全球经济一体化的进程，美元一统天下的局面不复存在。世界向多极化发展，国际货币体系将向各国汇率自由浮动、国际储备多元化、金融自由化、国际化的趋势发展。单一的货币制度越来越难以满足经济飞速发展的需要，这就是布雷顿森林体系崩溃的根本原因。

银行：金融家族的"老大哥"

一、银行的诞生

在我国，"银行"一词与我国经济发展的历史相关。在我国历史上，白银一直是主要的货币材料之一。"银"往往代表的就是货币，而"行"则是对大商业机构的称谓。把办理与银钱有关的大金融机构称为银行，最早见于太平天国洪仁玕所著的《资政新篇》。

银行是通过存款、贷款、汇兑、储蓄等业务，承担信用中介的金融机构。它是金融机构之一，而且是最主要的金融机构，它主要的业务范围有吸收公众存款、发放贷款以及办理票据贴现等。

西方银行起源于货币经营业。而货币经营业主要从事与货币有关的业务，包括金属货币的鉴定和兑换、货币的保管和汇兑业务。当货币经营者手中大量货币聚集时，就为发展贷款业务提供了前提。随着贷款业务的发展，保管业务也逐步改变成存款业务。当货币活动与信用活动结合时，货币经营业便开始向现代银行转变。1694年，英国英格兰银行的建立，标志着西方现代银行制度的建立。

二、银行的基本职能

银行是经营货币的企业，它的存在方便了社会资金的筹措与融通，它是金融机构里面非常重要的一员。前面我们已经介绍了中央银行的职能，本篇我们以商业银行为例，讲一下商业银行的主要职能。商业银行是指以经营工商业存、放款为主要业务，并以利润为主要经营目标的企业法人（金融企业法人）。我国的商业银行主要有中国工商银行、中国农业银行、中国银行、中国建设银行、交通银行。商业银行的职能是由它的性质所决定的，商业银行有如下四个基本职能。

1.信用中介职能

信用中介是商业银行最基本、最能反映其经营活动特征的职能。这一职能的实质，是通过银行的负债业务，把社会上的各种闲散货币集中到银行里来，再通过资产业务，把它投向各经济部门；商业银行是作为货币资本的贷出者与借入者的中介人或代表，以实现资本的融通，并从吸收资金的成本与发放贷款利息收入、投资收益的差额中，获取利益收入，形成银行利润。商业银行通过信用中介的职能实现资本盈余和短缺之间的融通，并不改变货币资本的所有权，改变的只是货币资本的使用权。

2.支付中介职能

银行除了作为信用中介，融通货币资本以外，还具有货币经营业的职能。通过存款在账户间的转移，代理客户支付；在存款的基础上，为客户兑付现款等，成为工商企业、团体和个人的货币保管者、出纳者和支付代理人。

3.信用创造职能

商业银行在信用中介职能和支付中介职能的基础上，产生了信用创造职能。商业银行通过信贷活动创造和收缩活期存款，而活期存款是构成贷币供给量的主要部分，因此，商业银行就可以把自己的负债作为货币流通，具有了信用创造职能。

4.金融服务职能

随着经济的发展，工商企业的业务经营环境日益复杂化，许多原来属于企业自身的货币业务转交给银行代为办理，如发放工资、代理支付其他费用等。个人消费也由原来的单纯钱物交易，发展为转账结算。现代化的社会生活，从多方面给商业银行提出了金融服务的要求。

5.调节经济职能

银行通过其信用中介活动，调剂社会各部门的资金短缺，同时在央行货币政策和国家宏观政策的指引下，实现经济结构、消费比例投资、产业结构等方面的调整。此外，商业银行通过在国际市场上的融资活动还可以调节本国的国际收支状况。

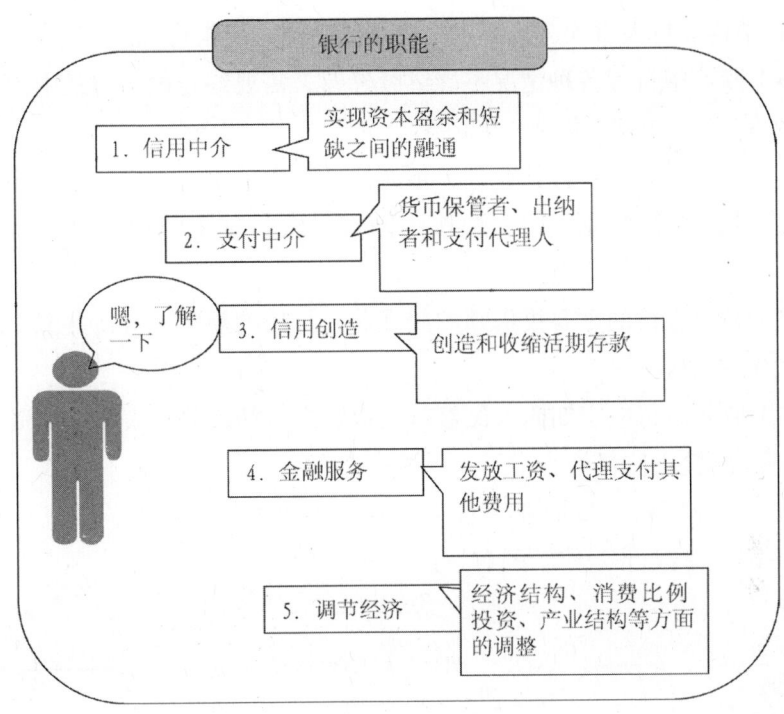

商业银行：银行体系的主体

商业银行是一个国家银行体系的主体。商业银行同其他任何厂商一样，其经营目的是为了营利。在以市场经济为主体的国家里，商业银行大多是私营企业，其所有权属于其股票持有人。

一、中央银行和商业银行：监管和被监管者

商业银行是一个企业，追求营利，其营利的手段是否合法，需要受到央行的监管。

（1）商业银行的设立需要经过央行的批准。商业银行的主要领导须经中国人民银行批准才能履职。

（2）商业银行依照商业银行法的规定在对银行名称、注册地点、注册资

本、股权结构等重大事项进行变更之前须经中国人民银行批准。

（3）商业银行因各种情况不能继续经营，需要终止的，须经中国人民银行批准才能清算和注销银行法人资格。

（4）商业银行办理存款业务，须遵循中国人民银行规定利率幅度确定存款利率，其办理贷款业务时，应按中国人民银行规定的利率幅度确定贷款利率。

（5）商业银行的重要投资须按照商业银行法的规定进行，并事先取得中国人民银行批准。

（6）商业银行应定期向人民银行报送资产负债表等报表和其他资料，接受人民银行的检查监督等。

（7）商业银行违反商业银行法和其他法律法规的行为，构成行政责任的，由中国人民银行依法给予行政处分。

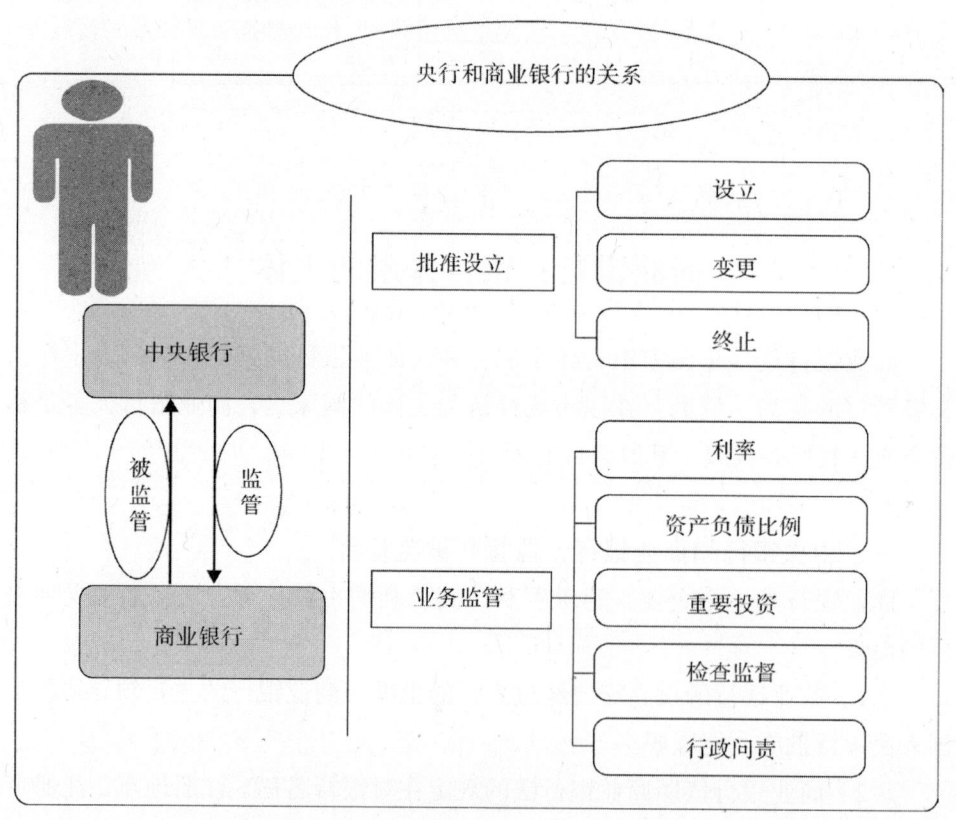

二、银行资本金：商业银行的"本钱"

在维持日常经营和保证长期生存能力方面，商业银行的资本金起到了关键的作用，这种关键的作用主要体现在六个方面：

（1）资本金是一种减震器。当管理层注意到银行的问题并恢复银行的营利性之前，资本金通过吸纳财务和经营损失，减少了银行破产的风险。

（2）在存款流入之前，资本金为银行注册、组建和经营提供了所需资金。一家新银行需要启动资金来购买土地、盖新楼或租场地、装备设施、聘请职员，而这些都离不开大量的资金。

（3）资本金增强了公众对银行的信心，消除了债权人（包括存款人）对银行财务能力的疑虑。银行必须有足够的资本金，才能使借款人相信银行在经济衰退时也能满足其信贷需求。

（4）资本金为银行的增长和新业务、新计划及新设施的发展提供资金。当银行成长时，它需要额外的资金，用来支持其增长并且承担提供新业务和新建设施的风险。大部分银行发展的规模超过了创始时的水平，资本的注入使银行在更多的地区开展业务，建立新的分支机构为客户提供便利的服务。

（5）资本金作为规范银行增长的因素，有助于保证银行实现长期可持续的增长。随着银行风险的增加，银行资本吸纳损失的能力也会增加，银行的贷款和存款如果扩大得太快，市场和管理机构就会给出信号，要求它放慢速度或者增加资本金。

（6）资本金在银行兼并的浪潮中起了重要作用。根据规定，发放给一个借款人的贷款限额不得超过银行资本的15%，因此，资本增长不够快的银行会发觉自己在争夺大客户的竞争中失去了市场份额。

商业银行的资本金可以说是商业银行的命脉所在，是关系银行稳定的重要支柱。

因此，金融监管部门和国际上的金融监管组织都对商业银行的资本金充足水平作出了较严格的规定，同时严格加以监督。

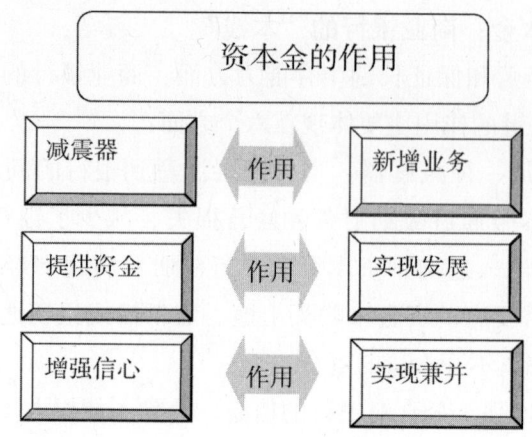

金融体系：组织、监管、市场

一、什么是金融体系

从一般性意义上看，金融体系是一个经济体中资金流动的基本框架，它是资金流动的工具（金融资产）、市场参与者（中介机构）和交易方式（市场）等各金融要素构成的综合体。同时，由于金融活动具有很强的外部性，在一定程度上可以是准公共产品，因此，政府的管制框架也是金融体系中一个密不可分的组成部分。

金融体系包括金融调控体系、金融企业体系（组织体系）、金融监管体系、金融市场体系、金融环境体系五个方面。

1.金融调控体系

金融调控体系，既是国家宏观调控体系的组成部分，包括货币政策与财政政策的配合、保持币值稳定和总量平衡、健全传导机制、做好统计监测工作、提高调控水平等；也是金融宏观调控机制，包括利率市场化、利率形成机制、汇率形成机制、资本项目可兑换、支付清算系统、金融市场（货币、资本、保险）的有机结合等。

2.金融企业体系

金融企业体系，既包括商业银行、证券公司、保险公司、信托投资公司等现代金融企业，也包括中央银行、国有商业银行上市、政策性银行、金融资产管理公司、中小金融机构的重组改革、发展各种所有制金融企业、农村信用社等。

3.金融监管体系

金融监管体系（金融监管体制）包括健全金融风险监控、预警和处置机制，实行市场退出制度，增强监管信息透明度，接受社会监督，处理好监管与支持金融创新的关系，建立监管协调机制（银行、证券、保险及与央行、财政部门）等。

4.金融市场体系

金融市场体系（资本市场）包括扩大直接融资，建立多层次资本市场体系，完善资本市场结构，丰富资本市场产品，推进风险投资和创业板市场建设，拓展债券市场、扩大公司债券发行规模，发展机构投资者，完善交易、登记和结算体系，稳步发展期货市场。

5.金融环境体系

金融环境体系包括建立健全现代产权制度、完善公司法人治理结构、建设全国统一市场、建立健全社会信用体系、转变政府经济管理职能、深化投资体制改革。金融体系不是这些部分的简单相加，而是各部分相互适应、相互协调的结果。

世界各国具有不同的金融体系，很难应用一个相对统一的模式来进行概括。从直观上看，发达国家金融制度之间一个较为显著的区别体现在，不同的国家中，金融市场与金融中介谁更为重要。

在德国，几家大银行起支配作用，金融市场不重要，起作用小；而另一个极端是美国，金融市场作用很大，而银行的集中程度很小。在这两个极端之间的是其他一些国家，例如日本、法国，它们传统上是以银行为主的体制，但是近年来金融市场发展很快，而且作用越来越大；加拿大与英国的金融市场比德国发达，但是银行部门的集中程度要高于美国。

二、我国的金融体系

我国的金融体系主要包括以下四类主体。

1.中央银行

中国人民银行是我国的中央银行，于1948年12月1日成立。中国人民银行是政府的银行、银行的银行、发行货币的银行，不办理具体存贷款业务。

2.金融监管机构

中国银行业监督管理委员会，简称中国银监会；中国证券监督管理委员会，简称中国证监会；中国保险监督管理委员会，简称中国保监会。

3.政策性金融机构

我国的政策性金融机构包括三家政策性银行：国家开发银行、中国进出口银行和中国农业发展银行。

4.商业性金融机构

我国的商业性金融机构包括银行业金融机构、证券机构和保险机构三大类。

（1）银行业金融机构主要包括国有商业银行（中国工商银行、中国农业银行、中国银行、中国建设银行）、股份制商业银行（交通银行、中信实业银行、中国光大银行、华夏银行、中国民生银行、广东发展银行、深圳发展银行、招商银行、兴业银行、上海浦东发展银行、恒丰银行等）、城市商业银行、农村商业银行以及住房储蓄银行、外资银行和中外合资银行。信用合作机构包括城市信用社和农村信用社。非银行金融机构主要包括金融资产管理公司、信托投资公司、财务公司、租赁公司等。

（2）证券机构包括证券公司、证券交易所、证券登记结算公司、证券投资咨询公司、基金管理公司等。

（3）保险机构。指专门经营保险业务的机构，包括国有保险公司、股份制保险公司和在华从事保险业务的外资保险分公司及中外合资保险公司。

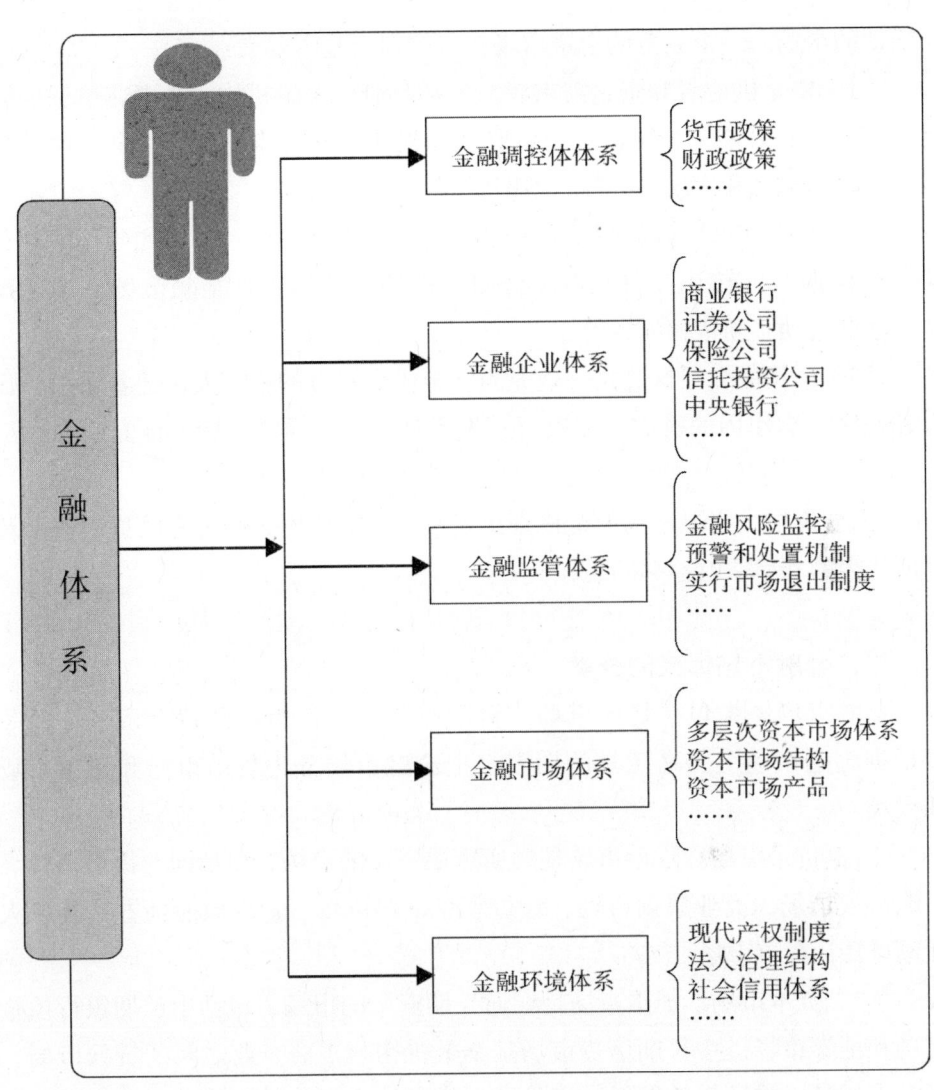

金融市场：资本和货币交易的地方

一、金融市场的含义

金融市场是指资金供应者和资金需求者双方通过信用工具进行交易而融通资金的市场。它是实现货币借贷和资金融通、办理各种票据和有价证券交易活动的市场。一个完备的金融市场，包括四个基本要素：

（1）资金供应者和资金需求者。包括政府、金融机构、企事业单位、居民、外商等，既能向金融市场提供资金，也能从金融市场筹措资金。这是金融市场得以形成和发展的一项基本因素。

（2）信用工具。这是借贷资本在金融市场上交易的对象。如各种债券、股票、票据、可转让存单、借款合同、抵押契约等，是金融市场上实现投资、融资活动必须依赖的标的。

（3）信用中介。这是指一些充当资金供求双方的中介人，起着联系、媒介和代客买卖作用的机构，如银行、投资公司、证券交易所、证券商和经纪人等。

（4）价格。金融市场的价格是指它所代表的价值，即规定的货币资金及其所代表的利率或收益率的总和。

二、金融市场体系的分类

金融市场体系包括货币市场、资本市场、外汇市场和黄金市场，而一般根据金融市场上交易工具的期限，把金融市场分为货币市场和资本市场两大类：

（1）货币市场。货币市场是融通短期资金的市场，包括同业拆借市场、回购协议市场、商业票据市场、银行承兑汇票市场、短期政府债券市场、大面额可转让存单市场。

（2）资本市场。资本市场是融通长期资金的市场，包括中长期银行信贷市场和证券市场。中长期信贷市场是金融机构与工商企业之间的贷款市场，证券市场是通过证券的发行与交易进行融资的市场，包括债券市场、股票市场、保险市场、融资租赁市场等。

三、金融市场的功能

（1）融通资金的"媒介器"。通过金融市场使资金供应者和需求者在更大范围内自主地进行资金融通，把多渠道的小额货币资金聚集成大额资金来源。

（2）资金供求的"调节器"。中央银行可以通过公开市场业务，调剂货币供应量，有利于国家控制信贷规模，并有利于使用市场利率，由资金供求关系决定，促进利率作用的发挥。

（3）经济发展的"润滑剂"。金融市场有利于促进地区间的资金协作，有利于开展资金融通方面的竞争，提高资金使用效益。

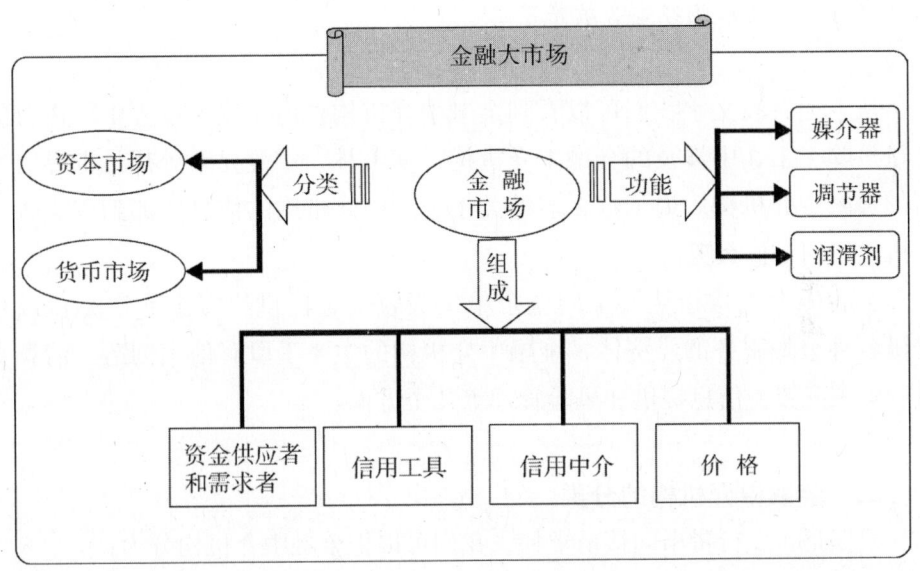

金融中介机构：投资银行、保险、财务公司

一、金融中介机构的定义

2007年纽约的冬天格外寒冷。11月，华尔街最大的证券公司美林和全球第一金融财团花旗CEO相继易人。华尔街乃至整个金融界为之震惊。

当美林和花旗都在紧锣密鼓地寻找CEO接班人时，他们不约而同地把目光锁在了同一个人身上。此人便是华尔街上颇富传奇色彩的人物——约翰·塞恩。

约翰·塞恩最终弃花旗不顾，走进了困境重重的美林证券。可是不到1年的时间，这位华尔街颇富传奇色彩的金融人物就亲手将一家有着94年历史的投资银行送进了历史书。2008年9月，约翰·塞恩以500亿美元的价格将位列美国投资银行前五名的美林集团全部让出，接盘者为美国银行。

这一收购价只是美林1年前市值的66%左右，仅为该行2007年年初市值顶点的一半。不过，这仍然是华尔街让人较为宽慰的事情，要知道另外一家华尔街投行雷曼兄弟已经宣告破产了。

从上面一段文字我们可以看到金融中介机构在商业发展过程中所占有的分量。除了上文中涉及的金融中介机构，如美林、雷曼兄弟等都是世界上著名的金融中介机构。说了这么多的关于金融中介机构的信息，那到底金融中介机构指的是什么呢？

金融中介机构指从资金的盈余单位吸收资金提供给资金赤字单位以及提供各种金融服务的经济体，金融中介机构的主要手段有信用创造、清算支付、资源配置、信息提供和风险管理等几个方面。

二、金融中介机构的分类

根据是否发行货币间接请求权，我们可以把金融中介机构分为：

（1）存款货币机构。包括商业银行、专业银行与基层合作金融中介机构等。其中，专业银行包括中小企业银行、工业银行与农业银行等，而基层合作金融中介机构则包括信用合作社等。

（2）非存款货币机构。包括信托投资公司、保险公司等。

三、金融中介的功能

（1）金融中介节约了交易费用。如果没有金融中介，单个的资金结余者与单个渴望获得资金的彼此去接洽，会极大地提高交易成本。

（2）金融中介提高了资金的配置效率。金融中介通过一套科学的配置体系，评估资金的收益和风险，从而提高了资金的使用效率。

（3）金融中介发展推动了企业组织的发展，使企业的经营机制获得了资金从而得到了极大发展。

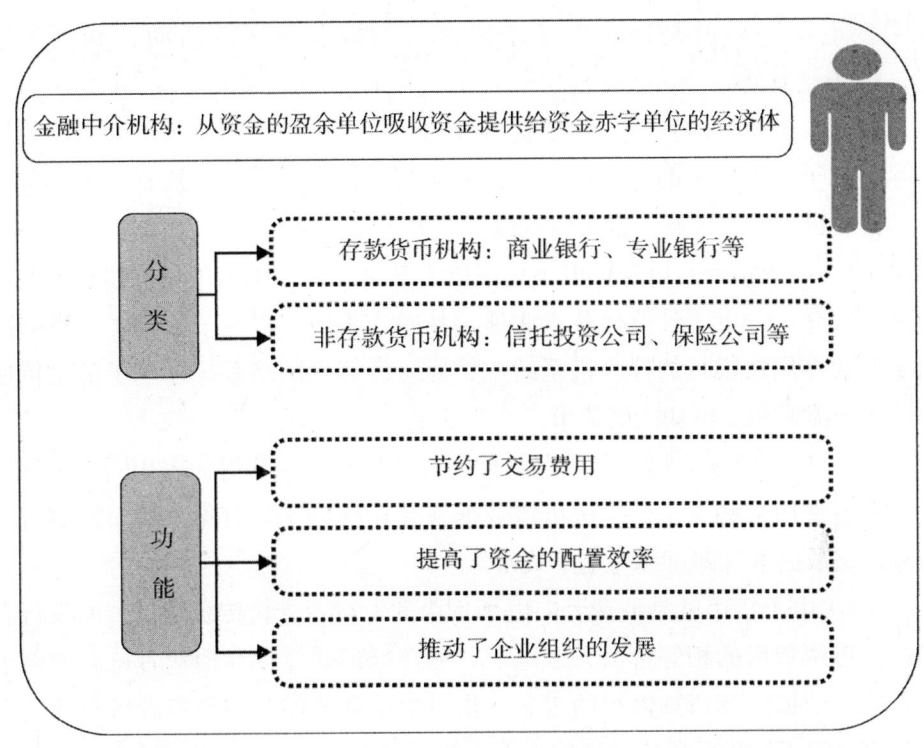

金融中介机构：从资金的盈余单位吸收资金提供给资金赤字单位的经济体

分类 → 存款货币机构：商业银行、专业银行等
分类 → 非存款货币机构：信托投资公司、保险公司等

功能 → 节约了交易费用
功能 → 提高了资金的配置效率
功能 → 推动了企业组织的发展

电子金融：未来的金融主宰者

一、电子货币

　　世界上最早的银行卡是美国佛拉特布什国民银行在1946年发行的用于旅游的信用卡，但是这种信用卡只能用于货币支付，不能提供消费信贷，因而不是真正意义上的银行信用卡。真正意义上的银行信用卡是美国富兰克林国民银行于1952年发行的信用卡，继富兰克林国民银行之后，美洲银行从1958年开始发行美洲银行信用卡，并吸收中、小银行参加联营，发展成为今天的维萨集团。西部各州银行组成联合银行协会，于1966年发行万事达信用卡。维萨集团和万事达集团逐渐发展成为当今世界上最大的两个国际信用卡组织。

　　随着中国经济和金融业的发展，电子金融对于国人来说已经毫不陌生了。电子金融就是通过电子手段进行的资金融通的活动，如网上银行、电子结算等。

随着电子金融的发展，电子货币成为经济学中一个新生的概念。目前，国际上对于电子货币的定义尚无定论。而且，世界各国推行的有关电子货币的试验项目也形态各异。常见的有以下三种定义：

（1）电子货币是以金融电子化网络为基础，以商用电子化机器和各类交易卡为媒介，以电子计算机技术和通信技术为手段，以电子数据（二进制数据）形式存储在银行的计算机系统中，通过计算机网络系统以电子信息传递形式实现流通和支付功能的货币。

（2）用一定金额的现金或存款从发行者处兑换并获得代表相同金额的数据，通过使用某些电子化方法将该数据直接转移给支付对象，从而能够清偿债务，该数据本身即可称为电子货币。

（3）电子货币就是消费者向电子货币的发行者支付传统货币，而发行者把这些传统货币的相等价值，以电子、磁性等形式储存在消费者持有的电子设备中。依据国际清算银行的定义，指以电子形式储存在消费者持有的电子设备中并依现行货币单位计算的货币价值。

通过这三种定义，我们可以看出电子货币是借助网络媒介实现其货币功能，是现在电子商务发展的基础。在现代电子商务中，银行是连接生产企业、商业企业和消费者的纽带，起着至关重要的作用，银行是否能有效地实现电子支付已成为电子商务成败的关键。

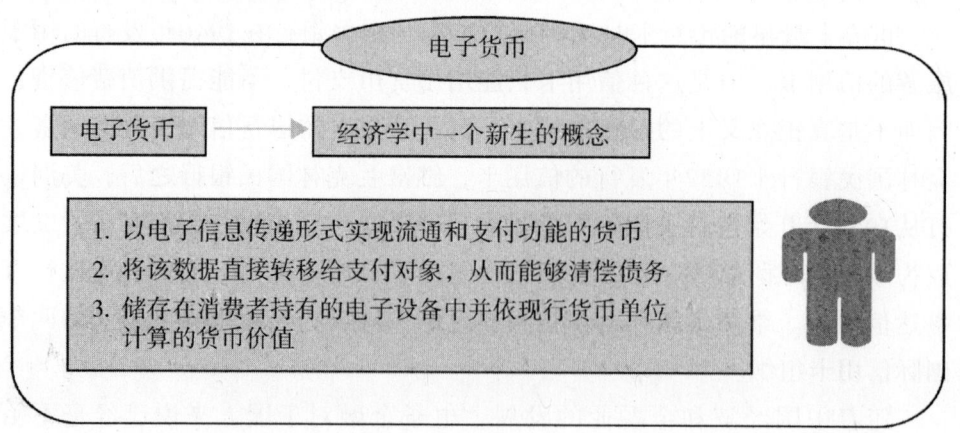

电子货币

| 电子货币 | → | 经济学中一个新生的概念 |

1. 以电子信息传递形式实现流通和支付功能的货币
2. 将该数据直接转移给支付对象，从而能够清偿债务
3. 储存在消费者持有的电子设备中并依现行货币单位计算的货币价值

二、网上交易

一个简单的网上交易流程是这样的：①买方向卖方发出购物请求；②卖方将买方的支付指令通过支付网关送往卖方的收单行；③收单行通过银行卡网络从发卡行获得授权许可，并将授权信息再通过支付网关送回卖方；④卖方取得授权后，向买方发出购物完成信息。如果支付获取与支付授权不能同时完成，卖方还要通过支付网关向收单行发送支付获取请求，把该笔交易的资金由买方转账到卖方的账户中。银行与银行之间通过支付系统完成最后的银行间结算。

从上述交易流程中不难发现，网上交易可以分为交易环节和支付结算环节两大部分，其中支付结算环节又包括支付网关、发单行和发卡行在内的金融专业网络。因此，离开了银行，便无法完成网上交易的支付，从而也谈不上真正的电子商务。

随着互联网的极大普及，互联网在证券市场中的地位也越来越重要，这也是近年来的一个重大的发展。现在，初次公开发行是在网上进行，许多经纪公司允许客户在线交易证券和利用电子邮件发送买卖指令。1999年6月，美林证券开始为其500万客户提供单笔金额最小为29.95美元的在线交易服务，这一消息震惊了华尔街。而现在，在线交易已经十分普遍。经纪业务与过去相比发生了巨大变化。

与西方国家相比，我国金融的电子化相对起步较晚，但在金融电子化建设方面进展神速，在金融通信网络和金融业务处理等方面业已发生了根本性的变化，我国已建成的电子化金融系统对加强金融宏观调控、防范化解金融风险、加速资金周转、降低经营成本和提高金融服务质量发挥了重要作用，这推进了我国国民经济金融快速、健康和稳定发展。

不过，虽然电子金融发展速度很快，但是，它存在的一些缺陷还是不容忽视。比如，金融电子化缺乏战略性规划、全国性支付清算体系建设面临很多困难、网上金融企业的认证中心建设速度缓慢、金融信息安全建设水平在很大程度上仍滞后于电子化水平等，这些方面还需要在往后的发展过程中不断地完善和改进。

货币危机：金融体系中的多米诺骨牌效应

一、货币危机

20世纪20年代，随着第一次世界大战的结束，世界经济进入衰退时期，欧洲各国的货币都开始贬值。在这个时期，法国政府成功地捍卫了法郎的稳定。

法郎危机也是伴随着第一次世界大战开始的。法国政府在"一战"中花掉了大笔军费，这个数字是1913—1914年所有主要参战国军事费用的两倍。"一战"结束后，法国财政出现了62亿法郎的缺口，而且还有巨额贷款。1926年，法郎的汇率开始下滑。人们相信，法郎将会面临和德国马克一样的命运。当时的法国政府内阁束手无策，物价不停上涨，法郎持续贬值。这时，总理雷蒙·恩加莱开始掌权。他通过提高短期利率把短期借款转为长期借款，提高税收和削减政府支出，同时从美国摩根银行借来了一笔巨额贷款，使法国银行的现汇得以补充。一系列措施恢复了人们对法郎的信任，从此，法郎币值开始走稳，法国经济和政局也渐趋稳定。

货币危机的概念有狭义和广义之分。狭义的货币危机与特定的汇率制度（通常是固定汇率制）相对应，其含义是，实行固定汇率制的国家，特殊情况下（如在恶化的情况下，或者在遭遇强大的投机攻击情况下），对本国的汇率制度进行调整，转而实行浮动汇率制，从而使自由市场决定的汇率水平远远高于原来的官方汇率，这种情况就是货币危机。广义的货币危机泛指汇率的变动幅度超出了一国可承受的范围，通常情况表现为本国货币的急剧贬值。

当代国际经济社会很少发生一桩孤立的货币动荡事件。在全球化时代，由于国民经济与国际经济的联系越来越密切，一国货币危机常常会波及别国。

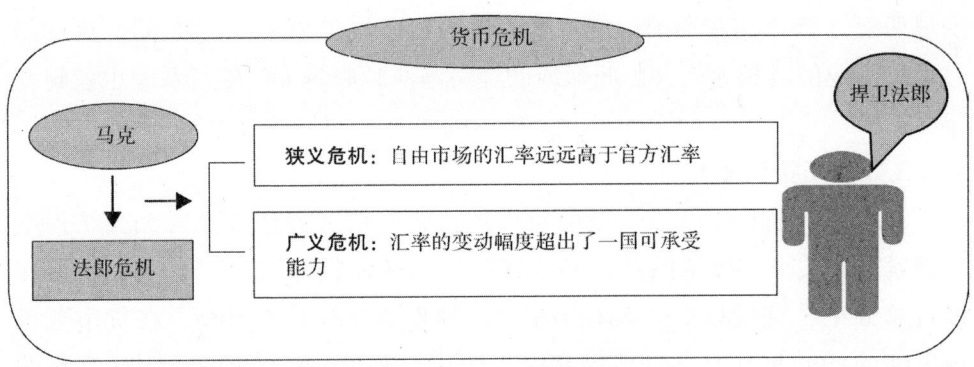

二、影响因素

随着市场经济的发展与全球化的加速，经济增长的停滞已不再是导致货币危机的主要原因。经济学家的大量研究表明：定值过高的汇率、经常项目巨额赤字、出口下降和经济活动放缓等都是发生货币危机的先兆。就实际运行来看，货币危机通常由泡沫经济破灭、银行呆坏账增多、国际收支严重失衡、外债过于庞大、财政危机、政治动荡、对政府的不信任等引发。

1.汇率政策不当

经济学家普遍认同这样一个结论：固定汇率制在国际资本大规模、快速流动的条件下是不可行的。固定汇率制名义上可以降低汇率波动的不确定性，但是自20世纪90年代以来，货币危机常常发生在那些实行固定汇率的国家。因此，近年来越来越多的国家放弃了曾经实施的固定汇率制，比如巴西、哥伦比亚、韩国、俄罗斯、泰国和土耳其等。然而，这些国家大多是由于金融危机的爆发而被迫放弃固定汇率，汇率的调整往往伴随着自信心的丧失、金融系统的恶化、经济增长的放慢以及政局的动荡。也有一些国家从固定汇率制成功转轨到浮动汇率制，如波兰、以色列、智利和新加坡等。

2.银行系统脆弱

在大部分新兴市场国家，包括东欧国家，货币危机的一个可靠先兆是银行危机。资本不足而又没有受到严格监管的银行向国外大肆借款，再贷给国内的问题项目，由于币种不相配（银行借的往往是美元，贷出去的通常是本币）和期限不相配（银行借的通常是短期资金，贷出的往往是长期资金），因此积累的呆坏账越来越多。如东亚金融危机爆发前几年，马来西亚、印度尼西亚、菲律宾和泰国信贷市场的年增长率均在20%～30%之间，远远超过了工商业的增长速度，由此形成的经济泡沫越来越大，银行系统也就越发脆弱。

3.外债负担沉重

泰国、阿根廷以及俄罗斯的货币危机，与所欠外债规模巨大且结构不合理紧密相关。如俄罗斯从1991—1997年起共吸收外资237.5亿美元，但在外资总额中，直接投资只占30%左右，短期资本投资约70%。在货币危机爆发前的1997年10月，外资已掌握了股市交易的60%～70%、国债交易的30%～40%。1998年7月中旬以后，俄政府财政部发布"8·17联合声明"，宣布"停止1999年年底前到期国债的交易和偿付"，债市崩溃，直接引发卢布危机。

4.财政赤字严重

在发生货币危机的国家中，或多或少都存在财政赤字问题，赤字越庞大，发生货币危机的可能性也就越大。财政危机直接引发债市崩溃，进而导致货币危机。

5.政府信任危机

民众及投资者对政府的信任是货币稳定的前提，赢得民众及投资者的支持，是政府有效防范、应对金融危机的基础。墨西哥比索危机很大一部分归咎于其政治上的脆弱性，1994年总统候选人被暗杀和恰帕斯州的动乱，使墨西哥社会经济处于动荡之中。新政府上台后在经济政策上的犹豫不决，使外国投资者认为墨西哥可能不会认真对待其政府开支与国际收支问题，信任危机引起金融危机。

6.经济基础薄弱

强大的制造业、合理的产业结构是防止金融动荡的坚实基础。产业结构的严重缺陷是造成许多国家经济危机的原因之一。如阿根廷一直存在着严重的结构性问题，20世纪90年代虽然实行了新自由主义改革，但产业结构调整滞后，农牧产品的出口占总出口的60%，而制造业出口只占10%左右。在国际市场初级产品价格走低及一些国家增加对阿根廷农产品壁垒之后，阿根廷丧失了竞争优势，出口受挫。

7.危机跨国传播

由于贸易自由化、区域一体化，特别是资本跨国流动的便利化，一国发生货币风潮极易引起邻近国家的金融市场发生动荡，这在新兴市场尤为明显。泰国之于东亚，俄罗斯之于东欧，墨西哥、巴西之于拉美等反复印证了这一多米诺骨牌效应。

价格大战非长久之计，我为什么不试试非价格竞争

危机的影响因素

1. 汇率政策不当

　　自20世纪90年代以来，货币危机常常发生在那些实行固定汇率的国家

2. 银行系统脆弱

　　如东亚金融危机爆发前几年，马来西亚、印度尼西亚、菲律宾和泰国信贷市场的年增长率均在20%～30%之间，超过工商业的增长率

3. 外债负担沉重

　　1998年7月中旬以后，俄政府财政部发布"8·17联合声明"，宣布"停止1999年底前到期国债的交易和偿付"，债市崩溃，直接引发卢布危机

4. 财政赤字严重

　　财政危机直接引发债市崩溃

5. 政府信任危机

　　墨西哥比索危机很大一部分归咎于其政治上的脆弱性

6. 经济基础薄弱

　　阿根廷农产品被设置壁垒之后，阿根廷丧失了竞争优势，出口受挫

7. 危机跨国传播

　　泰国之于东亚，俄罗斯之于东欧，墨西哥、巴西之于拉美等反复印证了这一多米诺骨牌效应，新兴市场尤为明显

第13章

最后的贷款人

——中央银行和货币政策

中央银行：国家经济的大动脉

一、中央银行的含义

假设一个岛上有1 000个人，与世隔绝，人与人之间通过交换物品过活，但有时候你手里用来交换的东西不一定就是对方想要的，怎么办？于是人们就用都喜欢的金银作为交换的东西，于是交换方便了。但金银要磨损，携带也不方便，当交换活动频繁时，发现这个东西太繁琐，限制了交换活动，于是为了解决这个问题，有人想了一个办法，就是由岛上的管理者发行一种符号，用它来代替金银，随之钞票出现了。

刚开始这种钞票可以随时兑换金银。大家都很放心，因为钞票就是金银。可是岛上金银的产量太小，当人们的交换活动更加频繁时，钞票不够用了，只能暂停交换。暂停交换的后果就是大家不生产别人想要的东西了，因为虽然别人想用，但交换不出去，套用现在的话说就是经济发展减速了。于是大家想了一个办法，成立一家钱庄，这个钱庄是大家的，由钱庄来发行钞票，印出的钞票借给想用钱的人，然后这个人有钱了再还给钱庄。于是银行就出现了。

银行的出现，能保证交换活动更持续地进行，大家都拼命地生产，岛上的东西越来越多，银行根据产品的生产数量，不停地印制钞票，以保证交换能更深入地进行。后来人们的交换活动更频繁了，一家钱庄太少了，于是出现了很多钱庄，总要有个管钱庄的吧，于是指定一家钱庄管理其他钱庄，并且钞票只能由这家钱庄印刷，然后通过其他钱庄借给用钱的人，中央银行也就这么出现了。

中央银行产生于17世纪后半期，形成于19世纪初叶，它产生的经济背景如下：

（1）商品经济的迅速发展。18世纪初，西方国家开始了工业革命，社会生产力的快速发展和商品经济的迅速发展，促使货币经营业越来越普遍，而且日益有利可图，由此产生了对货币财富进行控制的欲望。

（2）资本主义经济危机的频繁出现。资本主义经济自身的固有矛盾必然导致连续不断的经济危机。面对当时状况，资产阶级政府开始从货币制度上寻找原因，企图通过发行银行券来控制、避免和挽救频繁的经济危机。

（3）银行信用的普遍化和集中化。资本主义产业革命促使生产力空前提高，生产力的提高又促使资本主义银行信用业蓬勃发展。主要表现在：一是银行经营机构不断增加；二是银行业逐步走向联合、集中和垄断。

中央银行是由政府组建的机构，负责控制国家货币供给、信贷条件，监管金融体系，特别是商业银行和其他储蓄机构。

中央银行是一国最高的货币金融管理机构，在各国金融体系中居于主导地位。中央银行的职能是宏观调控、保障金融安全与稳定、金融服务。

中央银行所从事的业务与其他金融机构所从事的业务的根本区别在于，中央银行所从事的业务不是为了营利，而是为实现国家宏观经济目标服务，这是由中央银行所处的地位和性质决定的。

中央银行的主要业务有：货币发行、集中存款准备金、贷款、再贴现、证券、黄金占款和外汇占款、为商业银行和其他金融机构办理资金的划拨清算和资金转移的业务等。

二、中央银行的职能

中央银行的性质具体体现在其职能上，中央银行是发行货币的银行、银行的银行、国家的银行。

（1）中央银行是发行货币的银行。它垄断货币的发行权，是全国唯一的现钞发行机构。

（2）中央银行是银行的银行。这一职能最能体现中央银行的特殊金融机构性质。办理"存、放、汇"，仍是中央银行的主要业务内容，但业务对象不是一般企业和个人，而是商业银行与其他金融机构。

（3）中央银行是国家的银行。它是国家货币政策的制定者和执行者，也是政府干预经济的工具；同时为国家提供金融服务，代理国库，代理发行政府债券，为政府筹集资金；代表政府参加国际金融组织和各种国际金融活动。

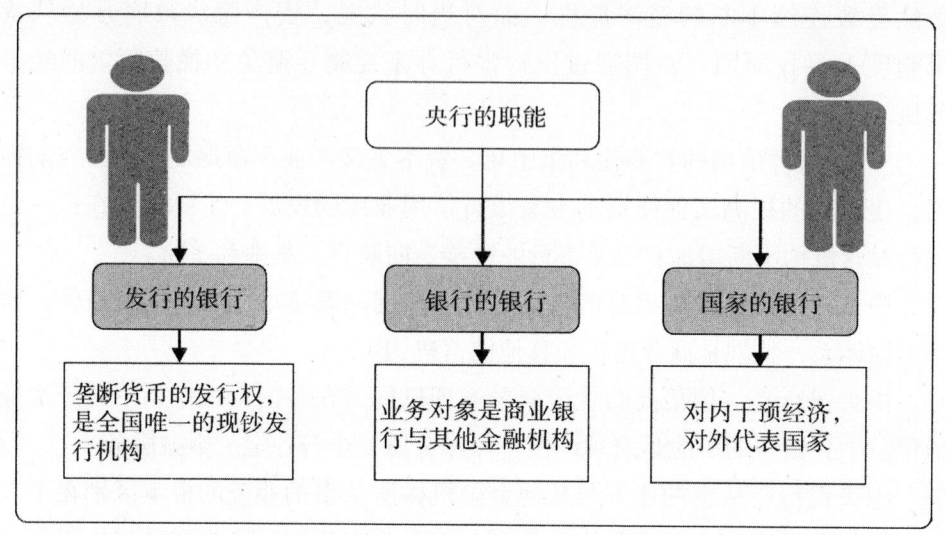

三、最后的贷款人

当发生银行危机时，银行之间也会互相寻求贷款以应付挤兑风潮。但是，银行的准备金都是有限的，当山穷水尽之时，谁才是最后的贷款人呢？

2008年10月，随着西方各国纷纷陷入金融危机，法国总统萨科奇呼吁中印等国参加一次有关重建世界金融体系的"紧急全球峰会"，以共同应对目前全球金融危机，世界银行行长佐利克随后也提出相似建议。在美欧金融危机愈演愈烈的情况下，越来越多的西方政治家将中国视为全球金融稳定的关键力量，因为中国金融健康并持有巨额外汇储备，成为这场危机"国际最后贷款人"的最佳人选。

而美国国会公布的7 000亿美元救市计划根本无法增强市场信心，在解决流动性方面作用有限，从而无法制止实体经济的衰退。这意味着未来信用违约会越发严重，将进一步打击规模空前的衍生品市场，直至美国金融系统崩溃，陷入债务危机。因此，在危机进程中做"国际最后贷款人"形同"危机最后陪葬人"，必祸及自身。

中国政府深刻地认识到了这一点。因此时任总理温家宝发言说"中国经济增长态势不出现大的起落，就是对世界经济的最大贡献"，中国央行也重复了这一观点。受西方金融危机的影响，作为拉动中国经济增长的主要力量，出口已出现明显回落，实体经济较快下滑，这会引起中国资产价格的波动，尤其是与金融密切相关的房地产业，潜藏着较大的金融风险，因此，维持经济增长与稳定资产价格成为当前最重要的任务。中国并无意扮演"最后贷款人"的角色。

通常在某一国国内发生银行危机时，中央银行可以为其他商业银行提供再贷款以满足商业银行短期的资金需要，以防范银行系统内的危机，看上去就像是商业银行背后的贷款人。因而，"最后贷款人"这一概念原是人们习惯上对中央银行的这一行为的描述。

"最后贷款人"被认为是危机时刻中央银行应尽的融通责任，它应满足对高能货币的需求，以防止由恐慌引起的货币存量的收缩。当一些商业银行有清偿能力但暂时流动性不足时，中央银行可以通过贴现窗口或公开市场购买两种方式向这些银行发放紧急贷款，条件是它们有良好的抵押品并缴纳惩罚性利率。最后贷款人若宣布将对流动性暂不足的商业银行进行融通，就可以在一定程度上缓和公众对现金短缺的恐惧，这足以制止恐慌而不必采取行动。

"最后贷款人"这一理念最先是由沃尔特·白芝浩提出的。

沃尔特·白芝浩，1826年出身于一个银行世家，母亲来自从事银行业的斯塔基家族，父亲是斯塔基银行总部的经理人。1848年，22岁的白芝浩毕业于伦敦大学，获硕士学位；此后他又专修了3年的法律，获得律师资格，但是他并没有成为执业律师，而是进入了他父亲的银行业。1858年，他与曾任英国财政大臣且是后来闻名世界的《经济学家》杂志创办人的詹姆斯·威尔逊（James Wilson）的长女结婚；两年后，威尔逊去世，他接管了《经济学家》，担任第三任主编直到1877年辞世。

沃尔特·白芝浩虽不是拥有经济学学位的经济学家，但博学多才，个人禀赋加上诸多方面的家族知识渊源，使他成了真正让《经济学家》家喻户晓的关键人物。他在诸多领域都有建树，他是影响至今的法学家、金融学家。

在1873年出版的《伦巴德街》一书中，白芝浩详细阐述了他关于央行最终贷款人的观点：在有良好的抵押物的基础上，英格兰银行应该随时准备以高利率向商业银行提供无限量的贷款。实际上，早在1866年9月白芝浩就在报纸上公开这一观点。这一论点最终对中央银行职能的演进产生了重大影响。但是当时，英格兰银行一位董事将其言论称为"是本世纪以来货币和银行领域中所冒出的最恶劣的教条"。

这是因为，如材料中所说，"最后贷款人"的角色并不好把握。

中央银行不应降低成本甚至无成本地向商业银行降息。2008年金融危机爆发后，世界主要央行致力于向银行体系注入流动性，实际上是不计成本地向商业银行提供定量贷款，这样的"最后贷款人"角色并不符合白芝浩的原意。中央银行在金融市场出现动荡时袖手旁观需要承担巨大的外部压力，也要抵制力挽狂澜的内在诱惑。中央银行的任务是防止经济增长由不景气转变成经济衰退，"最后贷款人"角色并不是要求央行充当"老好人"，谁没有钱了，就要把钱送去。白芝浩曾经强调高利率和抵押物就是附加一种惩罚性融资条件，同时借此分辨出银行资产的好坏，而不能够满足贷款条件的，央行有理由将其拒之门外。因此，扮演"最后贷款人"的角色，还需要谨慎地把握好力度，否则对提升经济状况并不能起到有力的效果。

货币政策：钱的增多与减少

一、货币政策的含义

货币政策是指国家通过银行金融系统，组织和调节全国货币的供应，确立和实施货币供应量与货币需求量的相互关系的准则，是实现宏观经济目标所采取的控制、调节和稳定货币措施的总和。

货币政策由中央银行执行，它影响货币供给。通过中央银行调节货币供应量，影响利息率及经济中的信贷供应程度来间接影响总需求，以达到总需求与总供给趋于理想的均衡的一系列措施。

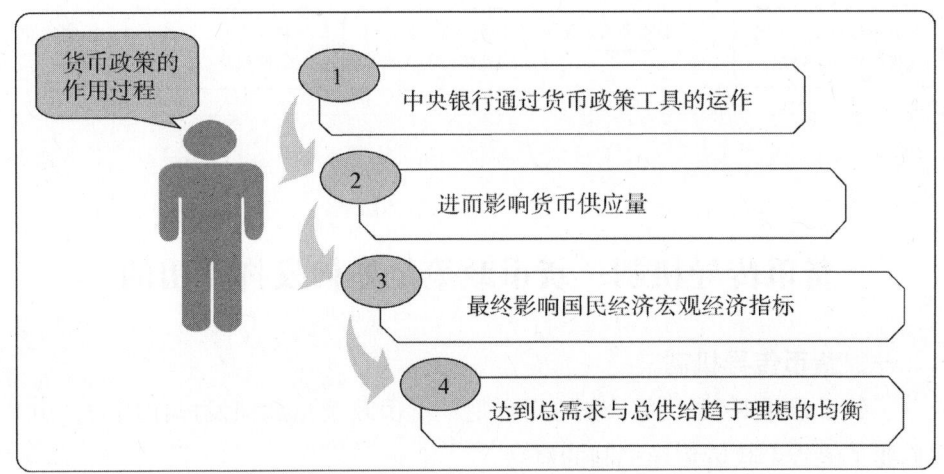

二、货币政策的种类

货币政策分为扩张性和紧缩性两种：

（1）扩张性的货币政策是通过提高货币供应增长速度来刺激总需求，在这种政策下，取得信贷更为容易，利息率会降低。因此，当总需求与经济的生产能力相比很低时，使用扩张性的货币政策更为合适。

（2）紧缩性的货币政策是通过削减货币供应的增长率来降低总需求水平，在这种政策下，取得信贷较为困难，利息率也随之提高。因此，在通货膨胀较严重时，采用紧缩性的货币政策较合适。

三、货币政策工具

货币政策工具是中央银行为达到货币政策目标而采取的手段。主要的手段有公开市场业务、存款准备金政策、中央银行贷款、利率政策和汇率政策。

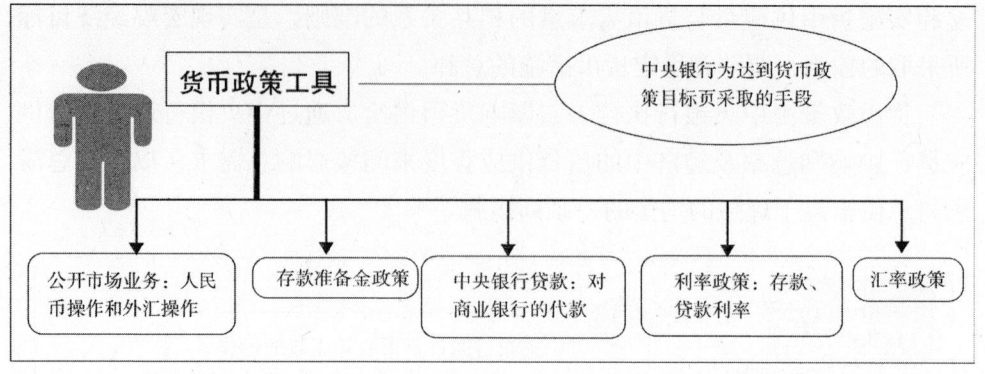

货币传导机制：货币政策是如何发挥作用的

一、货币传导机制

了解了货币政策，接下来的问题是：货币政策是如何发挥作用的？由此我们要了解货币政策传导机制的概念。

著名的经济学家维克塞尔是瑞典学派的创始人，他在20世纪初期提出的货币经济理论，又称累积过程理论，首次将货币与实际经济结合起来，对经济学的发展产生了巨大的影响。

维克塞尔把利率分为两种：一是货币利率，即现实金融市场上存在的市场利率；二是自然利率，即"借贷资本的需求与储蓄的供给恰恰相一致时的利率，从而大致相当于新形成的资本金预期收益率的利率"。维克塞尔认为，若两种利率相一致时，整个经济的投资等于储蓄，则货币是中立的，不对经济形成影响。因为两种利率相等时恰是货币的理想均衡状态，这种货币的均衡状态保证了经济状态的均衡。但是在现实生活中，这两种利率经常是背离的，这种背离或者是由于货币利率的变动而自然利率不变，或者是由于自然利率变动而货币利率没有随之变动。

他本人认为，后一种情况偏多。生产技术的改善，实物资本需求的增加，都将使自然利率上升，而货币利率则停留不动，未能跟随上升，这样就造成了两者之间的背离。如果市场利率小于自然利率，就会引起投资增加，投资增加使原材料、土地、劳动力价格上涨，从而使原材料生产者、土地所有者和就业者的货币收入增加。因为市场利率较低，这部分收入就转向消费而不储蓄，其结果对消费品的需求增加，从而使消费品的价格上涨。消费品价格上涨后，资本品的价格也随之上涨，这样，就形成了"低市场利率→投资增加→货币收入增加→消费品价格上涨→资本品价格上涨→投资增加→市场利率提高"的循环。这种循环要一直持续到市场利率与自然利率相等时为止。反之，若是市场利率高于自然利率，就会导致市场利率和自然利率的变动，直到最后到达两种利率相等的位置。这就是著名的维克塞尔的累积过程理论。

同样也是最早的货币政策传导机制理论。货币政策传导机制是中央银行运用货币政策工具影响中介指标，进而最终实现既定政策目标的传导途径与作用机理。

二、传导途径

货币政策传导途径一般有三个基本环节，其顺序是：第一，从中央银行到商业银行等金融机构和金融市场。中央银行的货币政策工具操作，首先影响的是商业银行等金融机构的准备金、融资成本、信用能力和行为，以及金融市场上货币供给与需求的状况。第二，从商业银行等金融机构和金融市场到企业、居民等非金融部门的各类经济行为主体。商业银行等金融机构根据中央银行的政策操作调整自己的行为，从而对各类经济行为主体的消费、储蓄、投资等经济活动产生影响。第三，从非金融部门经济行为主体到社会各经济变量，包括总支出量、总产出量、物价、就业等。

另外，金融市场也在整个货币的传导过程中发挥着极其重要的作用。首先，中央银行主要通过市场实施货币政策工具，商业银行等金融机构通过市场了解中央银行货币政策的调控意向；其次，企业、居民等非金融部门经济行为主体通过市场利率的变化，接受金融机构对资金供应的调节进而影响投资与消费行为；最后，社会各经济变量的变化通过市场反馈信息，影响中央银行、各金融机构的行为。

在维克塞尔的累积过程理论的基础上，凯恩斯学派总结出的货币政策传导机制是：通过货币供给的增减影响利率，利率的变化则通过资本边际效益影响投资，投资的增减影响总支出和总收入，这一传导机制的主要环节是利率。

与凯恩斯学派不同，货币学派则认为利率在货币传导机制中不起重要作用，他们认为货币供给量的变化直接影响支出，然后由支出影响投资，最终作用于总收入。货币主义者认为在短期，货币供给量的变化会带来产出的改变，但在长期只会影响物价水平。

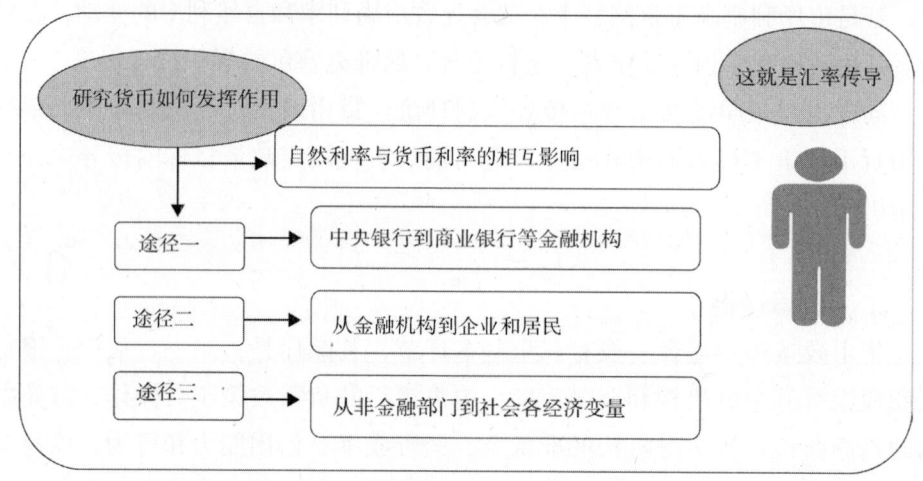

利率政策：经济调控的又一杠杆

一、利率的经济杠杆

2007年年初以来，中国人民银行先后五次上调人民币存贷款基准利率。其中，1年期存款基准利率累计上调1.35个百分点，1年期贷款基准利率累计上调1.17个百分点。

利率政策是货币政策的重要组成部分，也是货币政策实施的主要手段之一。央行根据货币政策实施的需要，适时地运用利率工具，对利率水平和利率结构进行调整，进而影响社会资金供求状况，实现货币政策的既定目标。

利率上调有助于吸收存款，抑制流动性，抑制投资热度，控制通货膨胀，稳定物价水平；利率下调有助于刺激贷款需求，刺激投资，拉动经济增长。利率这个经济杠杆使用起来要考虑它的利弊，在什么时间、用什么幅度调整都是有规律的。

利率是经济学中一个重要的变量。当前，世界各国频繁运用利率杠杆实施宏观调控，利率政策已成为各国中央银行调控货币供求，进而调控经济的主要手段，利率政策在中央银行货币政策中的地位越来越重要。合理的利率，对发挥社会信用和经济杠杆作用有着重要的意义。

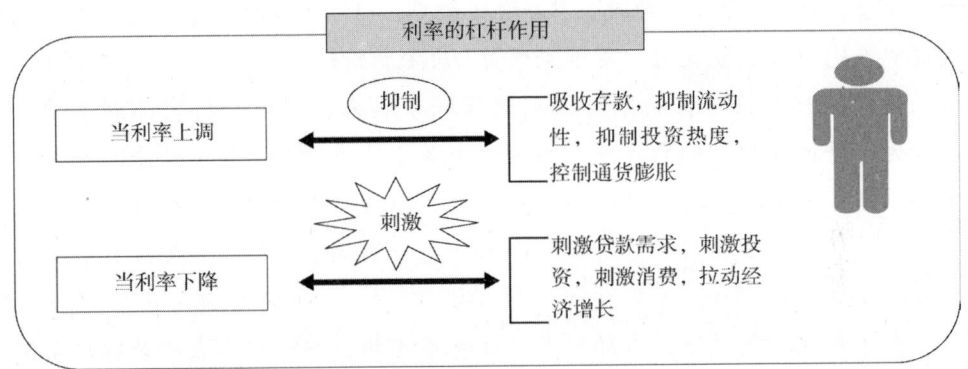

二、费雪效应：预期通货膨胀率和利率

假如银行储蓄利率为5%，某人的存款在1年后就多了5%，是说明他富了吗？这只是理想情况下的假设。如果当年通货膨胀率3%，那他只增加了2%的部分；如果是6%，那他1年前100元能买到的东西现在要106元了，而存了1年的钱只有105元，他反而买不起东西了！

这可以说就是费雪效应的通俗解释。费雪效应是由著名的经济学家欧文·费雪第一个揭示了通货膨胀率预期与利率之间的关系，它指出当通货膨胀率预期上升时，利率也将上升。

实际利率 = 名义利率 − 通货膨胀率

把等号的左右两边交换一下，就变成：

名义利率 = 实际利率 + 通货膨胀率

费雪是美国经济学家、数学家、经济计量学的先驱者之一。他生于纽约州的少格拉斯。1890年开始在耶鲁大学任数学教师，1898年获哲学博士学位，同年转任经济学教授直到1935年。1926年开始在雷明顿、兰德公司任董事等职。1929年，与熊彼特、丁伯根等发起并成立计量经济学会，1931—1933年任该学会会长。

费雪对经济学的主要贡献是在货币理论方面阐明了利率如何决定和物价为何由货币数量来决定，其中尤以贸易方程式（也称费雪方程式）为当代货币主义者所推崇。费雪方程式是货币数量说的数学形式，即$MV=PQ$。其中M为货币量，V为货币流通速度，P为价格水平，Q为交易的商品总量。该方程式说明在V、P比较稳定时，货币流通量M决定物价P。

费雪方程式将名义利率与预期通胀联系起来，用来分析实际利率的长期行为，并因此把我们的注意力引向一个关于货币增长、通货膨胀与利率的重要关系：长期中当所有的调整都发生后，通货膨胀的增加完全反映到名义利率上，即要求名义利率对通货膨胀的一对一的调整，这种长期效应被称为"费雪效应"。

在某种经济制度下，实际利率往往是不变的，因为它代表的是你的实际购买力。于是，当通货膨胀率变化时，为了求得公式的平衡，名义利率，也就是公布在银行的利率表上的利率会随之而变化。正是因为这个原因，在20世纪90年代初物价上涨时，中国人民银行制定出较高的利率水平，甚至还有保值贴补率；而当物价下跌时，中国人民银行就一而再，再而三地降息。费雪效应表明：物价水平上升时，利率一般有增高的倾向；物价水平下降时，利率一般有下降的倾向。

如果费雪效应存在，则名义利率的上升并非指示紧缩货币政策而是反映通货膨胀率的上升，因此必须慎用名义利率作为货币政策松紧程度的指标。

而费雪效应又可分为长期费雪效应和短期费雪效应。长期费雪效应的存在，意味着当通货膨胀和名义利率水平值都显示出强劲的趋势时，这两个时间序列会按同一趋势变化，从而表现出较强的相关关系。在长期中通货膨胀与利率之间存在近似一对一的调整关系表明高的名义利率反映存在高的预期通胀率，并不反映货币政策的实质内容，通货膨胀上升多少，名义利率就上升多少，因此货币政策可能影响通胀率，但却并不影响实际利率。

同时，短期费雪效应说明即使在短期中名义利率的变化也主要反映预期通胀而不是实际利率的变化，从而无论在长期还是在短期，名义利率与货币政策之间的联系都没有得到反映。既然利率不能反映银根的松紧变化，也就不适宜作为我国货币政策的中介目标。这一特殊性一方面是因为我国存贷款利率没有市场化，受政府及央行管制，因此缺乏一个灵敏、有效的市场利率体系；另一方面在于利率作为一种政策工具主要被政府用来控制通胀。此外，本文的分析表明利率对平稳物价所起的杠杆作用不仅取决于利率的实际水平，还取决于利率每年的调整幅度，这对将来利率调整幅度的具体确定与计算具有潜在的应用价值。

三、不同国家的利率标准不同

中国央行领导人曾用"橘子是不能跟苹果相比"的形象比喻来说明各个国家利率手段的内涵和定价机制不同。受金融危机的影响，2009年西方很多国家和过去10年中的日本一样，开始实行零利率政策。西方各国对于中国实行零利率政策的呼声很高。这是为什么呢？

因为利率对本国汇率和对他国汇率都有重要的影响。利率是货币供求关系的产物，增加货币投放量，市场上货币增多，供大于求，导致利率下降；反之，减少货币投放量，市场上流通的货币减少，供不应求，利率提高。以中国和美国为例，如果中国增加货币投放量，利率降低，而假设美国利率不变，在外汇市场上导致人民币对美元贬值；反之，如果美国降息，而中国利率不变，将导致美元对人民币贬值。因此，一国的利率政策不仅会影响到本国人民的利益和经济发展，还会通过汇率作用影响到他国的经济。

存款准备金率：银行放出多少贷款对经济的影响

一、存款准备金

金融机构为保证客户提取存款和资金清算需要而准备的在中央银行的存款，中央银行要求的存款准备金占其存款总额的比例就是存款准备金率。准备金本来是为保证支付的，但它却带来了一个意想不到的"副产品"，就是赋予了商业银行创造货币的职能，可以影响金融机构的信贷扩张能力，从而间接调控货币供应量。现已成为中央银行货币政策的重要工具，是传统的三大货币政策工具之一。

确切地说，存款准备金就是中央银行（中国人民银行）根据法律的规定，要求各商业银行按一定的比例将吸收的存款存入在人民银行开设的准备金账户，对商业银行利用存款发放贷款的行为进行控制。商业银行缴存准备金的比例，就是准备金率。准备金，又分法定存款准备金和超额准备金。前者是按照法定存款准备金率来提取的准备金，后者是超过法定准备金以外提取的准备金。

中央银行可以通过公开市场操作、调整再贴现率和存款准备金率来控制自身的资产规模，从而直接决定基础货币的多少，进而影响货币供给。中央银行通过调整法定存款准备金率以增加或减少商业银行的超额准备，来扩张或收缩信用，实现货币政策所要达到的目的。

二、存款准备金的主要作用

（1）保证商业银行等存款货币机构资金的流动性。当部分银行出现流动性危机时，中央银行就有能力对这些银行加以援助，以提供短期信贷的方式帮助其恢复流动性。

（2）集中使用一部分信贷资金。这是中央银行作为银行的银行，这一"最终贷款人"责任，也可以向金融机构提供再贴现。

（3）调节货币供给总量。例如，银行吸收了1 000元存款，存款准备金率是10%，那么银行同期可用于投资等的最高额度是900元，100元准备金必须存在央行指定的账户上；存款准备金的作用之一是防范挤兑风险，现在被政府好好利用了一把，成了抑制投资的工具之一。

我国的存款准备金制度是在1984年建立起来的，至今存款准备金率经历了27次调整。

上调存款准备金率是央行减少商业银行流动性泛滥的一个重要措施，会减少信贷的资金供应量，是紧缩信号，对投资有直接联系。当中央银行提高法定准备金率时，商业银行可提供贷款及创造信用的能力就下降。因为准备金率提高，货币乘数就变小，从而降低了整个商业银行体系创造信用、扩大信用规模的能力，其结果是社会的银根偏紧，货币供应量减少，利率提高，投资及社会支出都相应缩减；反之，亦然。

比如，如果存款准备金率为7%，就意味着金融机构每吸收100万元存款，要向央行缴存7万元的存款准备金，用于发放贷款的资金为93万元。倘若将存款准备金率提高到7.5%，那么金融机构的可贷资金将减少到92.5万元。

在存款准备金制度下，存款准备金制度有利于保证金融机构对客户的正常支付。随着金融制度的发展，存款准备金逐步演变为重要的货币政策工具。当中央银行降低存款准备金率时，金融机构可用于贷款的资金增加，社会的贷款总量和货币供应量也相应增加；反之，社会的贷款总量和货币供应量将相应减少。

这样通过调整存款准备金率，可以影响金融机构的信贷能力，从而间接调控货币供应量，达到控制经济增长的目标。

央行存款准备金率上调和存款利率上调之间没有必然的联系。无论是加息，还是上调存款准备金率，其用意都是为了抑制银行信贷资金过快增长。上调存款准备金率，能直接冻结商业银行资金，强化流动性管理，主要是为了加强流动性管理，抑制货币信贷总量过快增长。同时，上调存款准备金率也体现了"区别对待"的调控原则。同加息相比，上调存款准备金率是直接针对商业银行实施的货币政策工具，不似加息"一刀切"式直接影响企业财务和百姓生活。

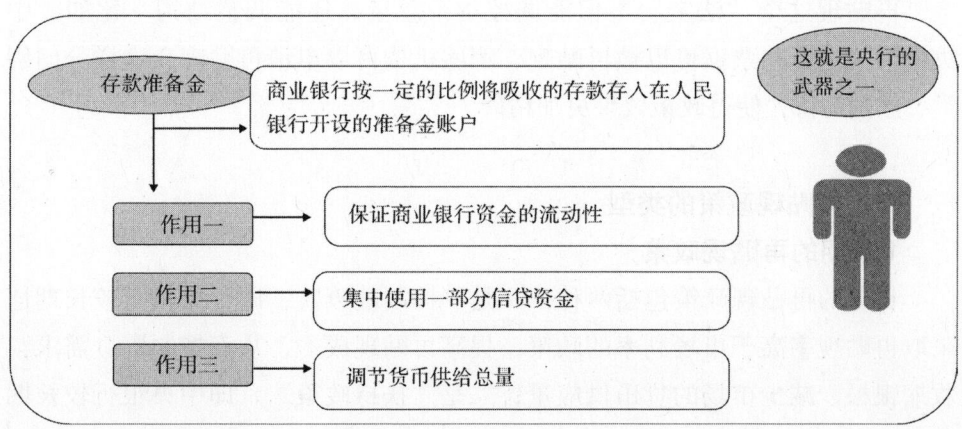

央行决定提高存款准备金率是对货币政策的宏观调控，旨在防止货币信贷过快增长。2010年，我国经济快速增长，但经济运行中的突出矛盾也进一步凸显，投资增长过快的势头不减。而投资增长过快的主要原因之一就是货币信贷增长过快。提高存款准备金率可以相应地减缓货币信贷增长，保持国民经济持续快速协调健康发展。

再贴现政策：根据需要调整再贴现率

一、再贴现政策

再贴现最初不是一种货币政策工具，它原本是用来帮助商业银行周转资金的。商业银行虽然经营的就是"钱"，但它们也有"手头紧"的时候。为了帮助"手头紧"的银行渡过难关，中央银行就为它们开设了再贴现的窗口，为它们提供资金援助。

渐渐地，再贴现变成中央银行的一大"法宝"。当中央银行降低再贴现率的时候，商业银行发现从中央银行再贴现借钱比较划算，就会更多地申请再贴现。这样一来，中央银行的基础货币投放增加了，货币供应量自然也会增加。而且，再贴现利率的降低也会最终带动其他利率水平的下降，起到刺激投资和增长的作用。反过来，中央银行也可以提高再贴现率，实现相反的意图。

再贴现这个"法宝"不但能调控货币总量，还能调整结构。比如，中央银行规定哪些票据可以被再贴现，哪些机构可以申请再贴现，这样分门别类、区别对待，使得政策效果更加精确。

二、再贴现政策的类型

1.长期的再贴现政策

长期的再贴现政策包括两种：一是"抑制政策"，即中央银行较长期地采取再贴现率高于市场利率的政策，提高再贴现成本，从而抑制资金需求，收缩银根，减少市场的货币供应量；二是"扶持政策"，即中央银行较长期地采取再贴现率低于市场利率的政策，以放宽贴现条件，降低再贴现成本，从而刺激资金需求，放松银根，增加市场的货币供应量。

2.短期的再贴现政策

中央银行根据市场的资金供求状况，随时制定高于或低于市场利率的再贴现率，以影响商业银行借入资金的成本和超额准备金，影响市场利率，从而调节市场的资金供求。

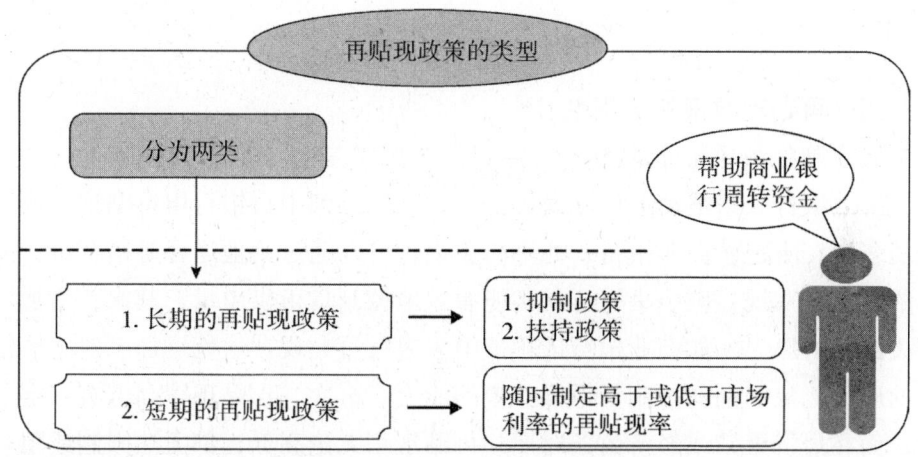

三、再贴现政策的作用

（1）能影响商业银行的资金成本和超额准备，从而影响商业银行的融资决策，使其改变放款和投资活动。

（2）能产生告示效果，通常能表明中央银行的政策意向，从而影响到商业银行及社会公众的预期。

（3）能决定何种票据具有再贴现资格，从而影响商业银行的资金投向。

当然，再贴现政策效果能否很好地发挥，还要看货币市场的弹性。一般来说，有些国家商业银行主要靠中央银行融通资金，再贴现政策在货币市场的弹性较大，效果也就较大；相反，有些国家商业银行靠中央银行融通资金数量较小，再贴现政策在货币市场上的弹性较小，效果也就较小。尽管如此，再贴现率的调整，对货币市场仍有较广泛的影响。

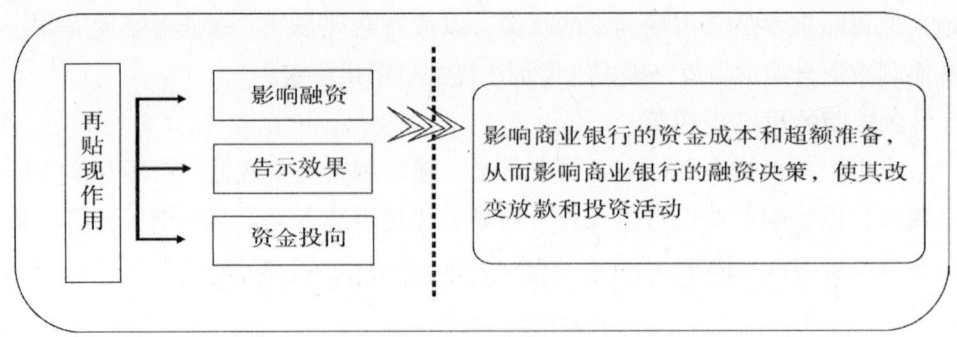

四、再贴现政策的局限性

从控制货币供应量来看，再贴现政策并不是一个理想的控制工具。首先，中央银行处于被动地位。商业银行是否愿意到中央银行申请贴现，或者贴现多少，决定于商业银行，如果商业银行可以通过其他途径筹措资金，而不依赖于再贴现，则中央银行就不能有效地控制货币供应量。其次，增加对中央银行的压力。如商业银行依赖于中央银行再贴现，这就增加了对中央银行的压力，从而削弱控制货币供应量的能力。再次，再贴现率高低有一定限度，而在经济繁荣或经济萧条时期，再贴现率无论高低，都无法限制或阻止商业银行向中央银行再贴现或借款，这也使中央银行难以有效地控制货币供应量。

从对利率的影响来看，调整再贴现利率，通常不能改变利率的结构，只能影响利率水平。即使影响利率水平，也必须具备两个假定条件：一是中央银行能随时准备按其规定的再贴现率自由地提供贷款，以此来调整对商业银行的放款量；二是商业银行为了尽可能地增加利润，愿意从中央银行借款。当市场利率高于再贴利率，而利差足以弥补承担的风险和放款的管理费用时，商业银行就向中央银行借款，然后再放出去；当市场利率高于再贴现率的利差，不足以弥补上述费用时，商业银行就从市场上收回放款，并偿还其向中央银行的借款，也只有在这样的条件下，中央银行的再贴现率才能支配市场利率。然而，实际情况往往并非完全如此。

就其弹性而言，再贴现政策是缺乏弹性的，一方面，再贴现率的随时调整，通常会引起市场利率的经常性波动，这会使企业或商业银行无所适从；

另一方面，再贴现率不随时调整，又不宜于中央银行灵活地调节市场货币供应量，因此，再贴现政策的弹性是很小的。

上述缺点决定了再贴现政策并不是十分理想的货币政策工具。

金融管制：预防金融风险的管制

一、金融管制

从20世纪70年代起，金融自由化和放松金融管制的浪潮一浪高过一浪，各国都在寻求一种减少政府干预的经济运行机制。管制或许可以减少，在有的行业和领域也可能会消失。但是，只要有政府的存在，就无法消除政府干预。政府是影响企业和市场的重要宏观环境变量，管制是政府发挥经济职能的重要形式，伴随着政府的存在而存在。金融管制有其存在的客观原因。

金融市场中较强的信息不对称现象是金融管制存在的首要原因。如果交易者占有不对称的信息，市场机制就不能达到有效的资源配置。金融市场中信息不对称主要体现在金融机构与金融产品需求者之间的风险识别和规避上。金融管制可以较有效地解决金融经营中的信息不对称问题，避免金融运行的较大波动。

事实表明，金融市场难以实现完全自由竞争。作为金融创新主体的金融机构总是从自身微观的利益出发考虑问题，这就决定了其在决策时不可能充分考虑到宏观利益所在，甚至为追求自身利润的最大化实施一些规避管制的违规冒险行为，同时为了防止加大经营成本，忽视对操作程序的规范和监控，从而影响到其对风险的防范与控制能力。

金融管制是政府管制的一种形式，是伴随着银行危机的局部和整体爆发而产生的一种以保证金融体系的稳定、安全及确保投资人利益的制度安排，是在金融市场失灵（如脆弱性、外部性、不对称信息及垄断等）的情况下由政府或社会提供的纠正市场失灵的金融管理制度。从这一层面上来看，金融管制至少具有帕累托改进性质，它可以提高金融效率，增进社会福利。但是，金融监管是否能够达到帕累托效率还取决于监管当局的信息能力和监管水平。如果信息是完全和对称的，并且监管能完全纠正金融体系的外部性而自身又没有造成社会福利的损失，就实现了帕累托效率。关于完全信息和对称信息的假设，在现实经济社会中是不能成立的，正是这一原因引发了金融危机的重要因素——金融机构普遍的道德风险行为，造成金融监管的低效率和社会福利的损失。因此，金融管制也成为许多国家政府经济工作的重点。

二、金融管制的途径

我国的金融管制主要从五方面入手：

（1）宏观金融总量管制。宏观金融总量管制关系整个金融体系的健康，防止因个别金融机构陷入危机或倒闭而冲击整个金融体系。这是为维持金融总体活动的总量控制以及抑制国家主要的内部和外部失衡（如外汇储备要求、直接的信贷和存款限额、利率控制及对外国投资的限制等）。

（2）金融资源配置管制。金融资源配置管制通过影响和引导金融资源的配置以实现扶持某些优先发展的产业和行业的目的（如选择性信贷计划、强制性透支需求和优惠利率等）。

（3）金融市场结构管制。金融市场结构管制借助于管制政策实现金融体系的结构优化和有序发展（如准入和兼并控制、业务发展地区限制和各类金融机构经营活动范围的限制等）。

（4）金融组织性管制。金融组织性管制旨在保证金融市场和信息交换的顺利进行和协调统一，实现金融组织间信息的对称交流和共享，减少信息存在的风险（市场形成和参与的法规、市场信息的公开原则和最低技术标准等）。

（5）保护金融需求者管制。保护金融需求者管制旨在给金融服务的使用者，特别是消费者和非专业投资者提供足够的必要保护，降低金融风险，保证金融产品使用者的基本利益（如对消费者的信息披露、补偿基金、存款保证金、调整和解决争议的听证程序等）。

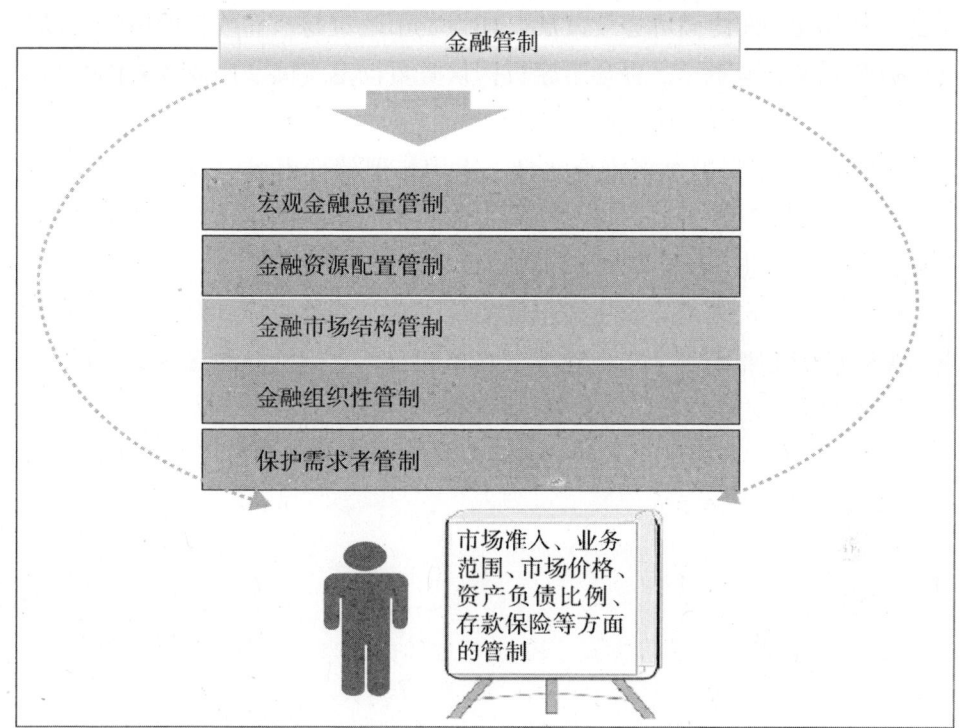

三、金融管制的目的

（1）正确处理内需和外需的关系，进一步扩大国内需求，适当降低经济增长对外需、投资的依赖，加强财政、货币、贸易、产业、投资等宏观政策的相互协调配合，扩大消费内需，降低储蓄率，增加进口，开放市场来推动经济结构调整，促进国际收支趋于平衡。

（2）改善货币政策传导机制和环境，增强货币政策的有效性，促进金融市场的发育和完善，催化金融企业和国有企业改革，进一步转换政府经营管理，完善间接调控机制，维护和促进金融体系稳健运行。

（3）积极稳妥地推进利率市场化改革，建立健全由市场供求决定的、央行通过运用货币政策工具调控的利率形成机制，有效利用和顺应市场预期，增强货币政策透明度和可信度。

（4）加强货币政策与其他经济政策间的协调配合，加强货币政策与金融监管的协调配合，根据各自分工，着眼于金融市场体系建设的长期发展，努力促进金融业全面协调可持续发展，加强货币政策与产业政策的协调，以国民经济发展规划为指导，引导金融机构认真贯彻落实国家产业政策的要求，进一步优化信贷结构，改进金融服务。

（5）进一步提高金融资金主动、大力拓展债券市场，鼓励债券产品创新，推动机构投资者发展，加大交易主体和中介组织的培育，加快债券市场基础制度建设，进一步推进金融市场协调发展。

金融管制是宏观调控的重要组成部分。它与战略引导、财税调控一起构成宏观调控的主要手段，互相联系、互相配合，它们共同的目标是促进经济增长，增加就业、稳定物价，保持国际收支平衡。

第14章 手中的钱是如何变没了

——货币与通货

货币和通货膨胀：钱多了注定了不值钱

一、通货膨胀

在第一次世界大战后的德国，有一个小偷去别人家里偷东西，看见一个筐里装满了钱，他把钱倒了出来，把筐拿走了。

在1923年的德国街头上，一些儿童用大捆大捆的纸币马克玩堆积木的游戏；一位正在煮饭的家庭妇女，她烧的不是煤，而是本应该用来买煤的纸币……你肯定感到难以置信。但事实确实如此——当时的德国，正处在人类历史上最疯狂的通货膨胀，货币贬值到了今天看来几乎无法相信的程度：年初1马克还能换2.38美元，到了夏天1美元能换4万亿马克！一份报纸从0.3马克涨到7,000万马克！

当时的德国人民经受了可怕的梦魇。工人和教师一领到工资就要以百米冲刺的速度冲到商店购买面包和饼干，跑得慢一点，面包和饼干的价格就会上涨一大截。因为物价上涨的速度实在是太疯狂了！老人们积攒了一辈子的积蓄顷刻间化为乌有，工人罢工，农民罢产。在这样巨大的经济危机之中，德国人民遭受了极大的苦难。没有工作、没有粮食，走投无路。德国人民对外国帝国主义、对本国政府极为不满，德国各地，斗争、骚乱不断发生，国家处于严重的动荡之中。

这就是传说中的通货膨胀。在宏观经济学中，因货币供给大于货币实际需求，而引起的一段时间内物价持续而普遍地上涨的现象，通俗地说就是流通中的钱多了，钱多了就不值钱，物价上涨了，货币的购买力下降了。

二、货币流通与通货膨胀

通货膨胀只有在纸币流通的条件下才会出现，在金银货币流通的条件下不会出现此种现象。因为金银货币本身具有价值，作为储藏手段的职能，可以自发地调节流通中的货币量，使它同商品流通所需要的货币量相适应。而在纸币流通的条件下，因为纸币本身不具有价值，它只是代表金银货币的符号，不能作为储藏手段，因此，纸币的发行量如果超过了商品流通所需要的数量，就会贬值，如图14-1所示。

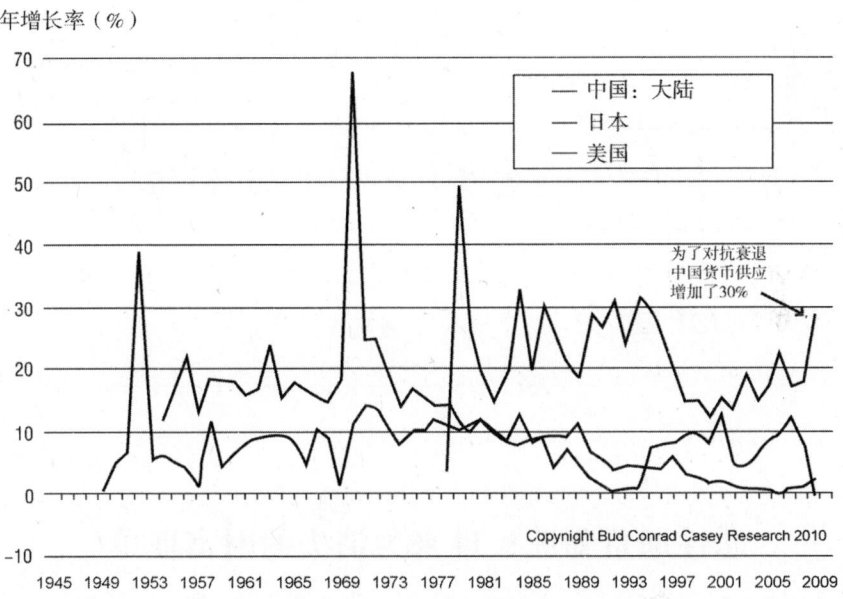

图14-1 广义货币供给在中国的高增长

可以说，通货膨胀和货币是紧紧联系在一起的。诺贝尔经济学奖得主米尔顿·弗里德曼曾有一个著名的论断："无论何时何地，通货膨胀无一例外都是货币现象。"

事实上，历史经验告诉我们，货币供给增长率与通货膨胀之间存在着正相关关系：高通货膨胀率的国家往往有很高的货币增长率。例如，白俄罗斯、巴西、罗马尼亚等国在1992—2002年都出现了较严重的通货膨胀，而它们的货币增长率同样很高；反之，英国和美国同期的通货膨胀率和货币增长率都较低。

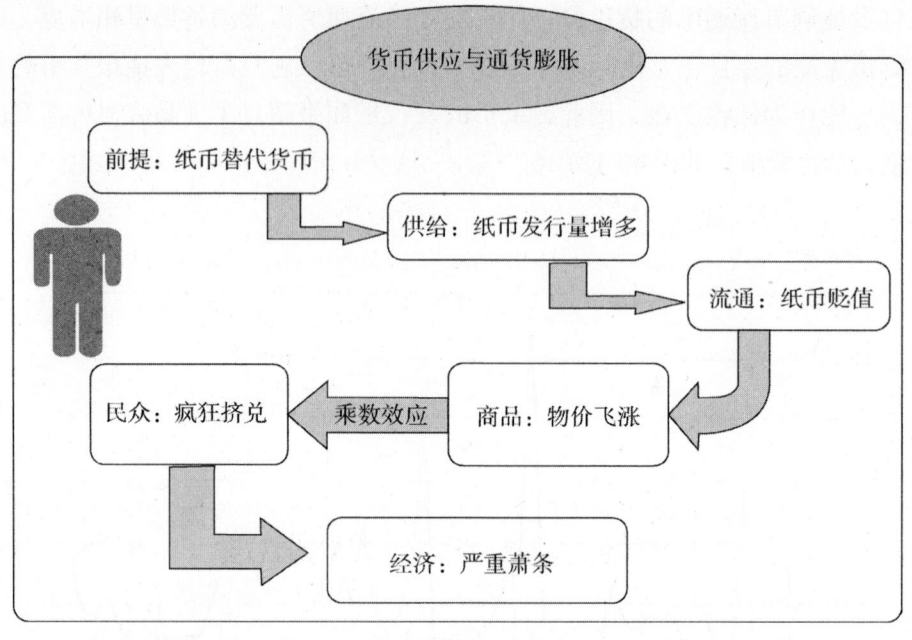

恶性通货膨胀：谁来为消失的财富埋单

一、恶性通货膨胀

对低阶层者而言，通货膨胀通常会提高由经济活动之前的贴现所产生的负面影响。通货膨胀通常开始于政府提高货币供给政策。政府对通货膨胀所能进行的影响是对停滞的资金课税。通货膨胀升高时，政府提高对停滞资金的税负以刺激消费与借支，提高了资金的流动速度，增强了通货膨胀，形成恶性循环。在极端的情形下会形成恶性通货膨胀。

在经济学上，恶性通货膨胀是一种不能控制的通货膨胀，在物价很快地上涨的情况下，就使货币失去价值。恶性通货膨胀没有一个普遍公认的标准界定。一般界定为每月通货膨胀50%或更多，但很多时候会采取宽松界定，使用的比率会更低。多数的经济学家认为的定义为"一个没有任何平衡趋势的通货膨胀循环"。当越来越多的通胀现象随着周期反复发生就会产生恶性循环。有关恶性通胀的起因虽有很多争议，可是当货币供给有异常的增加或钱币大幅度的贬值，且常与战争（或战后）、经济萧条及政治或社会动荡联系在一起时，恶性通胀便日益明显。

1945年8月至1948年8月，当时的南京国民政府法币的发行量从5 000亿元激增至660万亿元，增长1 320倍。1948年8月，又停止法币，发行"金圆券"，原有的法币，按照1∶300万收兑，这就是说，300万法币只能换1元金圆券。并且声称，金圆券发行以20亿元为限。事实上，从1948年8月发行金圆券以来不到1年里，其发行额超过了原来限额的几万倍。当时曾出现了类似"天方夜谭"的一幕：印钞厂昼夜不停地赶印纸币，仍然供不应求，情急之下只好赶到美国、英国大量印刷。据报道，截至1949年5月，国民政府的货币发行额比1937年6月增加了1 445亿倍，而全国物价上涨85 000亿倍。有人根据国民政府的物价统计，对100元"法币"购买力做过这样一个对比计算：

1937年可买两头黄牛。

1938年可买1头黄牛。

1939年可买1头猪。

1941年可买1袋面粉。

1943年可买1只鸡。

1945年可买两个鸡蛋。

1946年可买16.7%香皂。

1947年可买1粒煤球。

1948年可买0.002416两大米。

1949年可买1粒米的2.45‰。

那么，那些价值哪里去了呢？被掠夺走了。被谁掠夺走了呢？被控制银行的四大家族蒋介石、陈果夫、宋子文、孔祥熙掠夺走了。这四大家族在1927年并不富有，但在此后特别是在20世纪40年代进行反革命内战的过程中，他们掠夺了高达200亿美元的民脂民膏（那时的200亿美元约相当于现在的4 000亿美元）。到新中国成立前夕，四大家族的官僚资本占旧中国资本主义经济的80%，全部官僚资本约占全国工业资本的66%左右，占全国煤矿、交通运输等固定资产的80%。除了增加赋税、大量举债、收受贿赂等方法外，利用银行滥发纸币，制造通货膨胀是一个重要的掠夺方法。正如列宁所说："滥发纸币就是鼓励投机，让资本家靠投机而大发横财。"

二、谁为消失的财富埋单

1.在债务人与债权人之间，通货膨胀将有利于债务人而不利于债权人

在通常情况下，借贷的债务契约都是根据签约时的通货膨胀率来确定名义利息率，所以当发生了未预期的通货膨胀之后，债务契约无法更改，从而就使实际利息率下降，债务人受益，而债权人受损。其结果是对贷款，特别是长期贷款带来不利的影响，使债权人不愿意发放贷款。贷款的减少会影响投资，最后使投资减少。

2.在雇主与工人之间，通货膨胀将有利于雇主而不利于工人

这是因为，在不可预期的通货膨胀之下，工资增长率不能迅速地根据通货膨胀率来调整，从而即使在名义工资不变或略有增长的情况下，实际工资也会下降。实际工资下降会使利润增加。利润的增加有利于刺激投资，这正是一些经济学家主张以温和的通货膨胀来刺激经济发展的理由。

3.在政府与公众之间，通货膨胀将有利于政府而不利于公众

由于在不可预期的通货膨胀之下，名义工资总会有所增加（尽管并不一定能保持原有的实际工资水平），随着名义工资的提高，达到纳税起征点的人增加了，有许多人进入了更高的纳税等级，这样就使得政府的税收增加。但公众纳税数额增加，实际收入却减少了。政府由这种通货膨胀中所得到的税收称为"通货膨胀税"。一些经济学家认为，这实际上是政府对公众的掠夺。这种通货膨胀税的存在，既不利于储蓄的增加，也影响了私人与企业投资的积极性。

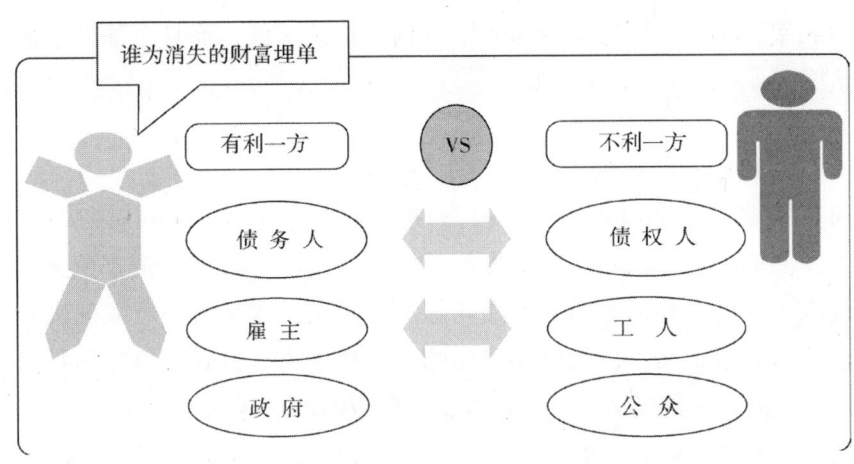

通货紧缩：物价过低并非是好事

一、什么是通货紧缩

2008年，钢材价格，从6 000元每吨的高位迅速回落到3 000元每吨，继续下行；某品牌1.5的电缆线前几天是90多元一捆，过了几天就只要70元了；猪肉的出栏价年初还是9元500克，很快也滑到了5元500克左右。

很多人会认为，这不是正代表着抑制通货膨胀的目标得到了实现吗？这是好事啊。其实不然，这就是通货紧缩，整体物价水平下降，是一个与通货膨胀相反的概念。

通货紧缩是指货币供应量少于流通领域对货币的实际需求量而引起的货币升值，从而引起的商品和劳务的货币价格总水平的持续下跌现象。通货紧缩，包括物价水平、货币供应量和经济增长率三者同时持续下降；它是由市场上流通的货币减少，购买能力下降，影响物价下跌所造成的；长期的货币紧缩会抑制投资与生产，导致失业率升高与经济衰退。

当市场上流通的货币减少，人民的货币所得减少，购买力上升，影响物价下跌，造成通货紧缩。依据诺贝尔经济学奖得主保罗·萨缪尔森的定义："价格和成本正在普遍下降即是通货紧缩。"经济学者普遍认为，当消费者物价指数（CPI）连跌两季，即表示已出现为通货紧缩。通货紧缩就是物价、

301

工资、利率、粮食、能源等价格不能停顿的持续下跌，而且全部处于供过于求的状况。

二、通货紧缩的害处

通货紧缩对经济增长的影响有短期和长期之分。适度的短期通货紧缩有利于经济的增长。通货紧缩将促使长期利率下降，有利于企业投资改善设备，提高生产率。在适度通货紧缩状态下，经济扩张的时间可以延长而不会威胁经济的稳定。而且，如果通货紧缩是与技术进步、效益提高相联系的，则物价水平的下降与经济增长是可以相互促进的。

长期的货币紧缩会抑制投资与生产，导致失业率升高和经济衰退。因为物价的持续下降会使生产者的利润减少甚至亏损，继而减少生产或停产；同时使债务人受损，继而影响生产和投资；生产投资减少会导致失业增加、居民收入减少，加剧总需求不足。

通货紧缩是比通货膨胀更危险的敌人，通货紧缩通常被认为是经济衰退的先兆，严重的通货紧缩将会造成经济的大萧条，使经济发展倒退几十年，并且在较长时间内难以复苏。难怪日本经济学家把曾经发生在日本的一场通货紧缩称为"可怕的通货紧缩幽灵"。很多经济学家由此得出一个结论：通货紧缩对经济所造成的损害要比通货膨胀大得多。

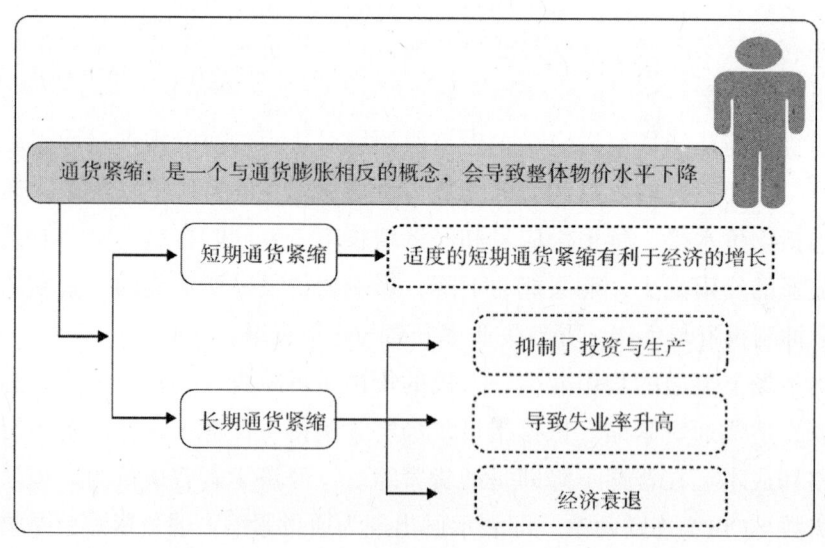

货币升值：人民币升值是好事，还是坏事

一、货币升值

据《消费导刊》报道，由于我国实行的是人民币钉住美元汇率制。因此，在近10年里人民币长期处于升值状态。1996年人民币平均汇率为8.3143，到2003年为8.2770（国家统计局，2004）。从2001年开始连续3年人民币汇率相对稳定在8.2770。自2006年开始，人民币再一次面临升值压力。

人民币升值实际上指的是人民币兑换外币的比率增加。这里我们要先明白汇率的概念。汇率指的是以一种货币表示另一种货币的价格。根据这个道理，倘若人民币对美元的汇率是1∶8，1美元可以换8元的人民币；当汇率上升为1∶7时，1美元只能换7元的人民币。这样人民币相对于美元来说，就是升值了。如果这时你拿人民币购买美国的东西，就比以前花的钱少了。因为人民币更"值钱"了。

2008年，福建的蓝老板决定为自己购买一辆进口的新车——一款留意很久的凯迪拉克。在做这笔生意时，蓝老板可谓是打精了小算盘，他说："我浏览了不少国外专业网站，美国那边经销商的报价为37 140美元，如果按以前的汇率8.3换算，要308 262元人民币；但我买时的汇率是7.35，只花了272 979元人民币，节省了35 000多元。"

刚刚拿到新车的蓝老板对新座驾非常满意。他准备等到人民币再次升值后，为家里再添置一辆新车。

这个例子让我们认清了人民币升值的含义。同时，我们看到，人民币升值极大地提高了国内人民的国际购买能力。对于像蓝老板这样的消费者来说，现在买外国的商品等于是在打八八折，让百姓十分受惠。

同样的，对于进口商来说，他们进购商品也将会比以前更加便利，进口商品和进口原料便宜了，国内的一些加工产品也会变得更低价。于是，人们的购

买力增加，从而拉动内需，促进了消费。难道人民币升值带来的都是好处？

2008年的搜狐财经报道：江苏省盛泽镇——原为中国四大丝绸之都之一，拥有数万台国内外领先的生产设备，全镇每年生产各种纺织品60亿米。但因人民币升值，停产了将近几百家企业。纺织协会的有关人员介绍，目前停产的中小企业约占整个中小企业数量的33%。令人悲痛的是，吴江的纺织企业也面临着同样的问题。人民币升值，造成当地企业的利润空间被极大地压缩。

按照中国纺织工业协会的统计，仅2007年1年，全国纺织企业蒙受的经济损失就在1 500亿元以上，远远超过企业获得的利润，51%的企业陷入亏损边缘，纺织企业的形势堪忧。

人民币升值带来的效果，不能仅仅用利或弊一方面来概括。它们是相辅相成的，都不可能被回避。因此，当有人片面地提出人民币升值改善了我们的生活，对我国的经济发展有利时，大家不妨静下来想想，说法是否准确。它对进口商有利，却会损害出口商和劳动力出口群体的利益。一次人民币的升值，将会对出口贸易造成巨大的打击，若再加上金融危机，会造成严重的失业问题。而我国劳动力的低成本优势也被人民币升值所抵消，劳务输出受到极大影响。

二、人民币升值的正面效应

（1）有利于推进汇率制度乃至金融体系的改革。

（2）有利于解决对外贸易的不平衡问题。由于实行单一的钉住美元的汇率制度，使我国产品始终保持着廉价的优势，在一定程度上可缓解国际收支不平衡的矛盾。

（3）有利于降低进口商品价格和以进口原材料为主的出口企业的生产成本。

（4）有利于降低我国公民出境旅游的成本。

（5）有利于促使国内企业努力提高产品的竞争能力。我国的企业长期以低价占领国际市场，让外国进口商渔翁得利。升值后如提价，可能失去市场；不提价，可能增加亏损，因此只能提高生产率和科技含量，降低成本，提高质量，增强竞争力。

（6）有利于减少国外资金对国内的购房需求，减少房地产泡沫。

三、人民币升值的负面效应

（1）将导致海外游客在内地旅游的花费增加，可能使他们转往其他国家或地区旅游。

（2）将造成某些领域的生产相对过剩。如食品、服装、文化用品等出口商品有40%～60%转移到国内市场，必然造成产品在一定时期内供过于求。

（3）将在一定时期内降低企业的盈利空间，使竞争力和在国际市场的份额下降，导致出口减少。

（4）将增加外商在华投资的成本，利用外资可能会呈现逐渐下降局面。

（5）将加剧某些国内领域的竞争。一些出口产品的生产厂家会加入国内市场竞争的行列，使本已竞争激烈的国内市场竞争更加惨烈。

（6）将加剧就业压力，特别是会导致许多农民工失去工作。

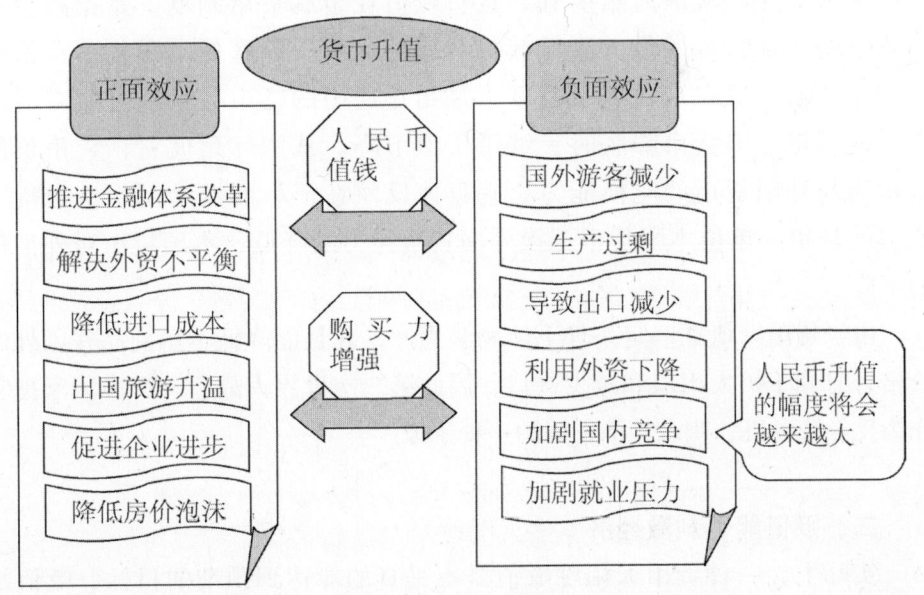

货币贬值：调节进出口的经济手段

一、货币贬值

汕滴戌村位于泰国北部阳光明媚的平原上，1998年亚洲金融危机爆发后，该村村民便开始自行印制货币了。当时，由于大量热钱涌向国外，泰国货币——泰铢急剧贬值。当地村民无奈之下，便通过自行印制货币以求自保，这种山寨货币上的图案是当地儿童绘制的水牛和寺院。在村子里的集市上，许多村民都用当地货币购买日用品，如新鲜蔬菜、猪肉、水果。而这种货币的流通范围还在不断地扩大，甚至连附近的碾米厂也开始收这种钱。

其实，导致这种现象的直接原因是泰国的法定货币泰铢不断贬值，导致当地村民不愿意使用本国货币。那么，什么是货币贬值呢？

货币贬值是指单位货币所含有的价值或所代表的价值的下降，即单位货币价格下降。从国内角度看，货币贬值在金属货币制度下是指减少本国货币的法定含金属量，降低其对金属的比价，以降低本国货币价值的措施；货币贬值在现代纸币制度下是指流通中的纸币数量超过所需要的货币需求量，即货币膨胀时，纸币价值下降。从国际角度看，货币价值表示为与外国货币的兑换能力，它具体反映在汇率的变动上，这时货币贬值就是指一单位本国货币兑换外国货币能力的降低，本国货币对外汇价的下降。

由于货币贬值在一定条件下能刺激生产，并且能降低本国商品在国外的价格，有利于扩大出口和减少进口，因此第二次世界大战后，许多国家把它作为反经济危机、刺激经济发展的一种手段。

二、贬值能否刺激经济

实际上，一种货币大幅度贬值是不是真的能达到预期的目标，贬值是否能促进出口的增加和经济的好转？恐怕答案未必是肯定的。有效贬值是基于这样一个假设：两个国家、两种货币，即只有本国与外国、本币与外币，本币贬值即是外币升值。现实情况却是，目前全球有两百多个经济体，出于主权的考虑，几乎每个经济体都有自己的货币，因此，一种货币面对的不是一种外币而是多种外币。外国也是一个集合概念、一个国家的外国，同时也是他国的外国，每个国家面对的是一个共同的而不是分割的国际市场，况且出口市场也并不是无限的，而是有限的。进口国还会设置很多进口限制措施。国家之间不仅存在贸易伙伴关系，还存在出口竞争。

为简便起见，假设某一商品的国际市场只有a、b两个供应国即出口国（为出口竞争关系），其他国家均为需求国即进口国，a、b各占市场份额50%。a国的国际收支出现逆差，为改善其逆差状况，采用货币贬值政策，a国的货币贬值有效，增加了出口，而扩大的份额正是b国丧失的份额。b国不甘心份额的减少，也采取贬值措施争回失去的份额。由此开始产生一轮又一轮的恶性贬值竞争，形成"贬值陷阱"。

首先，从单个国家来看，a、b两国的每一轮货币贬值都是有效的。第一轮贬值中，a国货币贬值10%，市场份额由50%增加到75%，出口需求弹性为2.5[（75%-50%）÷10%]，b国的贬值同样也是有效的，b国货币贬值10%后市场份额由剩下的25%恢复到50%，弹性也是2.5，第二轮贬值同样具有弹性，且同样有效，如此可以循环往复。

其次，从总体而言，贬值却是无效的。经过两轮甚至多轮贬值，市场份额又回到初始状态，仍然是50%对50%。结论是，这种贬值对改善一国的国际收支无效，它实际上会恶化一国的国际收支，并通过联动效应恶化所有参与恶性贬值竞争国的国际收支。经过两轮贬值后，两种货币的汇率比初始期均贬值19%（100%-90%×90%），而市场份额却保持不变，即出口量保持不变，意味着两个国家的出口收入均下降19%。这种从单独一次来看贬值有效，而从总体来看贬值无效的现象，可称为贬值陷阱。

贬值陷阱是一个怪圈，因为从每一轮贬值来看，好似效果都很明显，刺激了各国运用货币贬值政策来解决国际收支问题的偏好，而将效果不明显归咎于贬值力度不够，从而更加大幅度贬值。然而，这种货币贬值的结果却使国际收支状况更加恶化，是无效的，而且连带其他国家共同陷入国际收支失衡泥潭。

在现实的国际贸易中，某个国家的货币贬值还有可能引发周边国家的货币连锁贬值。果真如此的话，这会使发展中国家的贸易条件轮番恶化，不仅无法刺激本国出口，反而将国内资源补贴给了国外消费者。贬值即便可以产生短期效应，但对于长期效应而言，无疑是泼了一瓢冷水。此外，货币贬值会刺激资金外流，一旦外资形成货币贬值预期，将会大规模流出，从而导致资本市场更加动荡，不利于经济稳定。

第15章 工作是经济发展的重中之重

——劳动就业

充分就业：实现所有人的工作理想

一、充分就业

充分就业也称为完全就业，在一定的货币工资水平下所有愿意工作的人都可以得到就业的一种经济状况。实际工资调整到劳动供求相等的水平，从而使劳动市场处于均衡的状态，在宏观经济学中被称为充分就业的状态。

充分就业是由英国经济学家凯恩斯于1936年在其著作《就业、利息和货币通论》中提出的范畴。凯恩斯认为，充分就业是由有效需求决定的。如果有效需求不足，从而造成非自愿性失业，社会即不能实现充分就业。

一般认为充分就业不是100%就业，充分就业并不排除像摩擦失业这样的情况存在。大多数经济学家认为存在4%~6%的失业率是正常的，此时社会经济处于充分就业状态。

二、充分就业的重要意义

对于社会来说，充分就业是社会经济增长的一个十分重要的条件。除了正常的暂时不就业（比如工作转换等）外，所有的人都找到合适的职务，整个社会劳动力没有浪费现象。要实现充分就业，政府必须加强经济干预，力求达到或维持总需求的增长速度和一国经济生产能力的扩张速度的均衡。

对于个人来说，充分就业关乎个人尊严、自我实现。一个人在商业生活中养活自己，是一个人体面地生活、维护自尊所必需的。同时，就业还是人们追求生活的目标——自我实现的媒介。费尔普斯指出，自我实现只能来自职业。

失业：还有多少人为饭碗发愁

一、失业的含义

有劳动能力并愿意工作的人得不到适当的就业机会即为失业。没有劳动能力的人不存在失业问题。有劳动能力的人虽然没有职业，但自身也不想就业的人，不称为失业者。

对失业的规定，在不同的国家往往有所不同。在美国，年满16周岁而没有正式工作或正在寻找工作的人都称为失业者。

按照国际劳工组织（ILO）的统计标准，凡是在规定年龄内一定期间内（如一周或一天）属于下列情况的均属于失业人口：

（1）没有工作，即在调查期间内没有从事有报酬的劳动或自我雇佣。

（2）当前可以工作，就是当前如果有就业机会，就可以工作。

（3）正在寻找工作，就是在最近期间采取了具体的寻找工作的步骤，例如到公共的或私人的就业服务机构登记、到企业求职或刊登求职广告等方式寻找工作。

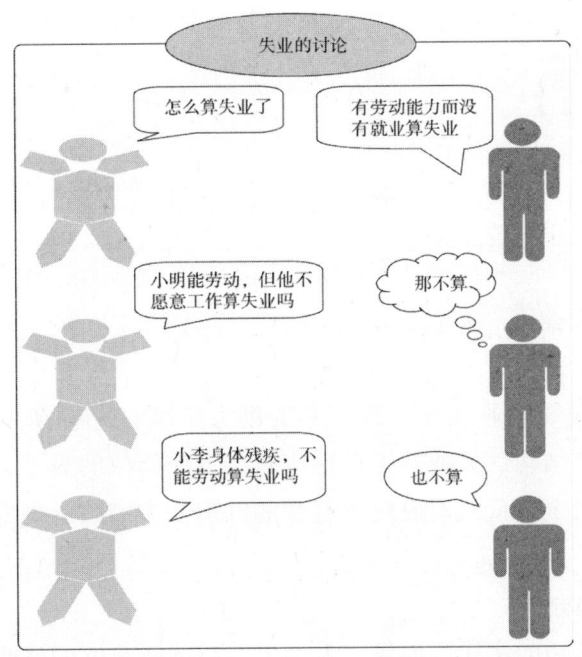

二、失业率

失业率是指失业人口占劳动人口的比率（一定时期全部就业人口中有工作意愿而仍未有工作的劳动力数字），旨在衡量闲置中的劳动产能。

通过该指标可以判断一定时期内全部劳动人口的就业情况。一直以来，失业率数字被视为一个反映整体经济状况的指标，而它又是每个月最先发表的经济数据，所以失业率指标被称为所有经济指标的"皇冠上的明珠"，它是市场上最为敏感的经济指标之一。

一般情况下，失业率下降，代表整体经济健康发展，利于货币升值；失业率上升，便代表经济发展放缓衰退，不利于货币升值。若将失业率配以同期的通胀指标来分析，则可知当时经济发展是否过热，会否构成加息的压力，或是否需要通过减息以刺激经济的发展。

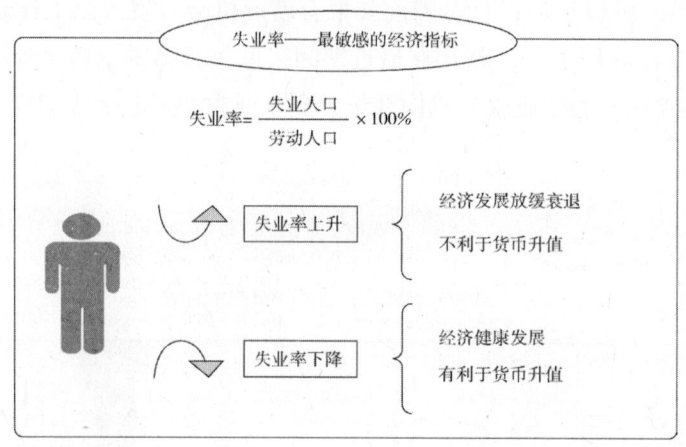

三、降低失业率

1.人力培训计划

应该积极开展职业性技术教育和资助大学教育来提高工人的技术水平和应变能力，使结构性失业的工人适应新兴工作岗位的需要，降低失业率。2009年，为应对金融危机对农民工就业的冲击，中国政府提出对返乡农民工进行培训。

2.失业保障制度

根据美国各州的法律，如果工人在失业以前有足够的就业和收入记录，愿意就业而且也具有工作能力，又不是因为自己的过失被解雇的，那么，这些失业工人就可以得到失业保险的保护。失业保障最长可以延续26周，每周的失业津贴接近失业工人就业时每周正常收入的一半。

3.公共部门就业

公共部门就业是指在各级政府投资的工程项目中的就业。为了解决某些在劳动力市场上缺少就业竞争优势的失业工人的就业问题，或者为了解决某一个地区的失业问题，政府可以有意识地兴办公共工程来吸收这些劳动力，从而降低经济中的失业率。

菲利普斯曲线：通货膨胀同失业的"亲密关系"

一、菲利普斯曲线

在学者们研究失业理论的时候，他们通常会结合社会关注的热点问题来进行剖析，而通货膨胀恰恰就是这样被选中的一个命题。尽管刚开始，人们并没有注意到两者之间有联系，但自从20世纪50年代，菲利普斯曲线被提出后，两者之间被微妙地联系在一起，并成为众多学者"不倦研究"的对象。

菲利普斯曲线第一次出现，是英国经济学家菲利普斯于1958年在《1861—1957年英国失业和货币工资变动率之间的关系》一文中提出，菲利普斯试图用它来表示失业与通货膨胀之间的交替关系。如图15-1所示，横轴U值代表失率，纵轴G值代表通货膨胀率，向右下方倾斜的PC即为菲利普斯曲线。这条曲线标明，当失业率高（d）时，通货膨胀率就低（b），当失业率低（c）时，通货膨胀率就高（a）。因此，他认为当失业率高时，即可推断经济处于萧条阶段，此时，工资与物价水平都较低，从而通货膨胀率也较低；相反，倘若失业率低，就可推断经济处于繁荣阶段，则工资与物价水平应居于较高水平，也就形成高通货膨胀。

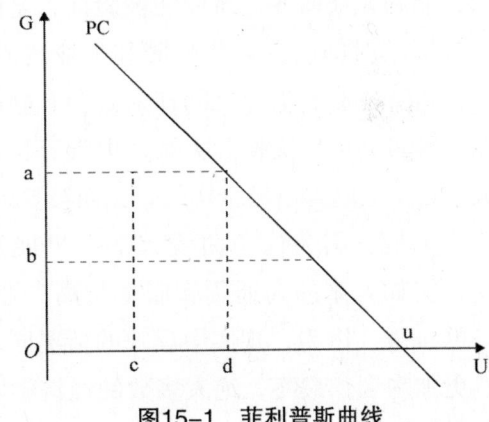

图15-1　菲利普斯曲线

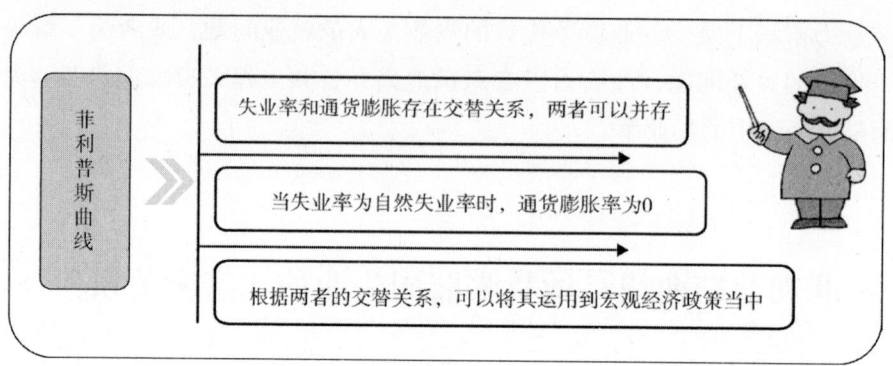

菲利普斯对该曲线的描述，引发了理论界更多学者的兴趣及关注。在20世纪60年代，经济学家萨缪尔森和索洛还曾特意利用美国的现实材料对菲利普斯曲线进行了论证，发现此曲线的确适用。两大权威经济学家的证明，让菲利普斯曲线得到了学界更多的认可，越来越多的人在研究中开始使用菲利普斯曲线。

二、通货膨胀与失业有关

任何理论的提出，都会有人发出质疑，菲利普斯曲线也不例外。有些经济学家认为，菲利普斯曲线只是一种可以被有限适用的经济模型。他们指出，菲利普斯曲线之所以能被验证，是因为人们所采用的数据都是短期的，在较短的时间内，通货膨胀和失业之间可能会存在交替关系。然而在长期中，通货膨胀和失业之间却未必会有同样的关系。在通货膨胀和失业之间存在一种短期的"交换"关系，但没有长期的"交换"。因为在长期中，这种关系迟早会随着市场结构的变化而被打破。

于是，因为这条曲线，学术界展开了激烈的讨论。到了20世纪70年代，突如其来的高通货膨胀率与高失业率，让菲利普斯曲线受到了前所未有的挑战。因为，现实中反映的情况同之前挑战菲利普斯曲线的学者们的观点更加吻合。最终，绝大多数的经济学家们都不得不承认，菲利普斯曲线的确需要修正。

菲利普斯曲线需要修正的结论无疑让很多人失望，但这并不能否定菲利普斯曲线的积极意义。至少在短期内，菲利普斯曲线还是适用的。因此，政府仍旧可以根据两者之间的关系，在失业率低而通货膨胀率高时，采用紧缩性财政与货币政策，以较高的失业率换取较低的通货膨胀率；反之，在失业率高而通货膨胀率低，采用扩张性财政与货币政策，以较高的通货膨胀率换取较低的失业率。

也就是说，菲利普斯曲线的提出，为政府应对通货膨胀和失业问题，提供了良好的解决方法，具有较大贡献。

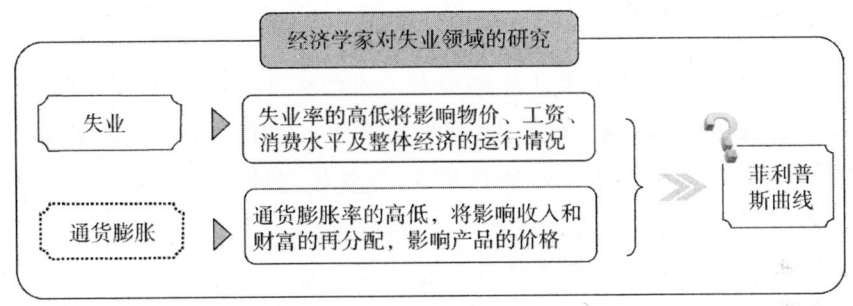

经济学家对失业领域的研究

失业 ▷ 失业率的高低将影响物价、工资、消费水平及整体经济的运行情况

通货膨胀 ▷ 通货膨胀率的高低，将影响收入和财富的再分配，影响产品的价格

菲利普斯曲线

大学生就业问题：学历越来越不值钱

随着我国高校的扩招，每年毕业的大学生也随之增多，从原来的天之骄子到现在的工作难找，不仅大学生自己遭遇尴尬，也是中国政府需要面临和急需解决的重要问题。

2009年过完年后，又到了高校毕业生拿着简历奔走于招聘会之时，个别女大学生并不急着找工作，却把精力放到了"找对象"上，她们觉得这样可以避过就业难题，过上舒适的生活，于是，校园中就出现了"急嫁族"。

除了家长和朋友的介绍外，上网成了"急嫁族"寻觅男友的重要途径。其实，在很多论坛上，经常可以看到这样的帖子："未婚女，22岁，大四在读……觅25岁以上，月薪3 000元以上，有住房有车……"这些"急嫁族"们认为直接找个起点高的丈夫，既避过了就业的麻烦，也省去了很多奋斗。

甚至在某校即将毕业的女生宿舍门外，出现了一副非常"强悍"的对联：上联——找工作找好工作，下联——找老公找好老公，横批——噢耶。

"急嫁族"和这副对联的出现，从一个侧面反映出了社会的重要问题：大学生就业难。其实，就业是民生之本，不管人们是否关注生产的减损、战争的痛苦、瘟疫的蔓延。事实上，每个人都在关注就业问题。因为，就业问题牵扯到每一个人的切身利益，也牵涉到社会的安定团结。人们都期望社会能实现充分就业而不期待大规模的失业，因为那样会危及自己的生存。

一、就业的严峻形势

两年的政治学研究生生活就要结束，周朗从2008年9月就开始着手找工作。"我已投了8份简历，听了3场企业宣讲会，但至今没收过面试通知。"周朗说，两年前，本科毕业后他找到了1份在银行的工作，但为了读研放弃了。"今年就业形势这么差，我有点后悔当初读研。"

据了解，周朗所在的政治学研究生班有16人，但目前无一人找到工作，每个人都面临论文、找工作的压力，都在多手准备。面对严峻的就业形势，文科类研究生们对工资的期望值正在逐渐降低。周朗的同学说，之前希望找1份月薪6 000元的工作，现在月薪4 000元左右就能接受了。

二、大学生难就业的原因

1.大学生供过于求

高校连续扩招及人口峰值的到来，使得中国大学毕业生数量连年攀升。据人力资源和社会保障部统计，2009年的610万应届高校毕业生需安排就业，加上历年没有就业的人员，超过700万毕业生需要解决就业（2009年数据）。

2.劳动力市场需求疲软

2008—2009年，在全球范围的经济危机影响下，而金融危机和国内产业结构的调整使本就不景气的就业市场在2008年下半年雪上加霜。

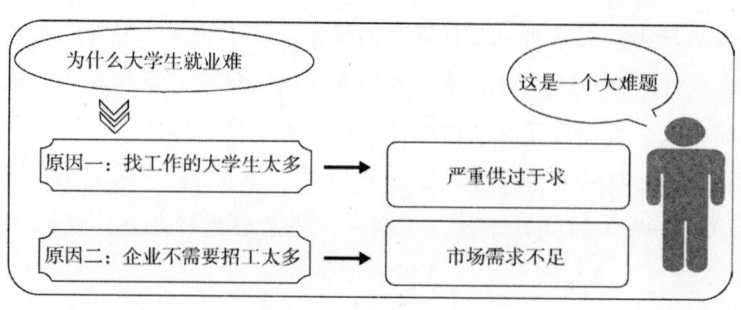

三、推进大学生就业

中国政府和高校展开了一系列帮助大学生就业的措施。2009年1月7日，国务院专门召开常务会议，确定了包括鼓励和支持毕业生自主创业等在内的几项就业工作措施。

（1）鼓励和引导毕业生到城乡基层就业。要大力开发基层管理和服务岗位，对到农村基层和城市社区工作的毕业生，给予薪酬或生活补贴，并按规定参加社会保险；对到中西部和艰苦边远地区县以下农村基层就业，并履行一定服务期限的毕业生，实施相应学费和助学贷款代偿；对应征入伍服义务兵役的高校毕业生实行学费补偿和助学贷款代偿。

（2）鼓励毕业生到中小企业和非公有制企业就业。对企业招用非本地户籍普通高校专科以上毕业生，直辖市以外的各地城市要取消落户限制。企业吸纳登记失业高校毕业生，可享受相关就业扶持政策。

（3）鼓励骨干企业和科研项目吸纳和稳定高校毕业生就业。鼓励国有大中型企业特别是创新型企业更多吸纳高校毕业生，支持困难企业保留大学生技术骨干。承担国家和地方重大科研项目的单位要积极聘用优秀毕业生，高校的科研专项可吸收毕业生参与研究，其劳务性费用和有关社会保险费从项目经费中列支。

（4）鼓励和支持毕业生自主创业。高校要积极开展创业教育和实践活动，建设完善一批大学生创业园和创业孵化基地，为高校毕业生创业提供"一条龙"服务。对高校毕业生从事个体经营符合条件的，免收行政事业性收费，落实税收优惠、小额担保贷款及贴息等扶持政策。

（5）建立和完善困难毕业生援助制度。积极为离校后未就业回原籍的高校毕业生提供就业服务，将登记失业的高校毕业生纳入当地失业人员扶持政策体系，对就业困难和困难家庭毕业生给予重点帮扶。

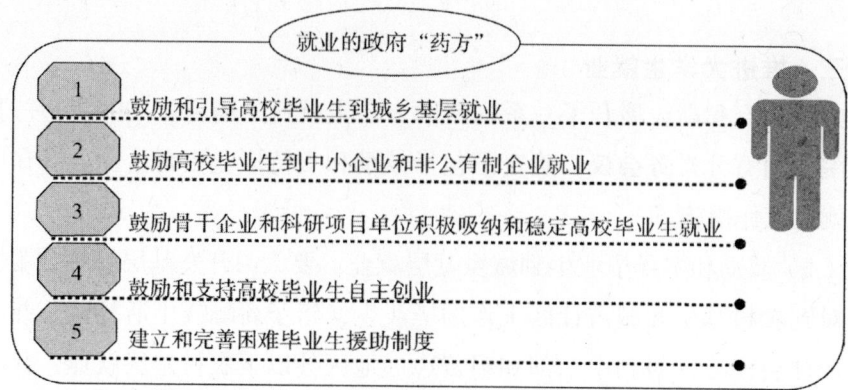

就业的政府"药方"

1 鼓励和引导高校毕业生到城乡基层就业

2 鼓励高校毕业生到中小企业和非公有制企业就业

3 鼓励骨干企业和科研项目单位积极吸纳和稳定高校毕业生就业

4 鼓励和支持高校毕业生自主创业

5 建立和完善困难毕业生援助制度

人口红利：可预知的人口红利及其影响

一、人口红利

故事一：一个饭桌上坐着两个老人、一个年轻的女人，还有一个看上去三四岁的小孩，三个人伺候孩子一个人吃饭。很明显，两个老人一个是孩子的外婆，一个是孩子的奶奶。而另一个年轻女人是孩子的母亲。

故事二：早上一位奶奶送孙女上学。孙女走在前面，奶奶在后面拖着一个带轮子的书包。这种书包通常是博士生们用的。因为博士生一般都有特别多的书需要在图书馆、办公室或者家之间转移，这样的书包会很有帮助，因为容量很大，而且可以在地上拖着走，不费力。可是这个小女孩不过三四年级，竟然就需要这么一个书包。

上述两个故事反应了中国人口结构的一个侧面：孩子们在享受着"人口红利"（故事一），享受得太多；但同时，孩子们又被要求为未来的"人口债务"做准备（故事二），一个孩子要承担四个老人和父母，负担又太重。

经济学中的"人口红利"用大白话可以说是：如果干活的人多，不干活的人少，那这个经济的活力会高一点。而三个大人伺候一个孩子吃饭，三个人干活，一个人吃饭，这样的"人口红利"不知道是好事还是坏事。

经济学中的所谓"人口红利"，是指一个国家的劳动年龄人口占总人口比例较大，抚养率较低，为经济发展创造了有利的人口条件，整个国家的经济呈高储蓄、高投资和高增长的局面。

一国人口生育率的迅速下降在造成人口老龄化加速的同时，少儿抚养比也迅速下降，劳动年龄人口比例上升，在老年人口比例达到较高水平之前，将形成一个劳动力资源相对丰富、抚养负担轻、经济发展十分有利的"黄金时期"，人口经济学家称为"人口红利"。中国目前的人口年龄结构就处在"人口红利"的阶段，每年供给的劳动力总量约为1 000万人，劳动人口比例较高，保证了经济增长中的劳动力需求。由于人口老龄化高峰尚未到来，社会保障支出负担轻，财富积累速度比较快。

严格来说，任何完成了人口转变的国家，都会出现这样一种"人口红利"。许多新兴工业化国家尤其是东亚国家因为人口转变的历程较短，往往只用几十年的时间就走完了发达国家上百年才完成的人口转变历程，人口年龄结构变化和经济高速增长之间因而表现出了非常强的关联性，人口转变给经济增长带来的"红利"效应开始被越来越多的人所注意。

日本是亚洲最早实现人口转变和经济腾飞的国家，"人口红利"也出现得最早，大约开始于1930—1935年，结束于1990—1995年，持续了60年左右的时间。其他亚洲国家和地区包括中国、韩国、新加坡、中国香港、泰国、马来西亚、印度尼西亚、菲律宾和越南等在内，差不多在晚于日本30年后出现"人口红利"，目前这些国家和地区正处在人口的"红利"期。

二、"人口红利"未必带来经济增长

观察上述处于"人口红利"期的国家和地区，不难发现，这些国家和地区在经济发展水平方面差异巨大。富裕的国家如新加坡人均GDP超过3万美元，而贫穷的国家如越南人均GDP在2005年仅有600多美元。相同的"人口红利"期所导致的经济增长的不同结果意味着"人口红利"并不必然导致经济增长。

　　事实上，"人口红利"更像一次机会，只有抓住这一机会并加以很好利用才能使"机会"转变为"红利"。从这个意义上说，"人口红利"只是经济增长所面临的一个有利条件：在一定时期内劳动力资源非常丰富。而这一"有利条件"或者说"优势"能否转变为实实在在的经济成果，显然依赖于劳动力资源能否得到充分利用。如果在"人口红利"期，劳动力资源无法得到充分利用，则当人口的"机会窗口"关闭后，"人口红利"也会随之消失。

　　需要指出的是，"红利"在很多情况下和"债务"是相对应的。"人口红利"也不例外。具体来看，与"人口红利"相对应的"人口负债"就是不断加速的人口老龄化的影响。人口老龄化将会从多个方面影响到国家经济的持续增长能力。首先，老龄化会带来社会抚养比不断提高，劳动力的负担和成本加大。其次，老龄化会加大消费性人口比例，降低生产性人口比例。最后，劳动力年龄结构"老化"将严重影响到劳动生产率。上述三个方面的影响都会在一定程度上削弱经济的竞争能力，并进一步影响到经济可持续增长的活力。

　　因此，在我们享受"人口红利"丰厚回报的时候，千万不要忘记今后可能会面对的人口"负债"。而要有效地化解将来的"债务"，我们必须做好这样两件事：一是必须长时期保持经济又好又快增长；二是必须尽快建立起覆盖全体居民的社会保障体系。

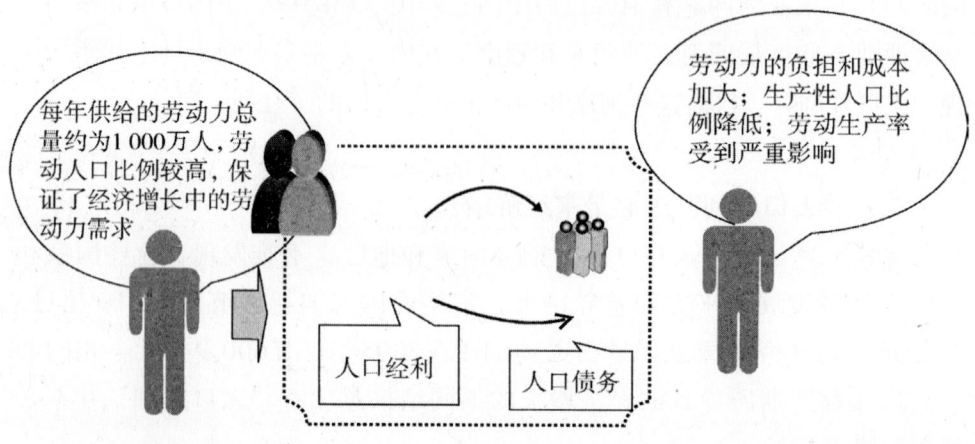